PAUL RICŒUR

BIBLIOGRAPHIE SYSTÉMATIQUE DE SES ÉCRITS ET DES PUBLICATIONS CONSACRÉES À SA PENSÉE (1935-1984)

A PRIMARY AND SECONDARY SYSTEMATIC BIBLIOGRAPHY (1935-1984)

La diffusion de cette collection est assurée

en Belgique et à l'étranger par:

Librairie PEETERS
Grand-rue 56, B-1348 Louvain-la-Neuve

en France par:

Librairie philosophique J. VRIN
6, place de la Sorbonne, F-75005 Paris

BIBLIOTHÈQUE PHILOSOPHIQUE DE LOUVAIN

31

PAUL RICŒUR

BIBLIOGRAPHIE SYSTÉMATIQUE DE SES ÉCRITS ET DES PUBLICATIONS CONSACRÉES À SA PENSÉE (1935-1984)

A PRIMARY AND SECONDARY SYSTEMATIC BIBLIOGRAPHY (1935-1984)

PAR / BY

FRANS D. VANSINA

ÉDITIONS PEETERS
LEUVEN

ÉDITIONS DE L'INSTITUT
SUPÉRIEUR DE PHILOSOPHIE
LOUVAIN-LA-NEUVE

1985

ISBN 90-6831-013-5

Imprimé en Belgique
D. 1984/0602/31.

À M. Paul Ricœur, à Mme Simone Ricœur,
à leurs enfants et petits-enfants

To Paul Ricœur, his wife Simone,
their children and grandchildren

LIMINAIRE

Depuis vingt ans plusieurs publications ont été consacrées à l'œuvre volumineuse dont M. Paul Ricœur et ses critiques ont enrichi et continuent d'enrichir le forum philosophique. Nous avons déjà publié des listes bibliographiques de ses écrits [1], tandis que d'autres, par exemple M. François H. Lapointe [2], ont édité des essais bibliographiques couvrant les travaux sur la pensée de M. Paul Ricœur.

Le soixante-dixième anniversaire de M. Paul Ricœur, en 1983, nous a paru une excellente occasion de reprendre tout le travail et de rédiger à nouveau un relevé systématique des publications réalisées par M. Ricœur ainsi qu'une liste aussi exhaustive que possible des écrits consacrés à sa pensée. Nous pensons rendre par là service à la communauté des chercheurs en philosophie. Comme l'enseignement de M. Paul Ricœur se poursuit depuis longtemps en français et en anglais, nous avons cru opportun de rédiger nos précisions et nos commentaires dans une des deux langues.

Ce nous est un vif plaisir de remercier les nombreuses personnes qui nous ont aidé dans ce travail. Tout d'abord, nous exprimons notre vive reconnaissance envers M. Léovino Ma. GARCIA, professeur à l'«Ateneo de Manila University» (Philippines), dont la dissertation doctorale comporte une excellente liste annotée des écrits de M. Ricœur et des travaux sur son œuvre. En effet, c'est lui qui a pris l'initiative du livre que nous publions aujourd'hui; c'est pourquoi nous regrettons vivement que des circonstances imprévues l'ont empêché de nous favoriser de sa collaboration dans la rédaction commune du présent volume. Nous devons une reconnaissance particulière à notre confrère le Père Jean MAUZAIZE (Paris), à Mlle Marthe VERHELST (Louvain-la-Neuve), à Mmes Ingrid LOMBAERTS (Archives-Husserl, Leuven), Maria da Penha

[1] Fr. D. VANSINA, «Bibliographie de Paul Ricœur». *Revue philosophique de Louvain* 60 (1962), août, 393-413; 66 (1968), février, 85-101; 72 (1974), février, 156-181; 80 (1982), novembre, 579-619.

[2] Fr. H. LAPOINTE, «Paul Ricœur and His Critics: A Bibliographical Essay.» *Studies in the Philosophy of Paul Ricœur*. Edited by Ch. E. REAGAN. Athens (Ohio): Ohio University Press, 1979, 164-177.

[3] L. M. GARCIA, «Annotated Bibliography.» *Between Responsability and Hope. Vol. II* [Doctoral Dissertation]. Louvain-la-Neuve: Université Catholique de Louvain, 1981, (3)-(111).

VILLELA PETIT (Paris), Serena BALDI et Daniella IANNOTTA (Italie) et Christine DE PERETTI DELLA ROCCA (Espagne), à MM. les professeurs Christian WENIN (Louvain-la-Neuve), Peter KEMP (Danemark), Hiroshi KUMÉ (Japon) et, tout spécialement, à MM. les professeurs Tadao HISASHIGÉ (Japon) et, bien entendu, à M. Paul RICŒUR lui-même.

M. le professeur Jean LADRIÈRE, Président de l'Institut Supérieur de Philosophie de Louvain-la-Neuve, a bien voulu accueillir ce travail dans la collection qu'il dirige; nous tenons à lui dire notre respectueux merci.

Nous saurions gré aux lecteurs d'avoir l'obligeance de nous signaler des corrections ou des renseignements complémentaires.

1. *Principes communs à la bibliographie des publications de M. Paul Ricœur et des écrits consacrés à sa pensée*

Les diverses rééditions et reproductions ainsi que les extraits de livres et d'articles sont signalés sous la mention de leur publication originale.

Les éléments bibliographiques — lieu, éditeur, année de publication — qui ne figurent pas sur la page de titre (page intérieure) sont mis entre crochets.

Pour les titres des livres et des articles nous avons utilisé les capitales ou les minuscules selon l'usage de nos sources. Les précisions que nous avons jugé bon d'ajouter figurent entre crochets. Les introductions et les intitulés sous lesquels nous classons les publications sont rédigés en français et en anglais. Les annotations bibliographiques qui suivent le titre d'une publication sont rédigées en français, sauf lorsqu'il s'agit d'une publication en anglais.

2. *Principes régissant la bibliographie des publications de M. Paul Ricœur*

Dans les quatre listes bibliographiques publiées dans la *Revue philosophique de Louvain*, de 1962 à 1982, nous avons fait œuvre d'archiviste. Nous avons visé à signaler toutes les publications de l'auteur et à les classer suivant l'année de leur parution, mais nous n'avons introduit aucune distinction entre les œuvres majeures et les textes à portée plus limitée. Après vingt ans, il est utile d'orienter le lecteur en structurant de manière systématique les renseignements bibliographiques.

Les publications sont réparties en trois sections: (I) les *livres* et leurs traductions, (II) les *textes majeurs*, (III) les *textes* que l'on peut qualifier de *mineurs*, soit en raison de leur support graphique (polycopies), soit en raison de leur contenu (communications plus brèves, prises de position, etc.). Dans chacune de ces sections, les publications sont classées d'abord par langue, puis en ordre chronologique. Les langues suivantes sont représentées: français (A), anglais (B), allemand (C), espagnol (D), italien (E), portugais (F), néerlandais (G), polonais (H), japonais (I), danois (J), serbo-croate (K), grec (L) et suédois (P).

Chaque titre est affecté d'une triple mention: d'abord, le nombre en chiffre romain I, II ou III, selon qu'il s'agit respectivement d'un livre, d'un texte majeur ou d'un texte mineur; puis une lettre de A à L, ou P d'après la langue de la publication; et enfin un numéro d'ordre chronologique.

Pour une même langue et une même année, les *textes majeurs* sont rangés dans l'ordre suivant: d'abord, les livres et les textes traduits par M. Paul Ricœur; puis les livres auxquels il a accordé une préface ou une postface; ensuite les textes publiés dans les recueils; puis les articles parus dans des revues et des journaux classés suivant l'intérêt philosophique ou général des périodiques dans lesquels ils ont parus; enfin, des textes multigraphiés ou ronéotypés.

Pour rendre la bibliographie plus maniable, nous avons ajouté à chaque publication la référence à ses traductions éventuelles ou au texte original qu'elle traduit, ce que permet le triple code dont chaque publication est affectée. Pour la même raison, nous avons composé un index des auteurs des traductions, éditions, préfaces, postfaces, etc., ainsi qu'une table analytique de matières et des noms des personnes avec lesquelles M. Paul Ricœur est entré en discussion ou dont il a traduit des textes.

3. *Principes régissant la bibliographie des écrits consacrés à la pensée de M. Paul Ricœur*

Les publications sont réparties en cinq sections: (I) les *livres* consacrés à la philosophie de M. Ricœur, (II) les *dissertations* doctorales traitant de sa pensée, (III) les *articles* et essais qui étudient ou discutent des aspects de sa philosophie, des textes qui sont amplement nourris par elle ainsi que des études critiques consacrées à des articles de notre auteur, (IV) les *comptes rendus* et *notes* concernant ses livres ainsi que les introductions rédigées par des traducteurs des livres de M. Ricœur, (V) les *bibliographies* de ses écrits et des publications consacrées à sa pensée. Dans chacune de ces sections, les publications sont classées d'abord par langue, puis par ordre chronologique. Les langues suivantes sont représentées: français (A), anglais (B), allemand (C), espagnol (D), italien (E), portugais (F), néerlandais (G), polonais (H), japonais (I), danois (J), grec (L), roumain (M), hébreu (N), lituanien (O) et suédois (P).

Chaque titre est affecté d'une triple mention: d'abord, le nombre en chiffre romain I, II, III, IV ou V, selon qu'il s'agit respectivement d'un livre, d'une dissertation, d'un article, d'un compte rendu ou d'une bibliographie; puis une lettre de A à P d'après la langue de la publication; et enfin un numéro d'ordre chronologique.

Le livre se clôt par un index comprenant les noms des auteurs qui ont publié, traduit, préfacé ou édité des écrits consacrés à la philosophie de M. Paul Ricœur.

Frans D. VANSINA
Professeur de philosophie
Katholieke Universiteit Leuven
Bankstraat 71
B-3000 Leuven
Belgique

PREAMBLE

During the last two decades, several bibliographical publications have been devoted to the voluminous production with which Paul Ricœur has enriched and is still enriching the philosophical forum. We have already published some primary bibliographies [1], and others — e.g. François H. Lapointe [2] — have edited secondary bibliographical essays.

Paul Ricœur's 70th birthday — born in 1913 — offers an excellent opportunity to present a systematic survey, as complete as possible, of Ricœur's own publications as well as of the writings on his work. By this, we hope to serve the community of researchers in philosophy. Since Paul Ricœur has been teaching for years both in French and English, we have felt it opportune to draw up our annotations and comments in one or the other of these two languages.

It is a real pleasure for us to thank the many people who have contributed to this task. First of all, it is to Mr. Léovino Ma. GARCIA, professor at the Ateneo de Manila University, that we are greatly indebted, not only for his bibliographical help [3], but also for the initiative of this publication. Therefore, we regret that, due to unexpected circumstances, he had to withdraw his collaboration to the mutual elaboration of the edition of this book. We also owe special gratitude to our confrere Father Jean MAUZAIZE (Paris), to Miss Marthe VERHELST (Louvain-la-Neuve), to Mrs Ingrid LOMBAERTS (Husserl-Archives, Leuven), Mrs Maria da Penha VILLELA PETIT (Paris), Mrs Serena BALDI and Mrs Daniella IANNOTTA (Italy), and Mrs Christine DE PERETTI DELLA ROCCA (Spain), to the professors Christian WENIN (Louvain-la-Neuve), Peter KEMP (Denmark), Hiroshi KUMÉ (Japan), especially to professor Tadao HISASHIGÉ (Japan) and, last not least, to professor Paul RICŒUR himself.

[1] Fr. D. VANSINA, «Bibliographie de Paul Ricœur». *Revue philosophique de Louvain* 60 (1962), August, 393-413; 66 (1968), February, 85-101; 72 (1974), February, 156-181; 80 (1982), November, 579-619.

[2] Fr. H. LAPOINTE, «Paul Ricœur and His Critics: A Bibliographical Essay.» *Studies in the Philosophy of Paul Ricœur*. Edited by Ch. E. REAGAN. Athens (Ohio): Ohio University Press, 1979, 164-177.

[3] L. M. GARCIA, «Annotated Bibliography.» *Between Responsability and Hope. Vol. II* [Doctoral Dissertation]. Louvain-la-Neuve: Université Catholique de Louvain, 1981, (3)-(111).

Herewith we wish to extend our gratitude to professor Jean LADRIÈRE president of the Institut Supérieur de Philosophie at Louvain-la-Neuve who has kindly accepted to include the present volume in the series edited under his direction.

Finally, we would appreciate to be informed of any corrections or complementary information readers would like to transmit to us.

1. *Principles of Organization Common to the Primary and Secondary Bibliography*

Reprints and reproductions, as well as excerpts of books and articles, are listed under the original publication.

Bibliographical elements such as place, publisher and year of publication not found on the title page are put into square brackets. In order to avoid the lacunae and the inaccuracies inherent in a mere computer based bibliography we have checked as far as possible all publications.

As for the titles of books and articles we have used capitals or minuscules according to the use in the sources. The preamble and the headings under which we have listed the entries are written in French and in English. The bibliographical annotations of the items are written in French with exception of the English publications.

2. *Organizational Principles of the Primary Bibliography*

In our four bibliographical lists published in *Revue philosophique de Louvain* (1962-1982) we have acted as an archivist. We have tried to compile all publications of Paul Ricœur and to list them according to their year of publication without making any distinction between major texts and texts having less philosophical significance. After twenty years, however, it is useful to orient the reader by a systematic structuring of the bibliographical data.

The publications are catalogued into three sections: (I) *books* and translations, (II) *major texts*, and (III) *texts* apparently *minor*, because of their graphic setting (mimeographed papers) or because of their content (brief addresses, communiqués, etc.). Inside each section, the items are catalogued: first by language and secondly in chronological order. Represented are the following languages: French (A), English (B), German (C), Spanish (D), Italian (E), Portuguese (F), Dutch (G), Polish (H), Japanese (I), Danish (J), Serbo-Croatian (K), Greek (L) and Swedish (P).

Each entry bears a triple code: first, the number in Roman figure I, II or III insofar as the item is about a book, a major text or a minor text, then the letter from A through L, or P according to the language used by the publication, and finally a number in Arabic characters according to the chronological order.

In the second section, within the same language and the same year, the *major texts* (II) are classified in this way: first, books and texts translated by Paul Ricœur; further, books with a preface or an epilogue by him; next, articles from collective works; then, articles published in periodicals and journals arranged according to their philosophical or general interest; and finally, mimeographed texts.

To improve the usefulness of the bibliography, each publication bears the reference to existing translations or to the original text translated, which is done by means of our triple code. For the same reason, we have composed an author index of translations, prefaces, epilogues and editions as well as an analytic index of subjects and names of Paul Ricœur's discussion partners and authors translated by him.

3. *Organizational Principles of the Secondary Bibliography*

The publications are catalogued into five sections: (I) *books* on Ricœur's philosophy, (II) doctoral *dissertations* on his thought, (III) *articles* examining and discussing aspects of his philosophy, contributions or passages in books greatly inspired by his thought, or critical essays on Ricœur's articles, (IV) *reviews and notices* on his books as well as the introductions written by translators of Ricœur's books, and (V) primary and secondary *bibliographies*. Inside each sector, the items are catalogued: first by language and secondly in chronological order. Represented are the following languages: French (A), English (B), German (C), Spanish (D), Italian (E), Portuguese (F), Dutch (G), Polish (H), Japanese (I), Danish (J), Greek (L), Rumanian (M), Hebrew (N), Lithuanian (O) and Swedish (P).

Each entry bears a triple code: first, the number in Roman figure I, II, III, IV or V insofar the item is about a book, a dissertation, an article, a review or notice, or a bibliography; then the letter from A through P according to the language used by the publication; and finally a number in Arabic characters according to the chronological order.

The book ends up with an author index comprising the names of authors, co-authors, translators, prefacers and editors of publications on Ricœur's philosophy.

Frans D. VANSINA
Philosophy Professor
Katholieke Universiteit Leuven
Bankstraat 71
B-3000 Leuven
Belgium

TABLE / CONTENTS

Bibliographie systématique de Paul Ricœur (1935-1984)
Paul Ricœur. A Primary and Systematic Bibliography (1935-1984)

Bibliographie systématique des publications consacrées à la pensée de Paul Ricœur (1948-1984)
Paul Ricœur. A Secondary and Systematic Bibliography (1948-1984)

Index / Indices
Bibliographie de Paul Ricœur / Primary Bibliography

Bibliographie des publications consacrées à la pensée de Paul Ricœur
Secondary Bibliography

BIBLIOGRAPHIE SYSTÉMATIQUE DE PAUL RICŒUR (1935-1984)

PAUL RICŒUR. A PRIMARY AND SYSTEMATIC BIBLIOGRAPHY (1935-1984)

I. LIVRES / BOOKS

I.A. FRANÇAIS / FRENCH

1947

I.A.1. Dufrenne M. et Ricœur P., *Karl Jaspers et la philosophie de l'existence* (Esprit). Préface de K. Jaspers. Paris: Seuil, [1947], 22,5 × 14,5, 399 p. [les pages 173-393 constituent la contribution de P. Ricœur].

Extrait (380-389, 393): «Karl Jaspers». *Tableau de la philosophie contemporaine* (Histoire de la philosophie contemporaine). Édité par A. Weber et D. Huisman avec un avant-propos de G. Marcel. Paris: Fischbacher, [1957], 26 × 16, 375-381.

1948

I.A.2. *Gabriel Marcel et Karl Jaspers. Philosophie du mystère et philosophie du paradoxe* (Artistes et écrivains du temps présent). Paris: Temps Présent, [1948], 18,5 × 12, 455 p.

1950

I.A.3. *Philosophie de la volonté. I. Le volontaire et l'involontaire* (Philosophie de l'esprit). Paris: Aubier, [1950], 22,5 × 14, 464 p.

Réimpressions en 1963 et 1967.

Traduit en anglais par I.B.3.

Extrait (8-11): «Motivation, motion et consentement». *Textes choisis des auteurs philosophiques. I. Introduction générale. Psychologie.* Édité par A. Cuvillier. Paris: A. Colin, 1954, 20 × 13, 283-285.

Extrait (12-14): «Reconquérir le Cogito sur l'attitude naturaliste». *Les grandes étapes de la pensée. Décisions I* (Nouvelle initiation philosophique, 4). Édité par Fl. Gaboriau. [Tournai-Paris]: Casterman, 1964, 22 × 16, 392-394.

Extraits (81, 86, 89-90, 92-93, 99-100, 119-120): «Définition du décider. Le besoin et le désir». *Paul Ricœur ou la liberté selon l'espérance.* Présentation, choix de textes, biographie, bibliographie par M. Philibert (Philosophes de tous les temps). [Paris]: Seghers, [1971], 15 × 12,5, 140-145.

I.A.4. HUSSERL E., *Idées directrices pour une phénoménologie* (Bibliothèque de philosophie). Traduction de *Ideen I* avec introduction et notes de P. RICŒUR. Paris: Gallimard, [1950], 22,5 × 14, XXXIX-567 p.

Réimpression en 1963.

L'introduction est traduite en anglais dans I.B.4.

1955

I.A.5. *Histoire et vérité* (Esprit). Paris: Seuil, [1955] [première édition], 18,5 × 12, 289 p.; [1964] (deuxième édition augmentée de quelques textes), 20,5 × 14, 336 p.; [1967] (troisième édition augmentée de quelques textes), 20,5 × 14, 364 p.; 1978 [réimpression], 22 × 14, 364 p.

La première édition comprend les articles suivants:
«Objectivité et subjectivité en histoire». Reproduction de la seule conférence de II.A.57.
«L'histoire de la philosophie et l'unité du vrai». Reproduction de II.A.64a.
«Note sur l'histoire de la philosophie et la sociologie de la connaissance». Reproduction de II.A.42.
«Le christianisme et le sens de l'histoire». Reproduction de II.A.36.
«Emmanuel Mounier: une philosophie personnaliste». Reproduction de II.A.25.
«Vérité et mensonge». Reproduction de II.A.35.
«Note sur le vœu et la tâche de l'unité». Reproduction partielle de II.A.49.
«Travail et parole». Reproduction de II.A.54.
«Le socius et le prochain». Reproduction de II.A.62.
«L'homme non violent et sa présence à l'histoire». Reproduction de II.A.19.
«Vraie et fausse angoisse». Reproduction de la seule conférence de II.A.51.

La deuxième édition comprend, en outre, les articles suivants:
«Histoire de la philosophie et historicité». Reproduction de II.A.132.
«'L'image' de Dieu et l'épopée humaine». Reproduction de II.A.126.
«État et Violence». Reproduction de II.A.84.
«Le paradoxe politique». Reproduction de II.A.90.
«Civilisation universelle et cultures nationales». Reproduction de II.A.138.
«Négativité et affirmation originaire». Reproduction de II.A.76.

Traduit en anglais par I.B.1.
Traduit en portugais par I.F.1.
Traduit partiellement en néerlandais par I.G.1.

La troisième édition comprend, en outre, les articles suivants:
«Sexualité. La merveille, l'errance, l'énigme». Reproduction du seul article de II.A.124.

«Prévision économique et choix éthique». Reproduction de II.A.186.

Traduit en allemand par I.C.6.

Extraits (260-262, 264-265, 268-270): «Le paradoxe politique». *Paul Ricœur ou la liberté selon l'espérance*. Présentation, choix de textes, biographie, bibliographie par M. PHILIBERT. [Paris]: Seghers, [1971], 15 × 12,5, 156-161.

1960

I.A.6. *Philosophie de la volonté. Finitude et Culpabilité. I. L'homme faillible* (Philosophie de l'esprit). Paris: Aubier, [1960], 22,5 × 14, 164 p.

Réimpressions en 1963, 1968 et 1978.

Traduit en anglais par I.B.2.
Traduit en allemand par I.C.3.
Traduit en espagnol par I.D.1.
Traduit en italien par I.E.2.
Traduit en japonais par I.I.3.

Extrait (153-157): «Affirmation, différence et médiation». *Anthologie des philosophes français contemporains*. Édité par A. CUVILLIER. Paris: P.U.F., 1962, 19,5 × 14,5, 98-102.

Extrait (127-129): «Morale et métaphysique». *Les grandes étapes de la pensée. Décisions II* (Nouvelle initiation philosophique, 5). Édité par Fl. GABORIAU. [Tournai-Paris]: Casterman, 1965, 21,5 × 15, 662-663.

Extraits (127-129, 136-141): «La requête d'estime». *Paul Ricœur ou la liberté selon l'espérance*. Présentation, choix de textes, biographie, bibliographie par M. PHILIBERT [Paris]: Seghers, [1971], 15 × 12,5, 146-154.

I.A.7. *Philosophie de la volonté. Finitude et Culpabilité. II. La symbolique du mal* (Philosophie de l'esprit). Paris: Aubier, [1960], 22,5 × 14, 335 p.

Réimpression en 1963 et 1968.

Traduit en anglais par I.B.4.
Traduit en allemand par I.C.4.
Traduit en espagnol par I.D.1.
Traduit en italien par I.E.2.
Traduit en néerlandais par I.G.3.
Traduit en japonais par I.I.1 et I.I.4.

Extrait (145-147): «Récapitulation de la symbolique du mal dans le concept de serf-arbitre». *Paul Ricœur ou la liberté selon l'espérance*. Présentation, choix de textes, biographie, bibliographie par M. PHILIBERT. [Paris]: Seghers, [1971], 15 × 12,5, 154-156.

1965

I.A.8. *De l'interprétation. Essai sur Freud* (L'ordre philosophique). Paris: Seuil, [1965], 20,5 × 14, 434 p.

Traduit en anglais par I.B.6.
Traduit en allemand par I.C.1.
Traduit en espagnol par I.D.2.
Traduit en italien par I.E.1.
Traduit en portugais par I.F.2.
Traduit en japonais par I.I.7.

1968

I.A.9. RICŒUR P. et MARCEL G., *Entretiens Paul Ricœur - Gabriel Marcel* (Présence et pensée). Paris: Aubier, [1968], 20 × 13, 131 p.

Traduit en anglais par I.B.7.
Traduit en allemand par I.C.2.

1969

I.A.10. *Le conflit des interprétations. Essais d'herméneutique* (L'ordre philosophique). Paris: Seuil, 1969, 21,5 × 14, 506 p.

Comprend les articles suivants déjà publiés:
«Existence et herméneutique». Reprise de II.A.177.
«Structure et herméneutique». Reprise de II.A.153.
«Le problème du double-sens comme problème herméneutique et comme problème sémantique». Reprise de II.A.197.
«La structure, le mot, l'événement». Reprise de II.A.214.
«Le conscient et l'inconscient». Reprise de II.A.191.
«La psychanalyse et le mouvement de la culture contemporaine». Reprise de II.A.176.
«Une interprétation philosophique de Freud». Reprise de II.A.195.
«Technique et non-technique dans l'interprétation». Reprise de II.A.166.
«L'art et la systématique freudienne». Reprise de II.A.224.
«L'acte et le signe selon Jean Nabert». Reprise de II.A.148.
«Heidegger et la question du sujet». Version française peu différente de II.B.26.
«La question du sujet: le défi de la sémiologie». Version française de II.C.8, mais plus élaborée avec l'aide de II.B.25.
«Le 'péché originel': étude de signification». Reprise de II.A.129.
«Herméneutique des symboles et réflexion philosophique (I)». Reprise de la seule communication de II.A.135.
«Herméneutique des symboles et réflexion philosophique (II)». Reprise de la seule communication de II.A.145.
«Démythiser l'accusation». Reprise de II.A.180.

«Interprétation du mythe de la peine». Reprise de II.A.212.
«Préface à Bultmann». Reprise de II.A.231.
«La liberté selon l'espérance». Reprise de II.A.235.
«Culpabilité, éthique et religion». Version française de II.B.32. Reproduit par II.A.257.
«Religion, athéisme, foi». Version française de II.B.31.
«La paternité: du fantasme au symbole». Version française de II.A.248.

Traduit en anglais par I.B.8.
Traduit en allemand par I.C.5 et I.C.7.
Traduit en espagnol par I.D.3, I.D.3a et I.D.4.
Traduit en italien par I.E.5.
Traduit en portugais par I.F.3.
Traduit partiellement en néerlandais par I.G.2 et I.G.4.
Traduit partiellement en polonais par I.H.1.
Traduit partiellement en danois par I.J.1.
Extraits traduits en danois par II.J.1.

Extraits (110-120, 438-440, 453-455): «La conscience comme tâche». «Religion, athéisme, foi». *Paul Ricœur ou la liberté selon l'espérance*. Présentation, choix de textes, biographie, bibliographie par M. PHILIBERT. [Paris]: Seghers, [1971], 15 × 12,5, 161-176.

1975

I.A.11. *La métaphore vive* (L'ordre philosophique). Paris: Seuil, [1975], 20,5 × 14, 414 p.

Traduit en anglais par I.B.11.
Traduit en espagnol par I.D.5 et en hispano-américain par I.D.7.
Traduit en italien par I.E.11. La première et la huitième étude — sans les notes — sont aussi traduites en italien, mais différemment par II.E.11 et II.E.12.
Traduit en portugais par I.F.5.
Traduit — en abrégé — en japonais par I.I.8.
Traduit en serbo-croate par I.K.1.

1983

I.A.12. *Temps et récit. Tome I* (L'ordre philosophique). Paris: Seuil, [1983], 20,5 × 14, 322 p.

Traduit en anglais par I.B.17.

1984

I.A.13. *Temps et récit. Tome II. La configuration dans le récit de fiction* (L'ordre philosophique). Paris: Seuil, [1984], 20,5 × 14, 237 p.

I.B. ENGLISH / ANGLAIS

1965

I.B.1. *History and Truth* (Northwestern University Studies in Phenomenology and Existential Philosophy). Translation of several articles with an introduction by Ch. A. KELBLEY. Evanston (Illinois): Northwestern University Press, 1965, 24 × 15,5, XXXIV-333 p.

Reprints in 1973, 1977 and 1979.

English translation of I.A.5.

Comprises the following already published articles:
«Objectivity and Subjectivity in History.» Translation of II.A.57.
«The History of Philosophy and the Unity of Truth.» Translation of II.A.64a.
«Note on the History of Philosophy and the Sociology of Knowledge.» Translation of II.A.42.
«The History of Philosophy and Historicity.» Translation only of the paper of II.A.132.
«Christianity and the Meaning of History.» Translation of II.A.36, different from II.B.1.
«The *Socius* and the Neighbor.» Translation of II.A.62.
«The Image of God and the Epic of Man.» Translation of II.A.126.
«Emmanuel Mounier: A Personalist Philosopher.» Translation of II.A.25.
«Truth and Falsehood.» Translation of II.A.35.
«Note on the Wish and Endeavor for Unity.» Translation of II.A.49.
«Work and The Word.» Translation of II.A.54.
«Non-Violent Man and His Presence to History.» Translation of II.A.19. Another translation by II.B.15.
«State and Violence.» Translation of II.A.84, different from II.B.7.
«The Political Paradox.» Translation of II.A.90.
«Universal Civilization and National Cultures.» Translation of II.A.138.
«True and False Añguish.» Translation of II.A.51.
«Negativity and Primary Affirmation.» Translation of II.A.76.

Excerpt (197-219): «Work and Word.» *Existential Phenomenology and Political Theory: A Reader*. Edited by HWA J. JUNG with a preface by J. WILD. Chicago: Henry Regnery Company, [1972], 20 × 13, 36-64.
Excerpt (247-270): «The Political Paradox.» *Existential Phenomenology and Political Theory: A Reader*. Edited by HWA J. JUNG with a preface by J. WILD. Chicago: Henry Regnery Company, [1972], 20 × 13, 337-367.

I.B.2. *Fallible Man*. Translation of *L'homme faillible* with an introduction by Ch. A. KELBLEY. [Chicago: Henry Regnery], [1965],

21 × 14,5 [bound], 17 × 10,5, XXIX-224 p. [paper, Gateway Editions].

English translation of I.A.6.

1966

I.B.3. *Freedom and Nature: The Voluntary and the Involuntary* (Northwestern University Studies in Phenomenology and Existential Philosophy). Translation of *Le volontaire et l'involontaire* with and introduction by E. V. KOHÁK. Evanston (Illinois): Northwestern University Press, 1966, 23,5 × 16,5, XL-498 p. [hardbound and paperbound].

Reprints in 1970, 1979 and 1984.

English translation of I.A.3.

1967

I.B.4. *Husserl. An Analysis of His Phenomenology* (Northwestern University Studies in Phenomenology and Existential Philosophy). Translation of several articles with an introduction by E. G. BALLARD and L. E. EMBREE. Evanston (Illinois): Northwestern University Press, 1967, 23,5 × 16,5, XXII-238 p. [hardbound and paperbound].

Reprints in 1970, 1979 and 1984.

Comprises the following, mostly already published texts:
«Husserl (1859-1938).» Translation of Ricœur's appendix in II.A.61 on Husserl (183-196).
«An Introduction to Husserl's *Ideas I*.» Translation of Ricœur's introduction to I.A.4.
«Husserl's *Ideas II*: Analyses and Problems.» Translation of II.A.29.
«A Study of Husserl's *Cartesian Meditations, I-IV*.» Translations of II.A.64.
«Husserl's Fifth Cartesian Meditation.» Translation of a previously unpublished text.
«Husserl and the Sense of History.» Translation of II.A.18.
«Kant and Husserl.» Translation of II.A.65.
«Existential Phenomenology.» Translation of II.A.87. Integrally reprinted in I.B.12.
«Methods and Tasks of a Phenomenology of the Will.» Translation of II.A.43.

Excerpt (208-212): «Existential Phenomenology.» *Phenomenology and Existentialism* (Sources in Contemporary Philosophy). Edited by R. C. SOLOMON. [New York-Evanston-San Francisco-London]: [Harper and Row], [1972], 20 × 13,5, 291-296.

I.B.5. *The Symbolism of Evil* (Religious Perspectives, 17). Translation of *La symbolique du mal* by E. BUCHANAN. New York-Evanston-London: Harper and Row, [1967], 21 × 14,5, xv-357 p. [bound]; Boston: Beacon Press, 1969, 13,5 × 10,5, 362 p. [Beacon Paperbacks, 323].

Reprint of paperback edition in 1970.

English translation of I.A.7.

Excerpt (348-357): «The Symbol Gives Rise to Thought.» *Literature and Religion* (Forum Books). Edited by G. B. GUNN. London: S.C.M. Press, 1971, 21,5 × 14, 211-220.

1970

I.B.6. *Freud and Philosophy: An Essay on Interpretation.* Translation of *De l'interprétation. Essai sur Freud* by D. SAVAGE. New Haven and London: Yale University Press, 1970, 24 × 16 [bound], 1977 [paper], x-573 p.

English translation of I.A.8.

1973

I.B.7. RICŒUR P. and MARCEL G., *Tragic Wisdom and Beyond* including *Conversations between Paul Ricœur and Gabriel Marcel* (Northwestern University Studies in Phenomenology and Existential Philosophy). Translation of *Pour une sagesse tragique* by G. MARCEL and of *Entretiens Paul Ricœur - Gabriel Marcel* with a preface and an introduction by P. MCCORMICK and St. JOLIN. Evanston (Illinois): Northwestern University Press, 1973, 23,5 × 15,5, xxxv-256 p.

Includes the English translation of I.A.9.

1974

I.B.8. *The Conflict of Interpretations. Essays in Hermeneutics* (Northwestern University Studies in Phenomenology and Existential Philosophy). Translation of *Le conflit des interprétations. Essais d'hermeneutique* by several authors with an introduction by the editor D. IHDE. Evanston (Illinois): Northwestern University Press, 1974, 23,5 × 16, xxv-512 p. [hardbound and paperbound].

Reprints in 1979 and 1981.

English translation of I.A.10.

Comprises the following, already published texts:

«Existence and Hermeneutics.» Translation of II.A.177. Reprinted in J. BLEICHER, *Contemporary hermeneutics. Hermeneutics as method, philosophy and critique.* London-Boston-Henley: Routledge and Kegan Paul, [1980], 22,5 × 15, 236-256, [cloth and paper]. Partly reprinted in I.B.12.

«Structure and Hermeneutics.» Translation of II.A.153.

«The Problem of Double Meaning as Hermeneutic Problem and as Semantic Problem.» Translation of II.A.197. Another translation by II.B.30.

«Structure, Word, Event.» Translation of II.A.214. Reprint of II.B.28. Partly reprinted in I.B.12.

«Consciousness and the Unconscious.» Translation of II.A.191.

«Psychoanalysis and the Movement of Contemporary Culture.» Translation of II.A.176.

«A Philosophical Interpretation of Freud.» Translation of II.A.195. Reprinted in I.B.12.

«Technique and Nontechnique in Interpretation.» Translation of II.A.166.

«Art and Freudian Systematics.» Translation of II.A.224.

«Nabert on Act and Sign.» Translation of II.A.148.

«Heidegger and the Question of the Subject.» Translation of the French version of II.B.26, published under the title «Heidegger et la question du sujet» in I.A.10.

«The Question of the Subject: The Challenge of Semiology.» Translation of the French expanded version of II.C.8, published under the title «La question du sujet: le défi de la sémiologie» in I.A.10.

«'Original Sin': A Study of Meaning.» Translation of II.A.129.

«The Hermeneutics of Symbols and the Philosophical Reflection: I.» Translation of II.A.135. Reprint of II.B.13.

«The Hermeneutics of Symbols and Philosophical Reflection: II.» Translation of II.A.145.

«The Demythization of Accusation.» Translation of II.A.180.

«Interpretation of the Myth of Punishment.» Translation of II.A.212.

«Preface to Bultmann.» Translation of II.A.231. Reprinted in I.B.14.

«Freedom in the Light of Hope.» Translation of II.A.235. Reprinted in I.B.14.

«Guilt, Ethics and Religion.» Reprint of II.B.32.

«Religion, Atheism, and Faith.» Translation of the correspondent article in I.A.10. Another English text by II.B.31.

«Fatherhood: From Phantasm to Symbol.» Translation of II.A.248. Another English text by II.B.29.

I.B.9. *Political and Social Essays.* Translation of several essays with a preface by P. RICŒUR and an introduction by the editors D. STEWART and J. BIEN. Athens: Ohio University Press, [1974], 22,5 × 14,5, IX-293 p.

Comprises the following, already published articles:

«Nature and Freedom.» Translation of II.A.144.

«A Critique of B. F. Skinner's *Beyond Freedom and Dignity*.» Reprint of II.B.45.

«What Does Humanism Mean?» Translation of II.A.77.

«Violence and Language.» Translation of II.A.215.

«Ye Are the Salt of the Earth.» Reprint of II.B.10.

«Faith and Culture.» Reprint of II.B.9.

«From Nation to Humanity: Task of Christians.» Translation of II.A.184.

«The Project of a Social Ethic.» Translation of II.A.202.

«Urbanization and Secularization.» Translation of II.A.216.

«Adventures of the State and the Task of Christians.» Translation of II.A.100.

«From Marxism to Contemporary Communism.» Translation of II.A.114.

«Socialism Today.» Translation of II.A.139.

«Ethics and Culture. Habermas and Gadamer in Dialogue.» Reprint of II.B.44.

«The Task of the Political Educator.» Reprint of II.B.43.

1976

I.B.10. *Interpretation Theory: Discourse and the Surplus of Meaning*. Preface by T. Klein. Fort Worth (Texas): The Texas Christian University Press, [1976], 22,5 × 15, xii-107 p.

Previously unpublished.

Reprint in 1978.

Chapter IV is reprinted under the title «Explanation and Understanding» in *University of Ottawa Quarterly. Revue de l'Université d'Ottawa* 50 [1980], No. 3-4, July and October, 361-373 and in *Contemporary Literary Hermeneutics and Interpretation of Classical Texts*. Edited by St. Kresic. Ottawa: University of Ottawa Press-Éditions de l'Université d'Ottawa, 1981, 25 × 18, 39-51.

Traduit en danois par I.J.3.

1978

I.B.11. *The Rule of Metaphor. Multi-Disciplinary Studies of the Creation of Meaning in Language*. Translation of *La métaphore vive* by R. Czerny with K. McLaughlin and J. Costello and introduced by R. Czerny. Toronto: University of Toronto Press, 1977; London and Henley: Routledge and Kegan Paul, [1978], 22 × 14, viii-384 p.

Traduction anglaise de I.A.11.

I.B.12. *The Philosophy of Paul Ricœur. An Anthology of His Work* (Beacon Paperback 567-Philosophy). Edited and prefaced by Ch. Reagan and D. Stewart. Boston: Beacon Press, Toronto: Fitzhenry and Whiteside Limited, [1978], 20 × 13,5, vi-262 p.

Comprises the following, already published texts:

«The Unity of the Voluntary and the Involuntary as Limiting Idea.» Translation of II.A.28 and reprint of II.B.23.

«The Antinomy of Human Reality and the Problem of Philosophical Anthropology.» Translation of II.A.123 and reprint of II.B.24.

«The Hermeneutics of Symbols and Philosophical Reflection.» Translation of II.A.135 and reprint of II.B.13.

«Philosophy of Will and Action.» Partial reprint of the sole paper of II.B.21.

«Existential Phenomenology.» Translation of II.A.87 and reprint of the homonymous article in I.B.4.

«From Existentialism to the Philosophy of Language.» Reprint of II.B.39.

«Existence and Hermeneutics.» Partial translation of II.A.177 and partial reprint of the homonymous article in I.B.8.

«Structure, Word, Event.» Translation of II.A.214 and partial reprint of II.B.28.

«Creativity in Language: Word, Polysemy, Metaphor.» Reprint of II.B.40.

«Metaphor and the Main Problem of Hermeneutics.» Translation of II.A.289 and reprint of II.B.46.

«Explanation and Understanding: On Some Remarkable Connections among the Theory of Text, Theory of Action and Theory of History.» Translation of II.A.336.

«A Philosophical Interpretation of Freud.» Translation of II.A.195 and reprint of the homonymous article in I.B.8.

«The Question of God in Freud's Psychoanalytic Writings.» Reprint of II.B.69.

«The Critique of Religion.» Translation of II.A.171 and reprint of II.B.47.

«The Language of Faith.» Translation of II.A.172 and reprint of II.B.48.

«Listening to the Parables of Jesus.» Reprint of II.B.53.

1979

I.B.13. *Main Trends in Philosophy* (Main Trends in the Social and Human Sciences, 4). New York-London: Holmes and Meier, [1979], 23 × 15, xvii-469 p.

Reprint of Chapters VII and VIII of II.B.75.

Translated into Japanese by I.I.5 and I.I.6.

1980

I.B.14. *Essays on Biblical Interpretation.* Edited with an introduction by L.S. Mudge and a reply by P. Ricœur. Philadelphia: Fortress Press, [1980], 21,5 × 15, ix-182 p.

Comprises the following texts:
«Reply to Lewis S. Mudge.» Reprint of the third part of II.B.96.
«Preface to Bultmann.» Reprint of the homonymous article in I.B.8.
«Toward a Hermeneutic of the Idea of Revelation.» Reprint of II.B.70.
«The Hermeneutics of Testimony.» Reprint of II.B.93.
«Freedom in the Light of Hope.» Reprint of the homonymous article in I.B.8.

I.B.15. *The Contribution of French Historiography to the Theory of History* (The Zaharoff Lecture for 1978-1979). Oxford: Clarendon Press, [New York: Oxford University Press], 1980, 21,5 × 14, 65 p.

Unpublished in French.

I.B.16. *Hermeneutics and the Human Sciences. Essays on Language, Action and Interpretation.* Edited, translated and introduced by J.B. Thompson with a response by P. Ricœur. Cambridge-London-New York-New Rochelle-Melbourne-Sydney: Cambridge University Press; Paris: Éditions de la Maison des Sciences de l'Homme, [1981], 23 × 15,5, 314 p. [hardback and paperback].

Comprises the following, mostly already published texts:
«The task of hermeneutics.» Another translation of II.A.310, different from II.B.41.
«Hermeneutics and the critique of ideology.» Translation of II.A.299.
«Phenomenology and hermeneutics.» Translation of II.A.305.
«The hermeneutical function of distanciation.» Another translation of II.A.131, different from II.B.42.
«What is a text?» Explanation and understanding.» Integral translation of II.A.256, different from the partial translation by II.B.36.
«Metaphor and the central problem of hermeneutics.» Translation of II.A.289, different from the translation by II.B.46.
«Appropriation.» Previously unpublished in French.
«The model of the text: meaningful action considered as a text.» Reprint of II.B.38.
«Science and ideology.» Translation of II.A.303.
«The question of proof in Freud's psychoanalytic writings.» Reprint of II.B.69.
«The narrative function.» Translation of II.A.345.

1984

I.B.17. *Time and Narrative. Vol. I.* Translation of *Temps et récit I* by K. McLaughlin and D. Pellauer. Chicago: The University of Chicago Press, [1984], 23,5 × 15,5, xii-274 p.

English translation of I.A.12.

I.C. ALLEMAND / GERMAN

1969

I.C.1. *Die Interpretation. Ein Versuch über Freud.* Traduction de *De l'interprétation* par E. Moldendauer. [Frankfurt am Main]: Suhrkamp, [1969], 22,5 × 14, 564 p.

Réimpression en 1974.

Traduction allemande de I.A.8.

Extraits (33-49, 55-60); «Der Konflikt der Interpretationen». *Hermeneutische Philosophie* (Nymphenburger Texte zur Wissenschaft Modelluniversität, 8). Édité par O. Pöggeler. München: Nymphenburger Verlagshandlung, [1972], 21 × 13, 252-273.

1970

I.C.2. Ricœur P. et Marcel G., *Gespräche.* Traduction de *Entretiens Paul Ricœur - Gabriel Marcel* par A. Ahlbrecht. Frankfurt am Main: Josef Knecht, [1970], 19 × 12, 111 p.

Traduction allemande de I.A.9.

I.C.3. *Die Fehlbarkeit des Menschen. Phänomenologie der Schuld I.* Traduction de *L'homme faillible* par M. Otto. Freiburg-München: Karl Alber, [1971], 22 × 14,5, 186 p.

Traduction allemande de I.A.6.

I.C.4. *Symbolik des Bösen. Phänomenologie der Schuld II.* Traduction de *La symbolique du mal* par M. Otto. Freiburg-München: Karl Alber, [1971], 22 × 14,5, 407 p.

Traduction allemande de I.A.7.

1973

I.C.5. *Hermeneutik und Strukturalismus. Der Konflikt der Interpreta-*

tionen I. Traduction partielle de *Le conflit des interprétations* par J. Rütsche. München: Kösel, [1973], 22 × 13,5, 231 p.

Traduction allemande partielle de I.A.8.

Comprend les articles suivants:

«Existenz und Hermeneutik». Traduction de II.A.177.

«Struktur und Hermeneutik». Traduction de II.A.153. Reproduit partiellement sous le titre «Paul Ricœur. Grenzen der Strukturalismus» dans *Funktion und Struktur. Soziologie von der Geschichte* (Nymphenburger Texte zur Wissenschaft, 20). Édité par W. Bühl. [München]: Nymphenburger Verlagshandlung, [1975], 21 × 13, 329-348.

«Das hermeneutische und das semantische Problem des Doppelsinns». Traduction de II.A.197.

«Die Struktur, das Wort und das Ereignis». Traduction de II.A.214, différente de la traduction partielle de II.C.5.

«Heidegger und die Frage nach dem Subjekt». Traduction de la version française de II.B.26, parue sous le titre «Heidegger et la question du sujet» dans I.A.10.

«Die Frage nach dem Subjekt angesichts der Herausforderung der Semiologie». Traduction de la version française plus développée de II.C.8, parue sous le titre «La question du sujet: le défi de la sémiologie» dans I.A.10.

«Vorwort zur französischen Ausgabe von Rudolf Bultmanns *Jesus* (1926) und *Jesus Christus und die Mythologie* (1951)». Traduction de II.A.231, différente de celle-ci de II.C.13.

«Die Freiheit im Licht der Hoffnung». Traduction de II.A.235, différente de celle-ci de II.C.15.

1974

I.C.6. *Geschichte und Wahrheit.* Traduction de *Histoire et vérité* avec une introduction de R. Leick. München: List, 1974, 20,5 × 13, 375 p.

Traduction allemande de la troisième édition (1967) de I.A.5, avec omission des articles II.A.64a et II.A.124.

Comprend les articles suivants:

«Objektivität und Subjektivität in der Geschichte». Traduction de II.A.57.

«Anmerkung über die Geschichte der Philosophie und die Wissenssoziologie». Traduction de II.A.42.

«Philosophiegeschichte und Geschichtlichkeit». Traduction de II.A.132.

«Das Christentum und der Sinn der Geschichte». Traduction de II.A.36.

«Der Sozius und der Nächste». Traduction de II.A.62.

«Das Bild Gottes und das Epos des Menschen». Traduction de II.A.126.

«Wahrheit und Lüge». Traduction de II.A.35.

«Anmerkung über Wunsch und Aufgabe der Einheit». Traduction partielle de II.A.49.

«Arbeit und Rede». Traduction de II.A.54.
«Der gewaltlose Mensch und seine Gegenwart in der Geschichte». Traduction de II.A.19.
«Staat und Gewalt». Traduction de II.A.84, différente de celle-ci de II.C.2.
«Das politische Paradox». Traduction de II.A.90.
«Weltzivilisation und nationale Kulturen». Traduction de II.A.138.
«Ökonomische Voraussicht und ethische Wahl». Traduction de II.A.186.
«Wahre Angst und falsche Angst». Traduction de II.A.51.
«Negativität und Ur-Bejahung». Traduction de II.A.76.

I.C.7. *Hermeneutik und Psychoanalyse. Der Konflikt der Interpretationen II.* Traduction partielle de *Le conflit des interprétations* par J. RÜTSCHE. München: Kösel, [1974], 22 × 13,5, 360 p.

Traduction allemande partielle de I.A.8.

Comprend les articles suivants:
«Das Bewusste und das Unbewusste». Traduction de II.A.191.
«Die Psychoanalyse und die Kultur der Gegenwart». Traduction de II.A.176.
«Eine philosophische Freud-Interpretation». Traduction de II.A.195.
«Technik und Nicht-Technik in der Interpretation». Traduction de II.A.166.
«Die Kunst und die Freudische Systematik». Traduction de II.A.224.
«Die 'Erbsünde' — eine Bedeutungsstudie». Traduction de II.A.129. Reproduit dans *Zum Augustin-Gespräch der Gegenwart II* (Wege der Forschung, 328). Édité par C. ANDRESEN. Darmstadt: Wissenschaftliche Buchgesellschaft, 1981, 20 × 13, 329-351.
«Hermeneutik der Symbole und philosophische Reflexion (I)». Traduction de II.A.135, différente de celle-ci de II.C.6.
«Hermeneutik der Symbole und philosophische Reflexion (II)». Traduction de II.A.145.
«Die Anklage entmythisieren». Traduction de II.A.180.
«Interpretation der Strafmythos». Traduction de II.A.212.
«Schuld, Ethik und Religion». Traduction de l'article correspondant dans I.A.10, différente de celle-ci de II.C.9.
«Religion, Atheismus, Glaube». Traduction de l'article correspondant dans I.A.10.
«Die Vatergestalt — Vom Phantasabild zum Symbol». Traduction de II.A.248. Reproduit par II.C.14.

I.D. ESPAGNOL / SPANISH

1969

I.D.1. *Finitud y culpabilidad* (Ensayistas de Hoy, 63). Traduction de

Finitude et culpabilité par C. Sanchez Gil avec une introduction de J. L. L. Aranguren. [Madrid]: Taurus, [1969], 21 × 13,5, 718 p.

Réimpression dans la collection «Ensayistas, 63» en 1982, 505 p.

Traduction espagnole de I.A.6 et I.A.7.

1970

I.D.2. *Freud: Una interpretación de la cultura*. Traduction de *De l'interprétation* avec une note préliminaire par A. Suárez. [Mexico (D.F.)-Madrid-Buenos Aires]: Siglo ventiuno, 1970, 21 × 13,5, xi-483 p.

Réimpression en 1973.

Traduction espagnole de I.A.8.

1975

I.D.3. *Hermenéutica y estructuralismo*. Traduction partielle de *Le conflit des interprétations* par Gr. Baravelle et M. T. La Valle. [Buenos Aires]: Megápolis (La Aurora), [1975], 19,5 × 13, 174 p.

Traduction espagnole de la première partie de I.A.10.

Comprend les articles suivants:

«Existencia y Hermenéutica». Traduction de II.A.177.

«Estructura y Hermenéutica». Traduction de II.A.153 d'après la version parue dans I.A.10. Cette version diffère de celle-ci parue dans *Esprit* dont II.D.4. offre la traduction.

«El problema del doble sentido. Como problema hermenéutico y como problema semantico». Traduction de II.A.197.

«La estructura, la palabra, el acontecimiento». Traduction de II.A.214.

«El acto y el signo según Jean Nabert». Traduction de II.A.148.

«Heidegger y la cuestión del sujeto». Traduction d'après la version parue dans I.A.10.

«La cuestión del sujeto: el desafío de la semiología». Traduction d'après la version parue dans I.A.10.

I.D.3a. *Hermenéutica y psicoanálisis*. Traduction partielle de *Le conflit des interprétations par* H. Conteris. [Buenos Aires]: Megápolis (La Aurora), [1975], 19,5 × 13, 127 p.

Traduction espagnole de la deuxième partie de I.A.10.

Comprend les articles suivants:

«El Consciente y el Inconsciente». Traduction de II.A.191.

«El Psicoanálisis y el Movimiento de la Cultura Contemporanea». Traduction de II.A.176.

«Una Interpretación Filosófica de Freud». Traduction de II.A.195.
«Técnica y No-Técnica en la Interpretación». Traduction de II.A.166.
«El arte y la Sistemática Freudiana». Traduction de II.A.224.

1976

I.D.4. *Introducción a la simbolicá del mal.* Traduction partielle de *Le conflit des interprétations* par M. T. La Valle et M. Pérez Rivas. [Buenos Aires]: Megápolis (La Aurora), [1976], 19,5 × 13, 248 p.

Traduction espagnole de la troisième partie de I.A.10.

Contient les articles suivants:
«El 'peccado original': estudio de significación». Traduction de II.A.129.
«Hermenéutica de los símbolos y reflexión filosófica (I)». Traduction de II.A.135, différente de celle-ci de II.D.1.
«Hermenéutica de los símbolos y reflexión filosófica (II)». Traduction de II.A.145.
«Demitologizar la acusasión». Traduction de II.A.180.
«Interpretación del mito de la pena». Traduction de II.A.212.
«Prefacio a Bultmann». Traduction de II.A.231.
«La libertad según la Esperanza». Traduction de II.A.235.
«Culpabilidad, Etica y Religión». Traduction de II.A.257, différente de celle-ci de II.D.9.
«Religión, Ateísmo, Fe». Traduction de la version française de II.B.31, parue sous le titre «Religion, athéisme, foi» dans I.A.10.
«La Paternidad: Del Fantasma al Símbolo». Traduction de II.A.248.

1977

I.D.5. *La metáfora viva* (Comunicaciones). Traduction de *La métaphore vive* par Gr. Baravalle. Buenos Aires: Megápolis (La Aurora), 1977, 469 p.

Traduction hispano-américaine de I.A.11.

1978

I.D.6. *El lenguaje de la fe.* Traduction de plusieurs textes de P. Ricœur par M. Yutzis avec une introduction de M. Melano Couch. [Buenos Aires]: Megápolis (La Aurora), [1978], 19,5 × 12, 163 p.

Comprend les articles suivants:
«La critica de la religión». Traduction de II.A.171.
«El lengua de la fe». Traduction de II.A.172.
«Las ciencas humanas y el condicionamiente de la fe». Traduction de II.A.183.

«Prospectiva del mundo y perspectiva cristiana». Traduction de II.A.174.
«La tarea del educador politico». Traduction de II.A.182.
«Bultmann y Ebeling. Desmitologización y reinterpretación. Actual del mensaje cristiano». Traduction de II.A.217 et du seul exposé de II.A.218.
«Lenguaje y teología de la palabra». Traduction de II.A.237, différente de celle-ci de II.D.18.

1980

I.D.7. *La metáfora viva.* Traduction de *La métaphore vive* par A. Neira Calvo. Madrid: Europa (Cristiandad), [1980], 21,5 × 14, 437 p.

Traduction espagnole de I.A.11.

1981

I.D.8. *El discurso de la acción* (Teorema). Traduction de *Le discours de l'action* par Pilar Calvo. Madrid: Cátedra, [1981], 18 × 11, 154 p.

Traduction espagnole de II.A.335.

1982

I.D.9. *Corrientes de la investigación en las ciencas sociales. 4. Filosofía.* Traduction de *La philosophie* par M. J. Triviño. [Madrid-Paris]: Tecnos-UNESCO, [1982], 21,5 × 15, 499 p.

Traduction espagnole de II.A.340.

1983

I.D.10. *Texto, testimonio y narración* (Club de lectores de filosofía y letras, 7). Traduction de quelques textes de P. Ricœur avec une préface par V. Undurraga. [Santiago de Chile]: Andrès Bello, [1983], 18 × 11,5, 125 p.

Comprend les articles suivants:
«La hermenéutica del testimonio». Traduction de II.A.288.
«La función narrativa y la experiencia humana del tiempo». Traduction de II.A.353.
«Acontecimiento y sentido». Traduction de II.A.279. Reproduction de II.D.25.

1984

I.D.11. *Educación y política. De la Historia Personal a la Comunión de*

Libertades. Traduction de plusieurs articles de P. Ricœur par M. de Gilotaux et R. Ferrara avec une présentation de M.-Fr. Begué et un épilogue de A. Fornari. [Buenos Aires]: Editorial Docencia, [1984], 20 × 14, 119 p.

Comprend les articles suivants:
«Poética y simbólica». Traduction de II.A.362c.
«La vida: un relato en busca de narrador». Traduction d'un texte inédit.
«La historia común de los hombres. La cuestión del sentido de la historia». Traduction du premier article de II.A.371.
«El yo, el tu y la institución. Los fundamentos de la moral: la intención ética». Traduction du troisième article de II.A.371.
«La ideología y la utopía. Dos expresiones de lo imaginario social». Traduction du second article de II.A.371.
«Etica y política». Traduction du quatrième article de II.A.371.

I.E. ITALIEN / ITALIAN

1967

I.E.1. *Della interpretazione. Saggio su Freud* (La cultura. Biblioteca di filosofia, psicologia e scienze umane, 9). Traduction de *De l'interprétation* par E. Renzi. [Milano]: Il Saggiatore, [1967], 21 × 15,5, 599 p.

Réédité en 1979.

Traduction italienne de I.A.8.

Extraits (463-469, 503-508): «Paul Ricœur. La riflessione ermeneutica. Il problema del sogetto. Archeologia et telelogia». *Fenomenologia*. Édité par G. Forni. Milano: Marzorati, [1973], 23,5 × 16,5, 267-275.

1970

I.E.2. *Finitudine e colpa* (Collectione di testi et di studi. Filosofia e metodologia). Traduction de *Finitude et culpabilité* par M. Girardet avec un introduction de V. Melchiorre. Bologna: Il Mulino, 1970, 638 p.

Traduction italienne de I.A.6 et I.A.7.

Extrait (97-103): «Paul Ricœur. La riflessione ermeneutica. Percezione e significato». *Fenomenologia*. Édité par G. Forni. Milano: Marzorati, [1973], 23,5 × 16,5, 262-266.

Extraits (624-626, 627-628, 630-331): «Ricœur: il ricorso al simbolo nel metodo ermeneutico». *La fenomenologia* (Filosofia, 32). Édité par St. Zecchi. Torino: Loescher Editore, [1983], 19,5 × 12,5, 346-350.

1972

I.E.3. *L'ermeneutica del sublime. Saggi per una critica dell'illusione* (Filosofia e tempo presente, 1). Traduction de quelques textes par G. SILVESTRI, C. DI BELLA et C. ROMEO avec une introduction par M. CRISTALDI. Messina: A. M. Sortino, [1972], 23 × 16, 204 p.

Comprend la traduction italienne des articles suivants:
«Religione, ateismo e fede». Traduction de II.B.31, différente de celle-ci dans I.E.5.
«La demitizzazione dell'accusa». Traduction de II.A.180.
«Libertà e speranza». Traduction de II.A.235, différente de celle-ci dans I.E.5.

1974

I.E.4. *La sfida semiologica* (Filosofia e problemi d'oggi, 38). Introduction et traduction de quelques textes inédits ou déjà publiés par M. CRISTALDI avec une préface de P. RICŒUR. Roma: Armando Armando, 1974, 22 × 19, 359 p.

Comprend les textes suivants:
«Fenomenologia e filosofia analitica».
«Fenomenologia ed ermeneutica».
«Esistenza e significato». Traduction de II.A.177.
«Significato e struttura». Traduction de II.A.153.
«La sfida della semiologia». Traduction partielle de la version française de II.C.8, parue sous le titre «La question du sujet: le défi de la sémiologie» dans I.A.10. La traduction partielle italienne ici diffère de celle-ci dans I.E.5.
«La struttura, la parola, l'evento». Traduction de II.A.214.
«Evento et senso». Traduction partielle de II.A.279.
«Che cos'è un testo?» Traduction partielle de II.A.256.
«Comme legere un testo?»
«Polisemia e metafora».
«La metafora e il problem centrale dell'ermeneutica». Traduction de II.A.289, différente de celle-ci de II.E.12b.
«Incontri. Strutturalismo e filosofia del senso». Traduction de II.A.157.
«Sintassi, semantica e pragmatica». Traduction partielle de II.A.209.
«Linguaggio e inconscio». Traduction partielle de II.A.167.

1977

I.E.5. *Il conflitto delle interpretazioni* (Di fronte e attraverso, 20). Traduction de *Le conflit des interprétations* par R. BALZOROTTI,

Fr. Botturi et G. Colombo avec une introduction de A. Rigobello. Milano: Jaca Book, [1977], 22,5 × 15, 518 p.

Rééditée en 1982.

Traduction italienne de I.A.10.

Comprend les articles suivants:
«Esistenza e ermeneutica». Traduction de II.A.177, différente de celle-ci dans I.E.4.
«Struttura ed ermeneutica». Traduction de II.A.153, différente de celle-ci dans I.E.4.
«Il problema del doppio senso come problema ermeneutico e come problema semantico». Traduction de II.A.197.
«La struttura, la parola, l'avvenimento». Traduction de II.A.214, différente de celle-ci dans I.E.4.
«Il conscio e l'inconscio». Traduction de II.A.191.
«La psicanalisi et il movimento della cultura contemporanea». Traduction de II.A.176.
«Una interpretazione filosofica di Freud». Traduction de II.A.195.
«Tecnica e non-tecnica nell'interpretazione». Traduction de II.A.166.
«L'arte e la sistematica freudiana». Traduction de II.A.224.
«L'atto e il segno secondo Jean Nabert». Traduction de II.A.148.
«Heidegger e la questione del soggetto». Traduction de la version française de II.B.26, parue sous le titre «Heidegger et la question du sujet» dans I.A.10. La traduction italienne intégrale ici diffère de la traduction partielle I.E.9.
«La questione del soggetto: la sfida della semiologia». Traduction de la version française de II.C.8, parue sous le titre «La question du sujet: le défi de la sémiologie» dans I.A.10. La traduction intégrale italienne ici diffère de la traduction italienne partielle dans I.E.4 et I.E.9.
«Il 'peccato originale': studio di significato». Traduction de II.A.129.
«Ermeneutica dei simboli e riflessione filosofica (I)». Traduction de II.A.135.
«Ermeneutica dei simboli e riflessione filosofica (II)». Traduction de II.A.145.
«Demitizzare l'accusa». Traduction de II.A.180, différente de celle-ci dans I.E.3.
«Interpretazione del mito della pena». Traduction de II.A.212.
«Prefazione a Bultmann». Traduction de II.A.231.
«La libertà secondo la speranza». Traduction de II.A.235, différente de celle-ci dans I.E.3.
«Colpa, etica e religione». Traduction de II.B.32, différente de celle-ci de II.E.7.
«Religione, ateismo, fede». Traduction de l'article correspondant dans I.A.10, différente de celle-ci dans I.E.3.
«La paternità: dal fantasma al simbolo». Traduction de II.A.257.

I.E.6. *Ermeneutica filosofica ed ermeneutica biblica* (Studi biblici, 43).

Traduction de trois textes par A. Sottili avec une introduction de Fr. Bovon. Brescia: Paideia Editrice, 1977, 21 × 14, 97 p.

Comprend la traduction italienne des articles suivants:
«Il compito dell'ermeneutica». Traduction de II.A.310.
«La funzione della distanziazione». Traduction de II.A.311.
«Ermeneutica filosofica ed ermeneutica biblica». Traduction de II.A.312.

1978

I.E.7. *Ermeneutica biblica. Linguaggio e simbolo nelle parabole di Gesù.* Traduction de quelques textes de P. Ricœur et d'une introduction de L. Dornisch par A. Valentini et G. Colombo. [Brescia]: Morcelliana, [1978], 23 × 15, 165 p.

Traduction italienne de II.B.57.

I.E.8. Ricœur P. et Jüngel E., *Dire Dio. Per un'ermeneutica del linguaggio religioso* (Giornale di teologia, 113). Traduction de quelques textes de P. Ricœur et de E. Jüngel par G. Grampa et G. Moreto avec une introduction de G. Grampa. [Brescia]: Queriniana, [1978], 19 × 12, 160 p.

Comprend la traduction italienne des articles suivants:
«Ermeneutica filosofica ed ermeneutica teologica». Traduction de II.C.16.
«Posizione e funzione della metafora nel linguaggio biblico». Traduction de II.C.17.

1979

I.E.9. *Studi di fenomenologia* (Filosofia e tempo presente, 5). Introduction et traduction de quelques articles par C. Liberti avec une présentation de M. Cristaldi et une lettre de P. Ricœur. Messina: A. M. Sortino, [1979], 23,5 × 14,1, II-409 p.

Comprend les traduction italienne des articles suivants:
«Husserl e il senso della storia». Traduction de II.A.18.
«Analisi e problemi nelle *Ideen II* di Husserl». Traduction de II.A.29.
«Sulla fenomenologia». «Fenomenologia e materialismo dialettico». Traduction quasi intégrale de II.A.56.
«Studio sulle meditazioni cartesiane di Husserl». Traduction de II.A.64.
«Kant e Husserl». Traduction de II.A.65.
«Simpatia e rispetto». Traduction de II.A.63.
«Heidegger e l'emergenza del Dasein». Traduction partielle de la version française de II.B.26, parue sous le titre «Heidegger et la question du sujet» dans I.A.10. La traduction partielle ici diffère de la traduction intégrale dans I.E.5.

«La contestazione della psicoanalisi». Traduction partielle de la version française de II.C.8, parue sous le titre «La question du sujet: le défi de la sémiologie» dans I.A.10. La traduction partielle ici diffère de la traduction intégrale dans I.E.5.

1980

I.E.10. *Tradizione o alternativa. Tre saggi su ideologia e utopia* (Le scienze umane. Scienze dei fenomeni umani e dei processi di civilizzazione). Traduction de trois articles de P. Ricœur par L. Rovini, F. Colombo et P. Vivaldi avec une introduction de G. Grampa. [Brescia]: Morcelliana, [1980], 23 × 15,5, 147 p.

Comprend la traduction des articles suivants:

«Ideologia e utopia come immaginazione culturale». Traduction de II.B.61.

«Scienza e ideologia». Traduction de II.A.303.

«Ermeneutica e critica delle ideologie». Traduction de II.A.299.

1981

I.E.11. *La metafora viva. Dalla retorica alla poetica per un linguaggio di rivelazione* (Di fronte e attraverso, 69). Traduction de *La métaphore vive* avec une introduction par G. Grampa. [Milano]: Jaca Book, [1981], 23 × 15, xxvi-427 p.

Traduction italienne de I.A.11.

I.F. PORTUGAIS / PORTUGUESE

1968

I.F.1. *História e verdade*. Traduction de *Histoire et vérité* par F.A. Ribeiro. Rio de Janeiro: Forense, [1968], 21 × 14,5, 341 p.

Traduction portugaise de I.A.5 (2e édition).

Comprend les articles suivants:

«Objetividade e subjetividade em história». Traduction de II.A.57.

«História de filosofia e a unidado do verdadeiro». Traduction de II.A.64a.

«Nota sôbre a história da filosofia e a sociologia do conhecimento». Traduction de II.A.42.

«História de filosofia e historicidade». Traduction de II.A.132.

«O cristianismo e o sentido da história». Traduction de II.A.36.

«O *socius* e o *proximo*». Traduction de II.A.62.
«A imagem de Deus e a epopéia humuna». Traduction de II.A.126.
«Emmanuel Mounier: uma filosofia personalista». Traduction de II.A.25.
«Verdade e mentira». Traduction de II.A.35.
«Nota sôbre o objetivo e a tarefa da unidade». Traduction partielle de II.A.49.
«Trabalho e palavra». Traduction de II.A.54.
«O homem não-violento e sua presença na história». Traduction de II.A.19.
«Estado e violência». Traduction de II.A.84.
«O paradoxo político». Traduction de II.A.90.
«Civilização universal e culturas nacionais». Traduction de II.A.138.
«Verdadeira e fasa angústia». Traduction de II.A.51, différente de celle-ci de II.F.3.
«Negatividade e affirmação originaria». Traduction de II.A.76.

1977

I.F.2. *Da interpretação: ensaio sobre Freud* (Logoteca). Traduction de *De l'interprétation* par H. JAPIASSU. Rio de Janeiro: Imago, [1977], 21 × 14, 442 p.

Traduction portugaise de I.A.8.

1978

I.F.3. *O conflito das interpretações: ensaios de hermenêutica* (Logoteca). Traduction de *Le conflit des interprétations* par H. JAPIASSU. Rio de Janeiro: Imago, [1978], 21 × 14, 419 p.

Traduction portugaise de I.A.10.

Comprend les articles suivants:
«Existência e hermenêutica». Traduction de II.A.177.
«Estrutura e hermenêutica». Traduction de II.A.153.
«O problema de duplo sentido como problema hermenêutico e como problema semântico». Traduction de II.A.197.
«A estrutura, a palavra, o acontecimento». Traduction de II.A.214.
«O consciente e o inconsciente». Traduction de II.A.191.
«A psicanálise e o movimento da cultura contemporânea». Traduction de II.A.176.
«Uma interpretação filosófica de Freud». Traduction de II.A.195.
«Técnica e naõ-técnica na interpretação». Traduction de II.A.166.
«A arte e a sistemática freudiana». Traduction de II.A.224.
«O ato e o signo segundo Jean Nabert». Traduction de II.A.148.
«Heidegger e a questão do sujeito». Traduction de la version française de II.B.26, parue sous le titre «Heidegger et la question du sujet» dans I.A.10.

«A questão do sujeito: a desafio da semiologia». Traduction de la version française plus développée de II.C.8, parue sous le titre «La question du sujet: le défi de la sémiologie» dans I.A.10.
«O 'peccado original': estudo da significação». Traduction de II.A.129.
«Hermenêutica dos símbolos e reflexão filosófica (I)». Traduction de la seule communication de II.A.135.
«Hermenêutica dos símbolos e reflexão filosófica (II)». Traduction de la seule communication de II.A.145.
«Demitizar a acusação». Traduction de II.A.180.
«Interpretação do mito da pena». Traduction de II.A.212.
«Prefácio a Bultmann». Traduction de II.A.231.
«A liberdade segundo a esperança». Traduction de II.A.235.
«Culpabilidade, ética e religião». Traduction de II.A.257, différente de celle-ci de II.F.6.
«Religião, ateísmo, fé». Traduction de la version française de II.B.31, parue sous le titre «Religion, athéïsme, foi» dans I.A.10.
«A paternidade: da fantasia ao símbolo». Traduction de II.A.248.

I.F.4. *Interpretação e ideologias.* Traduction de plusieurs textes de P. Ricœur avec une présentation de H. Japiassu. Rio de Janeiro: Francisco Alves, 1978, 21 × 14, 172 p.

Réédition en 1983.
Comprend la traduction portugaise des articles suivants:
«A tarefa da hermenêutica». Traduction de II.A.310.
«A função hermenêutica do distanciamento». Traduction de II.A.311.
«Ciência e ideologia». Traduction de II.A.303, différente de celle-ci de II.F.9.
«Crítica das ideologias». Traduction de II.A.299.
«Sinal de contradição e de unidade?» Traduction de II.A.290.

1983

I.F.5. *A metáfora viva.* Traduction de *La métaphore vive* par J. Torres Costa et A. M. Magalhães avec une introduction de M. P. Pereira. [Porto]: Rés, [1983], 21 × 14,5, xlv-481 p.

Traduction portugaise de I.A.11.

I.G. NÉERLANDAIS / DUTCH

1968

I.G.1. *Politiek en geloof. Essays van Paul Ricœur.* Traduction de plusieurs articles choisis et introduits par A. Peperzak. Utrecht: Ambo, [Merksem: Westland], [1968], 21,5 × 12, 199 p.

Réédition en 1969.

Traduction néerlandaise et partielle de I.A.5.

Comprend les articles suivants:
«Medemens en naaste». Traduction de II.A.62.
«De paradox van de macht». Traduction de II.A.90.
«Vereisten voor een politieke vorming». Traduction de II.A.182.
«Hoe staat de kristen in de staat?» Traduction de II.A.100.
«Het socialisme in onze tijd». Traduction de II.A.139.
«Ekonomie en ethiek». Traduction de II.A.186, différente de celle-ci de II.G.4.
«Urbanisatie en sekularisatie». Traduction de II.A.216.
«Universele beschaving en nationale kulturen». Traduction de II.A.138.
«Van natie naar mensheid: een taak voor de kristenen». Traduction de II.A.184, différente de la traduction partielle de II.G.3.
«Techniek op interplanetaire schaal». Traduction de II.A.99.
«Beeld van God en gang van de mensheid». Traduction de II.A.126.

1970

I.G.2. *Wegen van de filosofie. Structuralisme, psychoanalyse, hermeneutiek. Essays van Paul Ricœur.* Traduction de plusieurs articles par P. F. Stroux et G. C. Kwaad avec une introduction de A. Peperzak. Bilthoven: Amboboeken, [1970], 20,5 × 12, 269 p.

Traduction néerlandaise et partielle de I.A.10.

Comprend les textes suivants:
«De toekomst van de filosofie en de vraag naar het subject». Traduction de la version française plus élaborée de II.C.8, parue sous le titre «La question du sujet: le défi de la sémiologie» dans I.A.10.
«Hermeneutiek en structuralisme». Traduction de II.A.153.
«Het probleem van de 'dubbele' zin als hermeneutisch en semantisch probleem». Traduction de II.A.197.
«Structuur, woord, gebeurtenis». Traduction de II.A.214.
«Bijdrage van een reflexie over de taal tot de theologie van het woord». Traduction de II.A.237.
«Het bewuste en onbewuste». Traduction de II.A.191.
«De psychoanalyse in de hedendaagse cultuur». Traduction de II.A.176.
«Het vaderschap». Traduction de II.A.248.

I.G.3. *Symbolen van het kwaad. I. De primaire symbolen – smet, zonde, schuldigheid. II. De mythen van het begin en het einde.* Traduction de *La symbolique du mal* par J. A. Meijers. Rotterdam: Lemniscaat [1970], 21,5 × 14, 131 + 162 p.

Traduction néerlandaise de I.A.7.

1971

I.G.4. *Kwaad en bevrijding. Filosofie en theologie van de hoop. Hermeneutische artikelen.* Traduction de plusieurs articles par P. Stroux et H. Stroeken avec une introduction de A. Peperzak. Rotterdam: Lemniscaat, [1971], 21,5 × 14,5, 194 p.

Réédité en 1972.

Traduction néerlandaise et partielle de I.A.10.

Comprend les articles suivants:
«Existentie en hermeneutiek». Traduction de II.A.177.
«Inleiding tot Bultmann». Traduction de II.A.231.
«Interpretatie van symbolen en wijsgerige reflectie I». Traduction de II.A.135.
«De 'erfzonde'». Traduction de II.A.129.
«Interpretatie van symbolen en wijsgerige reflectie II». Traduction de II.A.145.
«Demythisering van de aanklacht». Traduction de II.A.180.
«Interpretatie van de mythe van de straf».Traduction de II.A.212.
«Vrijheid in hoop. Filosofische benadering van het begrip godsdienstvrijheid». Traduction de II.A.235.

I.H. POLONAIS / POLISH

1975

I.H.1. *Egzystencja i Hermeneutyka. Rozprawy o Metodzie.* Traduction de plusieurs articles avec une postface par St. Cichowicz. Warszawa: Instytut Wydawniczy Pax, 1975, 19,5 × 12,5, 320 p.

Traduction polonaise et partielle de I.A.10.

Comprend les articles suivants:
«Symbol daje do myślenia». Traduction de II.A.113. Reproduit dans *Paul Ricœur czyli wolność na miare nadziei* par M. Philibert. Traduction de *Paul Ricœur ou la liberté selon l'espérance* par E. Bienkowska. Warszawa: Pax, 1976, 19 × 12, 147-164.
«Hermeneutyka symboli a refleksja filosoficzna. I». Traduction de II.A.135.
«Hermeneutyka symboli a refleksja filosoficzna. II». Traduction de II.A.145.
«Konflikt hermeneutyk: epistemologia interpretacji». Traduction de II.A.158.
«Struktura a hermeneutyka». Traduction de II.A.153.
«Egzystencja i hermeneutyka». Traduction de II.A.177.
«Swradomosc i nieswiadomosc». Traduction de II.A.191.

«O pewnej filozoficznej interpretacji Freuda». Traduction de II.A.195.
«Wyzwanie semiologisczne: problem podmiotu». Traduction de la version française plus élaborée de II.C.8, parue sous le titre «La question du sujet: le défi de la sémiologie» dans I.A.10. Reproduit dans *Paul Ricœur czyli wolność na miare nadziei*. Op cit., 165-195.
«Struktura, wyraz, zdarzenie». Traduction de II.A.214.
«Zdarzenie i sens w wypowiedzi». Traduction de II.A.273. Reproduit dans *Paul Ricœur czyli wolność na miare nadziei*, Op. cit., 196-208.
«Przyczynek do teologii slowa». Traduction de II.A.237. Reproduit dans *Paul Ricœur czyli wolność na miare nadziei*. Op. cit., 209-227.
«Religia, ateizm, wiara». Traduction de l'article intitulé «Religion, athéisme, foi» dans I.A.10. Reproduit dans *Paul Ricœur czyli wolność na miare nadziei*. Op. cit., 228-255.

I.I. JAPONAIS / JAPANESE

1977

I.I.1. *Aku no shinborizumu*. Traduction de *La symbolique du mal* (1e partie) par K. UESHIMA et Y. SASAKI. Tokyo: Keisei-Sha, 1977, 18,5 × 13, 327 p.

Traduction japonaise de I.A.7.

1978

I.I.2. *Kaishaku no kakushin* [L'innovation de l'interprétation]. Traduction de plusieurs articles par H. KUMÉ, M. SHIMIZU et T. HISASHIGÉ avec une préface de P. RICŒUR. Tokyo: Hakusui-Sha, 1978, 19 × 13, 382 p.

Rééditions en 1979 et 1980.

Comprend la traduction japonaise des articles suivants:
«Setsumei to ryōkai [Expliquer et comprendre]». Traduction de II.A.336.
«Genjutsu niokeru dekigoto to imi [Événement et sens dans le discours]». Traduction de II.A.273.
«Tetsugaku to shūkyōgengo no tokushusei [La philosophie et la spécificité du langage religieux]». Traduction de II.A.317.
«In'yu to kaishakugaku no chūshin mondai [La métaphore et le problème central de l'herméneutique]». Traduction de II.A.289.
«Kotoba to shōchō [Parole et symbole]». Traduction de II.A.316.
«Kaishakugaku no kadai [La tâche de l'herméneutique]». Traduction de II.A.310.
«Sokaku no kaishakugakuteki kinō [La fonction herméneutique de la distanciation]». Traduction de II.A.311.

«Tetsugakuteki kaishakugaku to seishoteki kaishakugaku [Herméneutique philosophique et herméneutique biblique]». Traduction de II.A.312.
«Gendai no Hegel [Hegel aujourd'hui]». Traduction de II.A.304.
«Kagaku to ideorogī [Science et idéologie]». Traduction de II.A.303.
«Kaishakuguku to ideorogī [Herméneutique et critique des idéologies]». Traduction de II.A.299.
«Sezokuka no kaishakugaku [Herméneutique de la sécularization]». Traduction de II.A.327.

I.I.3. *Ningen. Kono ayamachi yasuki mono*. Traduction de *L'homme failible* par T. HISASHIGÉ. Tokyo: Ibunsha, [1978], 19,5 × 13,5, 233 p.

Traduction japonaise de I.A.6.

1980

I.I.4. *Aku no shinwa*. Traduction de *La symbolique du mal* (2e partie) par Y. SASAKI et d'autres. Tokyo, Keisei-Sha, 1980, 18,5 × 13.

Traduction japonaise de I.A.7.

1982

I.I.5. *Gendai no tetsugaku. I*. Traduction de *Main Trends in Philosophy* (1e partie) par K. SAKAMOTO, Y. MURAKAMI, Y. NAKAMURA et K. TSUCHIYA. Tokyo: Iwanami-schoten, 1982, 21 × 15, 369 p.

Traduction japonaise du chapitre VII de II.B.75.

I.I.6. *Gendai no tetsugaku. II*. Traduction de *Main Trends in Philosophy* (2e partie) par K. SAKABÉ, H. IMAMURA et T. HISASHIGÉ. Tokyo: Iwanami-schoten, 1982, 21 × 15, 287 p.

Traduction japonaise du chapitre VIII de II.B.75.

I.I.7. *Furoito o yomu. Kaishakugaku shiron* [Lire Freud. Essai d'herméneutique]. Traduction de *De l'interprétation* par H. KUMÉ. Tokyo: Shinyo-sha, 1982, 631 p.

Traduction japonaise de I.A.8.

1983

I.I.8. *Ikita in'yu* [La métaphore vive]. Traduction d'un abrégé par P. RICŒUR lui-même de *La métaphore vive* par H. KUMÉ. Tokyo: Iwanami-shoten, 1983, 19 × 12, 402 p.

Traduction japonaise de I.A.11 abrégé, avec une reproduction presque inégrale de II.I.7.

I.J. DANOIS / DANISH

1970

I.J.1. *Sprogfilosofi* (Stjernebøgernes Kulturbibliotek) [Philosophie du language]. Traduction de quelques articles par Gr. K. Sørensen et P. Kemp avec une introduction et des notes de P. Kemp. København: Vinten, [1970], 18,5 × 10,5, 128 p.

Réédité en 1979.

Traduction danoise de trois articles de I.A.10.

«Indledning [Introduction]». (7-24)
«Struktur, ord, begivenheid [La structure, le mot, l'événement]». Traduction de II.A.214.
«Semiologiens urfordring til subjektfilosofien [La question du sujet: le défi de la sémiologie]». Traduction de la version française plus élaborée de II.C.8, parue sous le titre «La question du sujet: le défi de la sémiologie» dans I.A.10.
«Faderfigurens udvicklung fra fantasme til symbol [La paternité: du fantasme au symbole]». Traduction de II.A.248.

Les pages 1-21 de l'introduction sont traduites par III.P.2.

1973

I.J.2. *Filosofiens kilder* [Les sources de la philosophie]. Traduction de quelques articles avec une introduction de P. Kemp. København: Vinten, 1973, 18 × 10, 176 p.

Comprend le texte danois des articles suivants:
«Indledning [Introduction]». (7-15)
«Interview ved Jacques Berg [Interview de Ricœur par Jacques Berg]».
«At filosofere efter Kierkegaard [Philosopher après Kierkegaard]». Traduction de II.A.156.
«Psykoanalysen og den moderne kultursudvicklung [La psychanalyse et le mouvement de la culture contemporaine]». Traduction de II.A.176.
«Hvad er en tekst? Forklare og forstā [Qu'est-ce qu'un texte? Expliquer et comprendre]». Traduction de II.A.256.
«Tekstmodellen: Meningsfuld handling betragtet som en tekst [Le modèle du texte: l'action sensée considerée comme un texte]». Traduction de II.B.38.

1979

I.J.3. *Fortolkningsteori* (Stjernebøgernes Kulturbibliotek) [Théorie de l'interprétation]. Traduction de *Interpretation Theory* par

H. JUEL avec une introduction de A. GRØN. [Kobenhavn]: Vinten, [1979], 18,5 × 10,5, 7-104, 105-222 p.

Traduction danoise de I.B.10.

I.K. SERBO-CROATE / SERBO-CROATIAN

1981

I.K.1. *Živa metafora* (Biblioteka Teka, 8). Traduction de *La métaphore vive* par N. VAJS avec un épilogue de J. LACROIX. [Zagreb]: [Grafički zavod Hrvatske], [1981], 23,5 × 16,5, 378 p.

Traduction serbo-croate de I.A.11.

II. TEXTES MAJEURS / MAJOR TEXTS

II.A. FRANÇAIS / FRENCH

1935

II.A.1. «L'appel de l'action. Réflexions d'un Étudiant protestant». *Terre nouvelle.* Organe des chrétiens révolutionnaires (Paris) 1935, nº 2, juin, 7-9.

1936

II.A.1a. «Responsabilité de la pensée». *Être* 1 (1936-1937), nº 1, 10 novembre, 4-5.

II.A.2. «Le risque». *Être* 1 (1936-1937), nº 2, 10 décembre, 9-11.

1937

II.A.3. «Socialisme et christianisme». *Être* 1 (1936-1937), nº 4, 10 mars, 3-4.

1938

II.A.4. «Nécessité de Karl Marx». *Être* 2 (1937-1938), nº 5, mars, 6-11.

1940

II.A.5. «L'attention. Étude phénoménologique de l'attention et de ses connexions philosophiques». *Bulletin du Cercle philosophique de l'Ouest* 4 (1940), janvier-mars, 1-28 [polycopié].

1946

II.A.6. «Le chrétien et la Civilisation occidentale». *Christianisme social.* Revue Sociale et Internationale pour un Monde Chrétien 54 (1946), nº 5, octobre-décembre, 423-436.

II.A.7. «Vérité: Jésus et Ponce Pilate». *Le Semeur.* Tribune libre de la

Fédération Française des Associations Chrétiennes d'Étudiants (XXVIIIe Congrès national) 44 (1945-1946), n° 4-5, février-mars, 381-394.

1947

II.A.8. «Le mystère mutuel ou le romancier humilié [sur P. A. LESORT, Les Reins et les Cœurs]». *Esprit* 15 (1947), n° 132, avril, 691-699.

II.A.9. «La crise de la Démocratie et de la Conscience chrétienne». *Christianisme social* 55 (1947), n° 4, mai, 320-331.

Reproduit dans *Cité nouvelle.* Journal bimensuel 1959, n° 301, 17 septembre, 1,3; n° 302, 1 octobre, 1,2; n° 303, 15 octobre, 1,4; n° 304, 5 novembre, 1,3.

1948

II.A.10. «Pour un christianisme prophétique». *Les chrétiens et la politique* (Dialogues). Paris: Temps Présent, 1948, 18,5 × 12, 79-100.

II.A.11. «Dimensions d'une recherche commune [rapport au Congrès *Esprit*]». *Esprit* 16 (1948), n° 12, décembre, 837-846.

II.A.12. «La pensée engagée [sur M. MERLEAU-PONTY, *Humanisme et terreur*]». *Esprit* 16 (1948), n° 12, décembre, 911-916.

II.A.13. «La Condition du Philosophe chrétien [sur R. MEHL, *La condition du philosophe chrétien*]». *Christianisme social* 56 (1948), n° 9-10, septembre-octobre, 551-557.

II.A.14. «Comment respecter l'enfant? [Conférence au Congrès de la Fédération, Glay 1948]». *Foi-Éducation* (Orientation de la Fédération. Glay). Revue trimestrielle de la Fédération protestante des membres de l'Enseignement 18 (1948), n° 5, octobre, 6-11.

II.A.15. «L'expérience psychologique de la liberté [texte imprimé sur le programme du Congrès de Toulouse, 1948]». *Le Semeur* (Liberté. XXXe Congrès national: Toulouse 30 mars-3 Avril 1948) 46 (1947-1948), n° 6-7, avril-mai, 444-451.

1949

II.A.16. «Le renouvellement du problème de la philosophie chrétienne par les philosophies de l'existence». *Le problème de la philosophie chrétienne* (Les Problèmes de la Pensée Chrétienne, 4). Paris: Presses Universitaires de France, 1949, 22,5 × 14, 43-67.

II.A.17. «[Possibilités ouvertes à l'évangélisation. Entendre l'évangile]». *Jeunesse de l'église* (L'évangile captif) (Petit Clamart. Seine) [1949], 10e cahier, 69-72.

II.A.18. «Husserl et le sens de l'histoire». *Revue de métaphysique et de morale* 54 (1949), n° 3-4, juillet-octobre, 280-316.

Traduit en anglais dans I.B.4.
Traduit en allemand par II.C.12.
Traduit en italien dans I.E.9.

II.A.19. «L'homme non violent et sa présence à l'histoire». *Esprit* (Révision du pacifisme) 17 (1949), n° 2, février, 224-234.

Reproduit dans I.A.5.

Traduit différemment en anglais par II.B.15 et dans I.B.1.
Traduit en allemand dans I.C.6.
Traduit en portugais dans I.F.1.

II.A.20. «Le Yogi, le Commissaire, le Prolétaire et le Prophète. À propos de «Humanisme et Terreur» de Maurice Merleau-Ponty». *Christianisme social* 57 (1949), n° 1-2, janvier-février, 41-54.

La dernière partie, c.à.d. les réflexions critiques sont reproduites dans «Paul Ricœur et la réflexion sur le marxisme» par D. GALLAND. *Itineris. Cahiers socialistes chrétiens* (Itinéraires socialistes chrétiens). [Genève]: Labor et Fides, [1983], 22,5 × 15, 130-136.

II.A.21. «La Culpabilité Allemande [sur K. JASPERS, *La Culpabilité allemande*]». *Christianisme social* 57 (1949), n° 3-4, mars-avril, 150-157.

II.A.22. «La Violence dans l'Histoire et la Place de 'l'Autre Force'». *Cité nouvelle* 1949, n° 85, 10 novembre, 1,2.

1950

II.A.23. HUSSERL E., «La crise de l'humanité européenne et la philosophie». Texte établi et présenté par St. STRASSER et traduit par P. Ricœur. *Revue de métaphysique et de morale* 55 (1950), n° 3, juillet-septembre, 225-258.

Reproduit dans *La crise de l'humanité européenne et la philosophie* (Republications Paulet). Paris: Paulet, 1968, 24 × 15, 225-260.
Autres reproductions: *La crise de l'humanité européenne et la philosophie* (Republications Paulet), traduit par P. Ricœur avec des introductions de St. Strasser et G. Granel. Paris: La pensée sauvage (L'impensé radical), 1975, xxi-31 p. *La crise de l'humanité européenne et la philosophie* (La philosophie en poche). Édition bilingue. Traduction de P. Ricœur, préface de St. Strasser et en postface un essai de J.-M. Guirao. Paris: Aubier, 1977, 17,5 × 11,5, 175 p.

II.A.24. Husserl E., «La philosophie comme prise de conscience de l'humanité». Texte établi et présenté par W. Biemel et traduit par P. Ricœur. *Deucalion 3. Vérité et liberté* (Être et penser. Cahiers de Philosophie) 1950, n° 30, 109-127.

II.A.25. «Une philosophie personnaliste [sur E. Mounier]». *Esprit* (Emmanuel Mounier) 18 (1950), n° 12, décembre, 860-887.

Repris dans I.A.5.

Traduit en anglais dans I.B.1.
Traduit en portugais dans I.F.1.
Traduit en polonais par II.H.3.

II.A.25a. «Remarques sur l'Évangélisation des intellectuels d'aujourd'hui». *Revue de l'Évangélisation* 5 (1950), n° 24, mars-avril-mai, 42-46.

Reproduit sous le titre «L'évangile et les intellectuels» dans *Le Semeur* (Autorité de l'Écriture) 49 (1950-1951) n° 7-8, mai-juin, 485-490.

II.A.26. «Discerner pour agir [exposé au Congrès de la Fédération, Lyon 1950]». *Le Semeur* (Peut-on s'orienter dans le monde moderne? XXXe Congrès National, Lyon 10-14 avril 1950) 48 (1949-1950), n° 7-8, mai-juin, 431-452.

1951

II.A.27. «Compte rendu de thèse». *Annales de l'Université de Paris* 21 (1951), octobre-décembre, 633-635.

II.A.28. «L'unité du volontaire et de l'involontaire comme idée-limite [présentation des arguments et exposé suivi d'une discussion avec E. Bréhier et d'autres]». *Bulletin de la Société française de Philosophie* 45 (1951), n° 1, 1-2, janvier-mars, 3-22,22-29.

Reproduction des arguments dans *Les études philosophiques* 6 (1951), n° 1, janvier-mars, 106-107.

Seuls les arguments et l'exposé sont traduits en anglais par II.B.23, ce qui est reproduit dans I.B.12.

II.A.29. «Analyses et problèmes dans 'Ideen II' de Husserl [1e partie, suite]». *Revue de métaphysique et de morale* 56 (1951), n° 4, octobre-décembre, 357-394; 57 (1952), n° 1, janvier-mars, 1-16.

Repris dans *Phénoménologie. Existence* (Revue de métaphysique et de morale). Paris: A. Colin, 1953, 25 × 16,5, 23-76.

Traduit en anglais dans I.B.4.
Traduit en italien dans I.E.9.

II.A.30. «La pensée grecque. Ernst HOFFMANN, *Plato*. Victor GOLDSCHMIDT, *La religion de Platon* [comptes rendus]». *Revue d'histoire et de philosophie religieuses*» 31 (1951), n° 2, 240-244.

II.A.31. RICŒUR P. et DOMENACH J. M., «Masse et personne». *Esprit* 19 (1951), n° 1, janvier, 9-18.

Traduit en anglais par II.B.2.

II.A.32. «Pour une coexistence pacifique des civilisations». *Esprit* (La paix possible) 19 (1951), n° 3, mars, 408-419.

II.A.33. «P.-L. LANDSBERG: *Essai sur l'expérience de la mort* [compte rendu]». *Esprit* (Condition prolétarienne et lutte ouvrière) 19 (1951), n° 8, juillet-août, 263-265.

II.A.34. «Réflexions sur 'Le diable et le Bon Dieu'». *Esprit* 19 (1951), n° 11, novembre, 711-719.

Traduit en anglais par II.B.3.

II.A.35. «Vérité et mensonge». *Esprit* 19 (1951), n° 12, décembre, 753-778.

Reproduit dans I.A.5.

Traduit en anglais dans I.B.1.
Traduit en allemand dans I.C.6.
Traduit en portugais dans I.F.1.

II.A.36. «Le christianisme et le sens de l'histoire. Progrès, ambiguïté, espérance». *Christianisme social* 59 (1951), n° 4, avril, 261-274.

Reproduit dans I.A.5.

Traduit différemment en anglais par II.B.1 et dans I.B.1.
Traduit en allemand dans I.C.6.
Traduit en portugais dans I.F.1.

II.A.37. «Tâches pour la paix». *Christianisme social* 59 (1951), n° 5-6, mai-juin, 371-378.

II.A.38. «La question de l'"humanisme chrétien' [thèses présentées à l'Assemblée générale du Protestantisme français, 1950]». *Foi et vie* 49 (1951), n° 4, juillet, 323-330.

II.A.40. «Connaissance de l'homme par la littérature du malheur». *Foi-Éducation* (Littérature et monde moderne) 21 (1951), n° 15, mai, 149-156.

II.A.41. «Note sur l'Existentialisme et la Foi chrétienne». *Revue de l'Évangélisation* (Le Christianisme devant les courants de la pensée moderne) 6 (1951), n° 31, mai-juin, 143-152.

1952

II.A.42. «Note sur l'histoire de la philosophie et la sociologie de la connaissance». *L'homme et l'histoire*. Actes du VIe Congrès des Sociétés de Philosophie de langue française, Strasbourg 1952. Paris: Presses Universitaires de France, 1952, 22 × 14,5, 341-346.

Reproduit dans I.A.5.

Traduit en anglais dans I.B.1.
Traduit en allemand dans I.C.6.
Traduit en portugais dans I.F.1.

II.A.43. «Méthode et tâches d'une phénoménologie de la volonté». *Problèmes actuels de la phénoménologie*. Actes du colloque international de phénoménologie, Bruxelles 1951 (Textes et études philosophiques). Édités par H. L. Van Breda. [Paris]: Desclée de Brouwer, [1952], 18,5 × 12, 110-140.

Traduit en anglais dans I.B.4.
Quelques pages sont traduites en italien par II.E.15.

II.A.44. «Le temps de Jean-Baptiste et le temps de Galilée [sur Montuclard, *Les événements et la foi*]». *Esprit* 20 (1952), n° 5, mai, 864-871.

II.A.45. «Aux frontières de la philosophie [sur A. Néher, *Amos. Contribution à l'étude du prophétisme*; J. Roos, *Blake, Novalis, Ballanche. Aspects littéraires du mysticisme philosophique au début du romantisme*; P. Burgelin, *La philosophie de l'existence de Jean-Jacques Rousseau*]». *Esprit* (La gauche américaine) 20 (1952), n° 11, novembre, 760-775.

II.A.46. «Propositions de compromis pour l'Allemagne [intervention de P. RICŒUR à la Conférence Internationale pour la solution du problème allemand, Berlin 1952]». *Esprit* (Misère de la psychiatrie) 20 (1952), nº 12, décembre, 1005-1011.

II.A.47. «L'Homme révolté de Camus [sur A. CAMUS, *L'homme révolté*]». *Christianisme social* 60 (1952), nº 5-6, mai-juin, 229-239.

II.A.48. «Pour la solution du Problème allemand. La Conférence de Berlin». *Christianisme social* 60 (1952)-61 (1953), nº 12-1, décembre-janvier, 625-631.

II.A.49. «L'homme de science et l'homme de foi». *Le semeur* (La science et la foi) 51 (1952-1953), nº 1, novembre, 12-22.

Reproduit intégralement dans:

Recherches et débats (Pensée scientifique et foi chrétienne) 2 (1953), nº 4, 77-88.

Science et foi (Le signe). Paris: A. Fayard, 1962, 19,5 × 14,5, 83-95.

Reproduit partiellement sous le titre «Note sur le vœu et la tâche de l'unité» dans I.A.5.

Traduit en anglais dans I.B.1.
Traduit en allemand dans I.C.6.
Traduit en italien par II.E.4.
Traduit en portugais dans I.F.1.

II.A.50. «Urgence d'une morale [conférence aux «Conférences protestantes» consacrées aux Dix Commandements]». *Foi-Éducation* (La paix: des enfants et des hommes) 22 (1952), nº 20, juillet, 107-114.

1953

II.A.51. «Vraie et fausse angoisse [conférence de P. RICŒUR suivie d'un débat avec E. WEIL et d'autres]». *L'angoisse du temps présent et les devoirs de l'esprit*. Rencontres internationales de Genève 1953. Neuchâtel: La Baconnière, [1953], 91,5 × 15, 33-53, 175-210.

La conférence seule est reproduite dans I.A.5.

La conférence seule est traduite en anglais dans I.B.1, en allemand dans I.C.6 et en portugais dans I.F.1.

La conférence et le débat sont traduits en portugais par II.F.3.

II.A.52. RICŒUR P., SCHUMAN R., CALOGERO G. et d'autres «Troisième entretien public [discussion sur la conférence de R. SCHUMAN, «Les causes sociales et politiques de l'angoisse»]». *L'angoisse du temps présent et les devoirs de l'esprit*. Rencontres internationales de Genève 1953. Neuchâtel: La Baconnière, [1953], 247-277, 279-303.

Traduit en portugais par II.F.4.

II.A.53. «Culpabilité tragique et culpabilité biblique». *Revue d'histoire et de philosophie religieuses* 33 (1953), nº 4, 285-307.

II.A.54. «Travail et parole». *Esprit* (Esprit a vingt ans) 21 (1953), nº 1, janvier, 96-117.

Reproduit dans I.A.5.
Traduit en anglais dans I.B.1.
Traduit en allemand dans I.C.6.
Traduit en portugais dans I.F.1.

II.A.55. «Aux frontières de la philosophie (suite). Sur le tragique [sur G. NEBEL, *Weltangst und Götterzorn*; H. GOUHIER, *Le Théâtre et l'existence*; M. SCHELER, *Le phénomène du tragique*; K. JASPERS, *Ueber das Tragische*]». *Esprit* 21 (1953), nº 3, mars, 449-467.

II.A.56. «Sur la phénoménologie [sur TRAN-DUC-THAO, *Phénoménologie et matérialisme dialectique*]». *Esprit* 21 (1953), nº 12, décembre, 821-839.

Traduit en anglais par II.B.51.
Traduit quasi intégralement en italien dans I.E.9.

II.A.57. «Objectivité et subjectivité en histoire [rapport de P. RICŒUR aux Journées pédagogiques de coordination entre l'enseignement de la philosophie et celui de l'histoire suivi d'un débat avec L. FEINBERG et d'autres]». *Revue de l'enseignement philosophique*. Bulletin de l'Association des Professeurs de Philosophie de l'Enseignement public 3 (1953), juillet-septembre, 28-40, 41-43.

Seule la conférence est reproduite sous le même titre dans I.A.5 et sous le titre «Subjectivité et Objectivité en Histoire» dans *Les Amis de Sèvres. Bulletin d'information* 6 (1954), juin, 5-21.
Seule la conférence est traduite en anglais dans I.B.1, en allemand dans I.C.6, et en portugais dans I.F.1.

II.A.58. «Les Conditions de la coexistence pacifique. Conditions de la paix [rapport de P. RICŒUR au Congrès du Christianisme social suivi d'un débat, Marseille 1953]». *Christianisme social* 61 (1953), nº 6-7, mai-juin, 297-307, 308-313.

II.A.59. «État, Nation, École [étude prononcée au Congrès National de la Fédération Protestante de l'Enseignement, Lille 1952]». *Foi-Éducation* 23 (1953), nº 23, avril, 54-57.

II.A.60. «La crise de la vérité et la pression du mensonge dans la civilisation actuelle». *Vie enseignante.* Pour les instituteurs publics 1953, nº 83, novembre, 11.

1954

II.A.61. *Histoire de la philosophie allemande* (Bibliothèque d'histoire de la philosophie). Troisième édition mise à jour par P. Ricœur [moyennant une introduction et un appendice consacré à quelques figures contemporaines].Paris: Vrin, 1954, 19 × 14, 3, 181-258.

Réédition en 1967.

La partie de l'appendice consacrée à E. Husserl est traduite en anglais dans I.B.4.

II.A.62. «La relation à autrui. Le 'socius' et le prochain». *L'amour du prochain* (Cahiers de la vie spirituelle). Paris: Cerf, 1954, 18 × 12, 293-310.

Reproduit dans I.A.5 et, sous le titre «Sociologie et théologie. Le 'Socius' et le prochain» dans *Christianisme social* 68 (1960), 461-471.

Traduit différemment en anglais par II.B.4 et dans I.B.1.
Traduit en allemand dans I.C.6.
Traduit en portugais dans I.F.1.
Traduit en néerlandais dans I.G.1.

II.A.63. «Sympathie et Respect. Phénoménologie et éthique de la seconde personne». *Revue de métaphysique et de morale* 59 (1954), nº 4, octobre-décembre, 380-397.

Traduit en italien dans I.E.9.

II.A.64. «Étude sur les 'Méditations Cartésiennes' de Husserl». *Revue philosophique de Louvain* 52 (1954), février, 75-109.

Traduit en anglais dans I.B.4.
Traduit en italien dans I.E.9.

II.A.64a. «Histoire de la philosophie et l'unité du vrai». *Revue internationale de philosophie* 8 (1954), nº 29, 266-282.

Texte français de l'article premièrement publié en allemand par II.C.1. Reproduit dans I.A.5.

Traduit en anglais dans I.B.1.
Traduit en portugais dans I.F.1.

II.A.65. «Kant et Husserl». *Kant-Studien* 46 (1954-1955), n° 1, 44-67.

Traduit différemment en anglais par II.B.19 et dans I.B.4.
Traduit en italien dans I.E.9.

II.A.66. «Philosophies de la personne [sur M. CHASTAING, *L'existence d'autrui*]». *Esprit* 22 (1954), n° 2, février, 289-297.

II.A.67. «'Morale sans péché' ou péché sans moralisme? [sur A. HESNARD, *Morale sans péché*]». *Esprit* 22 (1954), n° 8-9, août-septembre, 294-312.

Traduit en anglais par II.B.5.

1955

II.A.68. «La parole est mon royaume». *Esprit* (Réforme de l'enseignement) 23 (1955), n° 2, février, 192-205.

II.A.69. «Sur la phénoménologie II. Le 'problème de l'âme' [sur St. STRASSER, *Le problème de l'âme*]. *Esprit* (Le monde des prisons) 23 (1955), n° 4, avril, 721-726.

Reproduit anonymement sous le titre «Le problème de l'âme, par S. STRASSER» dans *Revue de métaphysique et de morale* 61 (1956), janvier-mars, 87-91.

II.A.70. «Philosophie et Ontologie I. Retour à Hegel [sur J. HYPPOLITE, *Logique et existence. Essai sur la logique de Hegel*]». *Esprit* 23 (1955), n° 8, août, 1378-1391.

II.A.71. «Aux frontières de la philosophie. II. Philosophie et prophétisme [sur A. NÉHER, *Essence du prophétisme*]». *Esprit* 23 (1955), n° 12, décembre, 1928-1939.

II.A.72. «Vraie et fausse paix [présenté au Congrès du Christianisme social en 1955]». *Christianisme social* 63 (1955), n° 9-10, septembre-octobre, 467-479.

Reproduit intégralement par *Vraie et fausse paix* (Questions de notre temps). Paris: Le Cep, 1955, 21 × 13,5, 16 p. et partiellement dans *Cité nouvelle*, 1955, n° 216, 17 novembre, 1,2.

II.A.73. «Vivre 'en' adultes 'comme' des enfants». *Jeunes femmes.*

Bulletin des groupes «Jeunes femmes» 4 (1955), juillet-août, 61-71.

1956

II.A.74. Guardini R., La mort de Socrate. Traduction de *Der Tod des Sokrates* par P. Ricœur. Paris: Seuil, [1956], 19 × 14, 269 p.

II.A.75. Thévenaz P., *L'homme et sa raison. I. Raison et conscience de soi* (Être et penser. Cahiers de philosophie, 46). Préface de P. Ricœur. Neuchâtel: La Baconnière, 1956, 19 × 14, 9-26.

Sous le titre «Un philosophe protestant: Pierre Thévenaz» la préface est reproduite dans *Esprit* 25 (1957), n° 1, janvier, 40-53.

II.A.76. «Négativité et affirmation originaire». *Aspects de la dialectique* (Recherches de philosophie, II). Paris: Desclée de Brouwer, [1956], 21,5 × 14, 101-124.

Reproduit dans I.A.5. (Édition 1964).

Extrait (102-103): «Le corps dans le monde: amorce du dialogue». *Nouvelle initiation philosophique. II. Phénoménologie de l'existence, Gravitations I.* Édité par Fl. Gaboriau. [Tournai-Paris]: Casterman, 1963, 21,5 × 15, 216-217.

Traduit en allemand par II.C.4 et dans I.C.6.

Traduit en portugais dans I.F.1.

II.A.77. «Que signifie 'humanisme'?» *Comprendre*. Revue de la société européenne de culture (L'humanisme d'aujourd'hui) 1956, n° 15, mars, 84-92.

Traduit en anglais dans I.B.9.

II.A.78. «Certitudes et incertitudes d'une révolution». *Esprit* (La Chine, porte ouverte) 24 (1956), n° 1, janvier, 5-28.

II.A.79. «Note critique sur 'Chine ouverte'». *Esprit* 22 (1956), n° 6, juin, 897-910.

II.A.80. «Questions sur la Chine». *Christianisme social* (Planisme et liberté) 64 (1956), n° 5-6, mai-juin, 319-335.

Traduit en italien par II.E.1.

II.A.81. «L'enseignement dans la Chine nouvelle». *Foi-Éducation* 26 (1956), n° 34, janvier-mars, 25-30.

Reproduit sous le titre «Écoles de Chine» dans *Paris-Pékin*. La revue des amitiés franco-chinoises 1956, mars, 11-16.

II.A.82. «Une enquête spirituelle: Quelle est pour vous la résonance actuelle de la révélation du Sinaï? [réponse de P. Ricœur]». *Unir*. Publication mensuelle de la communauté israélite de Strasbourg 2 (1956), n° 8, 15 mars, 1.

1957

II.A.83. Sargi B., *La participation à l'être dans la philosophie de Louis Lavelle* (Bibliothèque des Archives de philosophie. Septième section, Philosophie contemporaine, 1). Préface de P. Ricœur. Paris: Beauchesne, 1957, 22 × 14,5, 7-9.

II.A.84. *État et violence*. La troisième conférence annuelle du Foyer John Knox, 1957. Genève: Association du Foyer John Knox, 1957, 21 × 14,5, 16 p.

Reproduit dans I.A.5. (Édition 1964).
Reproduit intégralement sous le titre «Le problème de la violence. I. II. Guerre et violence». *Foi-Éducation* 27 (1957), n° 40, n° 41, juillet-septembre, octobre-décembre, 7-14, 5-11.
Reproduit partiellement sous le titre «Les théologiens, la guerre et l'objection de conscience. III. Une analyse éclairante de Paul Ricœur». *La confiance* 3 (1957), n° 4, 8-11. Aussi partiellement reproduit sous le titre «Violence. Anthologie de textes. Ce que nous dit P. Ricœur». *Le Semeur* (La violence) 60 (1962), n° 2, février-mars, 403-404.

Traduit différemment en anglais par II.B.7 et dans I.B.1.
Traduit différemment en allemand par II.C.2 et dans I.C.6.
Traduit en portugais dans I.F.1.

II.A.85. «Philosophie et religion chez Karl Jaspers». *Revue d'histoire et de philosophie religieuses* 37 (1957), n° 3, 207-235.

Traduit en anglais dans II.B.8.
Traduit en allemand dans II.C.3.

II.A.86. «Renouveau de l'ontologie». *Encyclopédie française. XIX. Philosophie et religion*. Paris: Larousse, 1957, 31 × 27, 19.16-15 à 19.18-3.

II.A.87. «Phénoménologie existentielle». *Encyclopédie française. XIX. Philosophie et religion*. Paris: Larousse, 1957, 31 × 27, 19.10-18 à 19.10-12.

Contenu semblable dans II.A.140.

Traduit en anglais dans I.B.4 et I.B.12.

II.A.88. «H. Heimsoeth, *Les six grands thèmes de la métaphysique occidentale* [compte rendu]». *Les études philosophiques* 12 (1957), n° 4, 408-409.

II.A.89. «Le 'Traité de Métaphysique' de Jean Wahl». *Esprit* 25 (1957), n° 3, mars, 529-540.

II.A.90. «Le paradoxe politique». *Esprit* (Le temps de la réflexion) 25 (1957), n° 5, mai, 721-745.

Reproduit dans I.A.5. (Édition 1964).

Traduit en anglais dans I.B.1.
Traduit en allemand dans I.C.6.
Traduit en portugais dans I.F.1.
Traduit en néerlandais dans I.G.1.

II.A.91. «'L'Essai sur le Mal' de Jean Nabert». *Esprit* 25 (1957), n° 7-8, juillet-août, 124-135.

II.A.92. «La 'philosophie politique' d'Eric Weil». *Esprit* 25 (1957), n° 10, octobre, 412-429.

II.A.93. «Place de l'œuvre d'art dans notre culture». *Foi-Éducation* 27 (1957), n° 38, janvier-mars, 5-11.

II.A.94. «Réflexions finales sur le congrès [de la Fédération Protestante de l'Enseignement à Bièvres (1956) consacré à «L'art et l'éducation»]». *Foi-Éducation* 27 (1957), n° 38, janvier-mars, 33-34.

II.A.95. «Vous êtes le sel de la terre». *Au service du maître*. Alliance des équipes unionistes 1957, novembre-décembre, 27-35.

Traduit en anglais par II.B.10 et dans I.B.9.

II.A.96. «Recherches d'anthropologie chrétienne sur le terrain philosophique. I. Les Grecs et le péché. II. Le philosophe en face de la confession des péchés [étude présentée à la Pastorale de Bièvres, 1957]». *Supplément* à *La confiance*. Correspondance fraternelle et privée des pasteurs de France 3 (1957), n° 1-2, 17-32.

II.A.97. *Être, essence et substance chez Platon et Aristote*. Cours professé à l'Université de Strasbourg en 1953-1954 (Les cours de Sorbonne). Paris: Centre de Documentation Universitaire, [1957], 27 × 21,5, 149 p. [multigraphié].

Réédité en 1960.

Réédité en 1982: Paris: Société d'édition d'enseignement supérieur, [1982], 21 × 15,5, 268 p.

Extrait (145-147) (Édition 1957): «Le dessein d'Aristote». *Les grandes étapes de la pensée. Décisions II* (Nouvelle initiation philosophique, 5). Édité par Fl. GABORIAU. [Tournai-Paris]: Casterman, 1965, 22 × 16, 546-548.

1958

II.A.98. «Perplexités sur Israël [sur l'état d'Israël, le Sionisme et le monde arabe suivi d'un commentaire par A. NÉHER]». *Esprit* (Israël, le Sionisme et l'antisémitisme) 26 (1958), nº 6, juin, 868-876, 876-877.

II.A.99. «L'aventure technique et son horizon interplanétaire». *Christianisme social* 66 (1958), nº 1-2, janvier-février, 20-33.

Traduit en espagnol par II.D.3.
Traduit en néerlandais dans I.G.1.

II.A.100. «Les aventures de l'État et la tâche des chrétiens». *Christianisme social* 66 (1958), nº 6-7, juin-juillet, 452-463.

Traduit en anglais dans I.B.9.
Traduit en néerlandais dans I.G.1.

II.A.101. «Éléments de jugement 'constitutionel' [sur le référendum décidé par De Gaulle proposant un régime présidentiel]». *Christianisme social* 66 (1958), nº 8-10, août-septembre, 570-575.

II.A.102. «Responsabilité et Culpabilité au plan communautaire». *Le Semeur* 56 (1958), nº 4, juin, 3-6.

II.A.103. «Formes actuelles des préoccupations morales et religieuses de la jeunesse». *L'école des parents*. Organe mensuel de l'École des parents et des éducateurs 1957-1958, nº 8, juin, 1-11.

II.A.104. «L'enseignement protestant en face du catholicisme d'aujourd'hui [Conférence au 2e Camp Latin pour enseignants protestants à Agapè (Alpes Vaudoises), 1957]». *Foi-Éducation* 28 (1958), nº 42, janvier-mars, 7-13.

Traduit en italien par II.E.2.

II.A.105. «Le communisme. Une interview». *Notre chemin*. Journal mensuel inter-régional des églises réformées 48 (1958), nº 9, septembre, 1-2.

Reproduit sous le titre «Une interview de Paul Ricœur». *Cité nouvelle* 1958, n° 284, 4 décembre, 2.

II.A.106. «Le droit de punir». *Cahiers de Villemétrie* (Le droit de punir. Groupe des Juristes) 1958, n° 6, mars-avril, 2-21 [multigraphié].

II.A.107. «Le monde de la science et le monde de la foi [notes rédigées d'après l'exposé de P. Ricœur]». *Cahiers de Villemétrie* (Condition du scientifique chrétien dans le monde moderne) 1958, n° 8, juillet-août, 2-21 [multigraphié].

II.A.108. «Cours de Mr. Ricœur sur le jugement (suite et fin)». *Bulletin du groupe d'études de philosophie* (U.N.E.E./F.G.E.L.) [1958-1959], n° 8, 27-70 [multigraphié].

II.A.109. «La vision morale du monde». *Bulletin de philosophie* (Groupe d'études de philosophie [1958-1959], n° 10, 1-43 [multigraphié].

1959

II.A.110. «Le sentiment». *Edmund Husserl 1859-1959*. Recueil commémoratif publié à l'occasion du centenaire de la naissance du philosophe (Phaenomenologica, 4). La Haye: M. Nijhoff, 1959, 24,5 × 16, 260-274.

II.A.111. «Le paradoxe de la liberté politique. Commentaire de Paul Ricœur [à la conférence de O. Klineberg «Culture, personalité et liberté. Est-ce de chefs ou d'hommes libres que nous avons besoin?»]». *La liberté*. Rapport de la sixième conférence annuelle de l'Institut Canadien des Affaires Publiques (Le Montclair-Ste-Adèle, 1959). Montréal: Institut Canadien des Affaires Publiques, [1959], 21,5 × 15,5, 51-55.

II.A.112. «Ethique et politique [texte de Max Weber présenté par P. Ricœur]». *Esprit* 27 (1959), n° 2, février 225-230.

II.A.113. «'Le symbole donné à penser'». *Esprit* 27 (1959), n° 7-8, juillet-août, 60-76.

Traduit en anglais par II.B.11.
Traduit en polonais dans I.H.1.

II.A.114. «Du marxisme au communisme contemporain [étude donnée au Synode régional 1958 de la région parisienne]». *Christianisme Social* 67 (1959), n° 3-4, mars-avril, 151-159.

Traduit en anglais dans I.B.9.

II.A.115. «Les Formes nouvelles de la Justice sociale. Essai de conclusion [au XXXIIe Congrès National, Niort 1959]». *Christianisme social* 67 (1959), n° 7-9, juillet-septembre, 462-471.

Reproduit partiellement sous le titre «Les Chrétiens et les besoins des hommes». *Cité nouvelle* 1959, n° 299, 30 juillet, 4.

II.A.116. «La crise du socialisme». *Christianisme social* 67 (1959), n° 12, décembre, 695-702.

II.A.117. «L'enseignement des humanités dans le monde moderne [reproduction fragmentaire d'une conférence donnée au congrès de Bièvres, 1958]». *Foi-Éducation* 29 (1959), n° 46, janvier-mars, 23-25.

Reproduit dans *Humanisme contemporain II*. Paris: Les Belles Lettres, 1966, 21,5 × 14, 39-42.

II.A.118. «Le chrétien et l'état [reproduction d'un rapport de P. RICŒUR d'après les notes de Ph. MOREL]». *La confiance* 5 (1959), n° 1, 11-14.

II.A.119. «La place des 'humanités' dans la civilisation industrielle». *Paris-Lettres*. Journal des Étudiants en Lettres 4 (1959), août-octobre, 4.

1960

II.A.120. PEPERZAK A., *Le jeune Hegel et la vision morale du monde*. Préface de P. RICŒUR. La Haye: M. Nijhoff, [1960], 24 × 16, V.

Réédition en 1969.

II.A.121. «L'homme et son mystère». *Le mystère*. Semaine des Intellectuels Catholiques 1959. Paris: Pierre Horay, [1960], 19 × 14, 119-130.

II.A.122. RICŒUR P., SIMONDON F. et d'autres, «Forme, information potentiels [discussion du rapport de G. SIMONDON]». *Bulletin de la Société française de Philosophie* 54 (1960), n° 4, octobre-décembre, 181-183.

II.A.123. «L'antinomie de la réalité humaine et le problème de l'anthropologie philosophique [conférence donnée à Milan 1960]». *Il Pensiero* 5 (1960), nº 3, septembre-décembre, 283-290.

Traduit en anglais par II.B.24 et reproduit dans I.B.12.

II.A.124. «La sexualité. La merveille, l'errance, l'énigme [suivi de la présentation par P. Ricœur des réponses aux enquêtes]». *Esprit* (La sexualité) 28 (1960), nº 11, novembre, 1665-1676, 1677-1700, 1711, 1796-1808, 1820-1825, 1839-1847, 1964, 1899-1919, 1930, 1938-1948.

Seul l'article est reproduit dans I.A.5.

Traduit quasi intégralement en anglais par II.B.16.
Seule la traduction de l'exposé est reproduit dans le livre mentionné sous II.B.16.
Traduit en allemand par II.C.5.
Traduit en italien par II.E.5.
Seul l'article est traduit en portugais par II.F.2.
Traduit en néerlandais dans II.G.1.

II.A.125. «Les camps d'internement [réponse de P. Ricœur à une lettre]». *Christianisme social* 68 (1960), nº 5-6, mai-juin, 423-425.

Repris dans *Cité nouvelle* 1960, nº 317, 19 mai, 4.

II.A.126. «'L'image de Dieu' et l'épopée humaine». *Christianisme social* 68 (1960), nº 7-9, juillet-septembre, 493-514.

Reproduit dans I.A.5 (Édition 1964).

Traduit différemment en anglais par II.B.12 et dans I.B.1.
Traduit en allemand dans I.C.6.
Traduit en portugais dans I.F.1.
Traduit en néerlandais dans I.G.1.

II.A.127. «L'insoumission». *Christianisme social* 68 (1960), nº 7-9, juillet-septembre, 584-588.

Reproduit dans *Esprit* 28 (1960), nº 10, octobre, 1600-1604 et dans *Cité nouvelle* 1960, nº 323, 22 septembre, 1,4.

II.A.128. «À propos de l'insoumission [réponse de P. Ricœur à une lettre de Th. Ruyssen]». *Christianisme social* 60 (1960), nº 10-11, octobre-novembre, 729-730.

II.A.129. «Le 'Péché Originel': étude de signification [leçon d'ouverture à la Faculté de Théologie protestante, Paris 1960]». *Église et Théologie*. Bulletin trimestriel de la Faculté de Théologie protestante de Paris 23 (1960), nº 70, décembre, 11-30.

Repris dans I.A.10.

Traduit en anglais dans I.B.8.
Traduit en allemand dans I.C.7.
Traduit en espagnol dans I.D.4.
Traduit en italien dans I.E.5.
Traduit en portugais dans I.F.3.
Traduit en néerlandais dans I.G.4.

II.A.130. «Les expériences du mi-temps scolaire: travailler moins pour apprendre plus?» *Réforme*. Hebdomadaire protestant 16 (1960), nº 821, 10 décembre, 4.

II.A.131. «Liberté et destin [conférence prononcée le 10 octobre 1959 à l'église Saint Luc à Montréal]». *Supplément* à *La vie chrétienne*. Bulletin mensuel protestant (Montréal) 1960, avril, 1-4.

1961

II.A.132. «Histoire de la philosophie et historicité [communication suivie d'un débat avec J. TAUBES et d'autres]». *L'histoire et ses interprétations*. Entretiens autour de Arnold Toynbee sous la direction de Raymond Aron (Congrès et Colloques, III. Centre culturel international de Cerisy-la-Salle, 1958). Paris-La Haye: Mouton, 1961, 24 × 16, 214-227, 227-234.

Seule la communication est reproduite dans I.A.5. (Édition 1964).
Traduit en anglais dans I.B.1.
Traduit en allemand dans I.C.6.
Traduit en portugais dans I.F.1.
Traduit en polonais par II.H.2.

II.A.133. RICŒUR P., ARON R., KULA M., «Les perspectives d'avenir de la civilisation occidentale. II. L'objectivité historique et les valeurs [discussions de P. RICŒUR et d'autres autour des communications de R. ARON et de M. KULA]». *L'histoire et ses interprétations*. Entretiens autour de Arnold Toynbee (Congrès et Colloques, III). Paris-La Haye: Mouton, 1961, 24 × 16, 170-171, 174-175.

II.A.134. RICŒUR P., PERELMAN Ch. et d'autres, «L'idéal de rationalité et la règle de justice [discussion du rapport de Ch. PERELMAN avec P. RICŒUR et d'autres]». *Bulletin de la Société française de Philosophie* 55 (1961), nº 1, janvier-mars, 25-26.

II.A.135. «Herméneutique des symboles et réflexion philosophique [communication de P. RICŒUR suivie d'un débat avec

A. CARACCIOLO et d'autres]». *Archivio di Filosofia* (Il problema della demitizzazione). Atti del Convegno, Roma 1961. 31 (1961), nº 1-2, 51-73, 291-297.

La communication seule est reproduite dans I.A.10.

Traduit en anglais par II.B.13 et dans I.B.8.
Traduit différemment en allemand par II.C.6 et dans I.C.7.
Traduit différemment en espagnol dans I.D.4 et par II.D.1.
Traduit en italien dans I.E.5.
Traduit en portugais dans I.F.3.
Traduit en néerlandais dans I.G.4.
Traduit en polonais dans I.H.1.

II.A.136. RICŒUR P., BOUILLARD H., LOTZ H., «Discussione seguita alla conferenza di Henri Bouillard [«La position d'une théologie réformée en face de l'interprétation existentiale». Discussione seguita alla conferenza di Hans Lotz [«Mythos, Logos, Mysterion»]». *Archivio di Filosofia* (Il problema della demitizzazione). Atti del Convegno, Roma 1961. 31 (1961), nº 1-2, 307-310, 311-318.

II.A.137. «Philosophie, sentiment et poésie. La notion d'a priori selon Mikel Dufrenne [sur M. DUFRENNE, *La notion d'a priori*]». *Esprit* 29 (1961), nº 3, mars, 504-512.

Traduit en anglais comme préface au livre II.B.17.

II.A.138. «Civilisation universelle et cultures nationales». *Esprit* 29 (1961), nº 10, octobre, 439-453.

Reproduit dans I.A.5. (Édition 1964).
Reproduction quasi identique sous le titre «Civilisation universelle mondiale. Cultures nationales [conférence à Rabat 1960]» dans *Confluent*. Revue culturelle et économique de la coopération publique et privée 1961, nº 11, janvier-février, 46-56.

Traduit en anglais dans I.B.1.
Traduit en allemand dans I.C.6.
Traduit en portugais dans I.F.1.
Traduit en néerlandais dans I.G.1.

II.A.139. «Le socialisme aujourd'hui». *Christianisme social* 69 (1961), nº 7-9, 451-460.

Traduit en anglais dans I.B.9.
Traduit en néerlandais dans I.G.1.

II.A.140. «Conclusions du congrès [du Christianisme social à Rocheton 1961 consacré au thème «Engagement chrétien et perspectives socialistes»]». *Christianisme social* 69 (1961), nº 7-9, juillet-septembre, 461-465.

II.A.141. «Que signifie la présence des pauvres parmi nous?». *Foi-Éducation*, 31 (1961), nº 54, janvier-mars, 9-19.

II.A.142. «Le philosophe foudroyé [un hommage à M. MERLEAU-PONTY]». *Les Nouvelles Littéraires*. Hebdomadaire 39 (1961), nº 1758, 11 mai, 4.

Reproduit dans *Christianisme social* 69 (1961), nº 5-6, mai-juin, 389-395 et sous le titre «Hommage à Merleau-Ponty» dans *Esprit* 29 (1961), nº 6, juin, 1115-1120.

1962

II.A.143. NABERT J., *Éléments pour une éthique* (Philosophie de l'esprit). Préface de P. RICŒUR. Paris: Aubier, 1962, 22,5 × 14, 5-16.

Traduit en anglais par II.B.33.

II.A.144. «Nature et liberté [communication au Congrès des Sociétés de Philosophie de langue française consacré au thème «La nature humaine», Montpellier 1961]». *Existence et Nature*. Paris: P.U.F., 1962, 23,5 × 15,5, 125-137.

Traduit en anglais dans I.B.9.

II.A.145. «Herméneutique et réflexion [communication de P. RICŒUR suivie d'un débat avec F. FILIASI CARCANO et d'autres]». *Archivio di Filosofia* (Demitizzazione e immagine). Atti del Colloquio internazionale, Roma 1962. 32 (1962), nº 1-2, 19-34, 35-41.

La communication seule est reproduite dans I.A.10.

Traduit en anglais dans I.B.8.
Traduit en allemand dans I.C.7.
Traduit en espagnol dans I.D.4.
Traduit en italien dans I.E.5.
Traduit en portugais dans I.F.3.
Traduit en néerlandais dans I.G.4.
Traduit en polonais dans I.H.1.

II.A.146. RICŒUR P., FESSARD G., BENZ E., PANIKKAR R., MATHIEU V. et d'autres, «Discussione [sur les conférences: G. FESSARD, «Image, symbole et historicité»; E. BENZ, «Teologia dell'icone e dell'iconoclastia»; R. PANIKKAR, «Le fondement du pluralisme herméneutique dans l'Hindouisme»; V. MATHIEU,

«Mito e concetto»]». *Archivio di Filosofia* (Demitizzazione e immagine). Atti del Colloquio internazionale, Roma 1962. 32 (1962), n° 1-2, 69-79, 204-217, 260-269, 311-314.

II.A.147. Castelli E. et Ricœur P., «Parole di chiusura». *Archivio di Filosofia* (Demitizzazione e immagine). Atti del Colloquio internazionale, Roma 1962. 32 (1962), n° 1-2, 340-342.

II.A.148. «L'acte et le signe selon Jean Nabert». *Les études philosophiques* (Jean Nabert) 17 (1962), n° 3, juillet-septembre, 339-349.

Reproduit dans I.A.10.

Traduit en anglais dans I.B.8.
Traduit en espagnol dans I.D.3.
Traduit en italien dans I.E.5.
Traduit en portugais dans I.F.3.

II.A.149. «L'Humanité de l'Homme. Contribution de la Philosophie Française contemporaine». *Studium generale* 15 (1962), n° 5, 309-323.

Contenu semblable dans II.A.87.

II.A.150. «Introduction au problème des signes et du langage [cours professé à la Sorbonne en 1962-1963]». *Cahiers de philosophie*. Publiés par le groupe d'étude de philosophie [de la Sorbonne] 1 (1962-1963), n° 8, 1-76 [polycopié].

1963

II.A.151. Rioux B., *L'être et la vérité chez Heidegger et Saint Thomas d'Aquin*. Préface de P. Ricœur. Montréal-Paris: Presses de l'Université de Montréal - Presses Universitaires de France, 1963, 22,5 × 14, VII-IX.

II.A.152. Ricœur P., Weil E. et d'autres, «Philosophie et réalité [discussion du rapport de E. Weil avec P. Ricœur et d'autres]». *Bulletin de la Société française de Philosophie* 57 (1963), n° 4, décembre, 137-139.

II.A.153. «Symbolique et temporalité [communication de P. Ricœur suivie d'un débat avec R. Boehm et d'autres]». *Archivio di Filosofia* (Ermeneutica e tradizione). Atti del Colloquio internazionale, Roma 1963. 33 (1963), n° 1-2, 5-31, 32-41.

Repris intégralement dans *Herméneutique et tradition* (Bibliothèque de l'histoire de la philosophie). Actes du colloque international, Rome 1963. Rome-Paris: Instituto di studi filosofici - J. Vrin, 1963, 20,5 × 11,5, 5-31, 32-41.

Seule la communication sous le titre «Structure et herméneutique» est intégralement reproduite dans I.A.10 et partiellement dans *Esprit* («La pensée sauvage» et le structuralisme) 31 (1963), n° 11, novembre, 596-627.

Traduit en anglais dans I.B.8.
Traduit en allemand dans I.C.5.
Traduit différemment en espagnol dans I.D.3 et II.D.4.
Traduit différemment en italien dans I.E.4 et I.E.5.
Traduit en portugais dans I.F.3.
Traduit en néerlandais dans I.G.2.
Traduit en polonais dans I.H.1.

II.A.154. RICŒUR P., BOEHM R., GOUHIER H., FESSARD G., MARLÉ R., PANIKKAR R. et d'autres, «Discussione [sur les conférences: R. BOEHM, «Progrès, arrêt et recul dans l'histoire»; H. GOUHIER, «Tradition et développement à l'époque du modernisme»; G. FESSARD, «Le fondement de l'herméneutique selon la XIIIe règle d'orthodoxie des exercices spirituels d'Ignace de Loyola»; R. MARLÉ, «Le problème de l'herméneutique dans les plus récents courants de la théologie allemande»; R. PANIKKAR, «Sur l'herméneutique de la tradition dans l'hindouisme pour un dialogue avec le Christianisme»]». *Archivio di Filosofia* (Ermeneutica e tradizione). Atti del Colloquio internazionale, Roma 1963. 33 (1963), n° 1-2, 68-74, 100-104, 220-229, 239-244, 365-370.

Repris dans *Herméneutique et tradition* (Bibliothèque d'histoire de la philosophie). Actes du colloque international, Rome 1953. Rome-Paris: Instituto di studi filosofici - J. Vrin, 1963, 20,5 × 14, 68-74, 100-104, 220-229, 239-244, 365-370.

II.A.155. «Kierkegaard et le mal [exposé présenté à Genève 1963]». *Revue de théologie et de philosophie* (Sœren Kierkegaard) 13 (1963), n° 4, 292-302.

Traduit — à peu de chose près — en anglais par II.B.102.
Traduit en japonais dans II.I.8.

II.A.156. «Philosopher après Kierkegaard [exposé donné à Genève 1963]». *Revue de théologie et de philosophie* (Sœren Kierkegaard) 13 (1963), n° 4, 303-316.

Traduit quasi complètement en anglais par II.B.102.
Traduit en japonais dans II.I.9.
Traduit en danois dans I.J.2.

II.A.157. Lévi-Strauss Cl., Ricœur P. et d'autres, «Réponses à quelques questions [de P. Ricœur, M. Gaboriau et d'autres par Cl. Lévi-Strauss]». *Esprit* («La pensée sauvage» et le structuralisme) 31 (1963), nº 11, novembre, 628-653.

Traduit en italien dans I.E.4.

II.A.158. «Le conflit des herméneutiques: épistémologie des interprétations». *Cahiers internationaux de symbolisme* 1 (1963), nº 1, 152-184.

Traduit en polonais dans I.H.1.

II.A.159. «Le symbole et le mythe». *Le Semeur* (Le sacré) 61 (1963), nº 2, 47-53.

Reproduit dans *Bulletin du Centre Protestant d'Études* 15 (1963), nº 6, octobre, 14-19.

II.A.160. «Le Congrès de Dijon [du Christianisme social en 1963 consacré au thème «Le Chrétien: un citoyen responsable, ou? comment?»]. Les conclusions». *Cité nouvelle* 1963, nº 383, 23 mai, 1.

II.A.161. «'Il y a une autre politique que celle de la bombe' [propos de P. Ricœur recueillis par J. Carnecki]». *Cité nouvelle* 1963, nº 394, 5 décembre, 1,4.

II.A.162. «Morale de classe - Morale universelle [communication à la Semaine de la pensée marxiste, Paris 1963]». *Lettre* 1963, nº 59-60, juillet-août, 35-43 [polycopié].

II.A.163. «Le jugement [cours donné à la Sorbonne]». *Cahiers de philosophie*. Publiés par le Groupe d'étude de Philosophie de l'Université de Paris 2 [1963-1964], nº 5, 87 p. [polycopié].

II.A.164. «Dialogue avec M. Ricœur sur la psychanalyse (24.1.64)». *Cahiers de philosophie*. Publiés par le Groupe d'étude de Philosophie [de la Sorbonne] 2 [1963-1964], nº 8, 55-60 [polycopié].

II.A.165. «Entretien avec M. Ricœur [sur le cours magistral et la réforme de l'enseignement philosophique supérieur en France]». *Philo-observateur*. Publié par le Groupe d'Études de Philosophie de l'Université de Paris [1963-1964], nº 4, 27-29 [polycopié].

1964

II.A.166. «Technique et non-technique dans l'interprétation [communication de P. RICŒUR suivie d'un débat avec A. VERGOTE et d'autres]». *Archivio di Filosofia* (Tecnica e casistica). Atti del Colloquio internazionale, Roma 1964. 34 (1964), nº 1-2, 23-37, 39-50.

Seule la communication est reproduite dans I.A.10.

Traduit en anglais dans I.B.8.
Traduit en allemand dans I.C.7.
Traduit en espagnol dans I.D.3a.
Traduit en italien dans I.E.5.
Traduit en portugais dans I.F.3.

II.A.167. RICŒUR P., LACAN J., DE WAELHENS A., MARLÉ R., PANIKKAR R., BRUN J. et d'autres, «Discussione [sur les conférences: J. LACAN, «Du Trieb de Freud et du désir du psychanalyste (Résumé)», A. DE WAELHENS, «Notes pour une épistémologie de la santé morale»; R. MARLÉ, «Casuistique et morales modernes de situation»; R. PANIKKAR, «Technique et temps: la technocratie»; J. BRUN, «Pour une herméneutique du concept»]». *Archivio di Filosofia* (Tecnica e casistica). Atti del Colloquio internazionale, Roma 1964. 34 (1964), nº 1-2, 55-60, 87-94, 117-120, 223-229, 311-318.

La discussion autour de l'exposé de J. Lacan avec P. Ricœur est traduite en italien dans I.E.4.

II.A.168. «Faire l'Université». *Esprit* (Faire l'université) 32 (1964), nº 5-6, mai-juin, 1162-1172.

Traduit en espagnol par II.D.5.

II.A.169. «Le symbolisme et l'explication structurale». *Cahiers internationaux du symbolisme* 2 (1964), nº 4, 81-96.

II.A.170. «Conclusions du Congrès [du Christianisme social sur le thème «Le Chrétien: un citoyen responsable. Où? Comment?», Dijon 1963]». *Christianisme social* 72 (1964), nº 3-4, mars-avril, 193-204.

II.A.171. «La critique de la religion [exposé à la Première Rencontre romande d'universitaires protestants en 1963; texte transcrit à partir d'enregistrements et revu par l'auteur]». *Bulletin du Centre Protestant d'Études* (Première Rencontre romande d'universitaires protestants) 16 (1964), nº 4-5, juin, 5-16.

Traduit en anglais par II.B.47, ce qui est reproduit dans I.B.12.
Traduit en espagnol dans I.D.6.

II.A.172. «Le langage de la foi [exposé à la Première Rencontre romande d'universitaires protestants en 1963; texte transcrit à partir d'enregistrements et revu par l'auteur]». *Bulletin du Centre Protestant d'Études* (Première Rencontre romande d'universitaires protestants) 16 (1964), n° 4-5, juin, 17-31.

Traduit en anglais par II.B.48, ce qui est reproduit dans I.B.12.
Traduit en espagnol dans I.D.6.

II.A.173. «La prospective et le plan dans une perspective chrétienne». *Réforme* 1964, n° 992, 21 mars, 6.

II.A.174. «Prospective du monde et perspective chrétienne [exposé présenté à une journée consacrée à la prospective et à la planification, Orgemont 1964]». *Cahiers de Villemétrie* (Prospective et planification dans la perspective chrétienne) 1964, n° 44, juillet-août, 16-37 [polycopié].

Reproduit intégralement dans *L'église vers l'avenir*. Présenté par G. Bessière et les Équipes enseignantes. Paris: Cerf, [1969], 19,5 × 12,4, 127-145 et partiellement sous le titre «Perspectives de la prospective» *Cahiers d'Études des Centres Protestantes de Rencontres et de Recherches* (I. Documents. Y a-t-il une prospective chrétienne?) [1965], 1-9 [polycopié].

Traduit en espagnol dans I.D.6.

II.A.175. «Explication et commentaire des 'Ideen I' [cours professé à la Sorbonne durant le premier semestre 1963-1964]». *Cahiers de philosophie*. Publiés par le Groupe d'étude de Philosophie [de la Sorbonne] 3 (1964), hors série, 1-143 [polycopié].

1965

II.A.176. «La psychanalyse et le mouvement de la culture contemporaine». *Traité de psychanalyse. I. Histoire*. Édité par S. Nacht. Paris: Presses Universitaires de France, 1965, 25,5 × 16,5, 79-109.

Reproduit dans I.A.10.

Traduit en anglais dans I.B.8.
Traduit en allemand dans I.C.7.
Traduit en espagnol dans I.D.3a.
Traduit en italien dans I.E.5.
Traduit en portugais dans I.F.3.

Traduit en néerlandais dans I.G.2.
Traduit en danois dans I.J.2.

II.A.177. «Existence et herméneutique [texte revisé d'une conférence devant la Société de philosophie de Montréal, 1964]. *Interpretation der Welt.* Festschrift für Romano Guardini zum achtzigsten Geburtstag. Édité par H. KUHN, H. KAHLEFELD et K. FORSTER. Würzburg: Im Echter-Verlag, [1965], 24 × 16, 32-51.

Reproduit dans *Dialogue* 4 (1965-1966), nº 1, juin, 1-25 et dans I.A.10.

Traduit en anglais dans I.B.8.
Traduit en allemand dans I.C.5.
Traduit en espagnol dans I.D.3.
Traduit différemment en italien dans I.E.4 et I.E.5.
Traduit en portugais dans I.F.3.
Traduit en néerlandais dans I.G.4.
Traduit en polonais dans I.H.1.

II.A.178. HABACHI R., Commencements de la créature (Le poids du jour). Préface de P. RICŒUR et liminaire de D. BARRAT. [Paris]: Centurion, [1965], 19 × 14, 7-12.

II.A.179. GUILEAD R., *Être et liberté. Une étude sur le dernier Heidegger* (Philosophes contemporains. Textes et études, 12). Préface de P. RICŒUR. Louvain-Paris: E. Nauwelaerts - Béatrice Nauwelaerts, 1965, 23,5 × 16,5, 5-8.

Traduit en espagnol par II.D.6.

II.A.180. «Démythiser l'accusation [communication de P. RICŒUR suivie d'un débat avec R. MEHL et d'autres». *Archivio di Filosofia* (Demitizzazione e morale). Atti del Colloquio internazionale, Roma 1965. 35 (1965), nº 1-2, 49-65, 67-75.

Reproduit dans *Démythisation et morale.* Actes du Colloque international, Rome 1965. Paris: Aubier, [1965], 24,5 × 17,5, 49-65, 67-75. La communication seule est reproduite dans I.A.10.

Traduit en anglais dans I.B.8.
Traduit en allemand dans I.C.7.
Traduit en espagnol dans I.D.4.
Traduit différemment en italien dans I.E.3 et I.E.5.
Traduit en portugais dans I.F.3.
Traduit en néerlandais dans I.G.4.

II.A.181. RICŒUR P., BRUN J., FESSARD G., VERGOTE A., OTT H., MEHL R., MANCINI I. et d'autres, «Discussione [sur les conférences: J. Brun, «À la recherche du paradis perdu»; G. Fessard, «Symbole, surnaturel, dialogue»; A. Vergote, «La loi morale et le péché originel à la lumière de la psychanalyse»; H. Ott, «Le problème d'une éthique non-casuistique dans la pensée de Dietrich Bonhœffer et Martin Buber»; R. Mehl, «Démythisation du sérieux éthique»; I. Mancini, «La morale teologica di Barth»]». *Archivio di Filosofia* (Demitizzazione e morale). Atti del Colloquio internazionale, Roma 1965. 35 (1965), n° 1-2, 87-89, 143-154, 205-213, 245-253, 305-310, 389-392.

Reproduit dans *Démythisation et morale* (Philosophie de l'esprit). Actes du colloque international, Rome 1965. [Paris]: Aubier, [1965], 24,5 × 17,5, 87-89, 143-154, 205-213, 245-253, 305-310, 389-392.

II.A.182. «Tâches de l'éducateur politique [conférence à la Semaine latino-américaine, Paris 1964]». *Esprit* (Amérique latine et conscience chrétienne) 33 (1965), n° 7-8, juillet-août, 78-93.

Traduit en anglais par II.B.43, ce qui est reproduit dans I.B.9.
Traduit en espagnol dans I.D.6.
Traduit en néerlandais dans I.G.1.

II.A.183. «Sciences humaines et conditionnements de la foi [conférence à la Semaine des Intellectuels Catholiques, Paris 1965]». *Recherches et Débats* (Dieu aujourd'hui) 14 (1965), n° 52, 136-144.

Traduit en espagnol dans I.D.6.

II.A.184. «De la nation à l'humanité: tâche des chrétiens [exposé au XXXVe Congrès du Christianisme social sur le thème «De la nation à l'humanité: Tâche des chrétiens» Paris 1965]». *Christianisme social* (De la nation à l'humanité: Tâche des chrétiens) 73 (1965), n° 9-12, septembre-décembre, 493-512.

La deuxième partie est reproduite dans *L'église vers l'avenir*. Présenté par G. Bessière et les Équipes enseignantes. Paris: Cerf, [1969], 19,5 × 12,5, 147-156.
Repris partiellement sous le titre «Le monde et nous. Tâches des chrétiens» dans *Témoignage chrétien* 1965, n° 1112, 12 novembre, 13-14.

Traduit en anglais dans I.B.9.
Traduit partiellement en néerlandais par II.G.3 et intégralement, mais différemment dans I.G.1.

II.A.185. «Bilan et prospective [du XXXVe Congrès du Christianisme social sur le thème «De la nation à l'humanité: tâche des chrétiens», Paris 1965]». *Christianisme social* (De la nation à l'humanité: tâche des chrétiens) 73 (1965), nº 9-12, septembre-décembre, 595-600.

II.A.186. «Prospective économique et prospective éthique. (Réflexions sur le rôle nouveau de l'éducateur dans la société qui se fait) [exposé prononcé au Canada, 1965]». *Cité libre* 15 (1965), nº 75, mars, 7-15.

Reproduit sous le titre «Prospective et utopie. Prévision économique et choix éthique». *Esprit* (Prospective et utopie) 34 (1966), nº 2, février, 178-193.

Reproduit sous le titre «Prévision économique et choix éthique» dans I.A.5. (Édition 1967).

Traduit en allemand dans I.C.6.
Traduit différemment en néerlandais dans I.G.1 et par II.G.4.

II.A.187. «Un ordre mondial: tâche des chrétiens [résumé d'après l'exposé de P. Ricœur trouvé dans II.A.184]». *Cité nouvelle* 1965, nº 437, 25 novembre, 3.

II.A.188. «Psychanalyse freudienne et foi chrétienne [exposé d'introduction à une session de psychanalystes, psychologues, pasteurs et théologiens, Orgemont 1964]». *Cahiers d'Orgemont* 1965, nº 52, 2-30 [polycopié].

II.A.189. «La recherche philosophique peut-elle s'achever? [conférence suivie d'un débat au Week-End de philosophie, 13-14 février 1965]». *La philosophie: sens et limites* (Cahiers «Paraboles») [1965], 1-13, 14-33 [polycopié].

II.A.190. «Notre responsabilité dans la société moderne [extraits de l'étude du dimanche matin donnée au cours du week-end 27-28 mars 1965]». *Les Cahiers du Centre Protestant de l'Ouest* 1965, nº 4, 13-21 [polycopié].

1966

II.A.191. «Le conscient et l'inconscient». *L'inconscient. VIe Colloque de Bonneval* (Bibliothèque Neuro-Psychiatrique de Langue Française). Édité sous la direction de H. Ey. Paris: Desclée de Brouwer, [1966], 25 × 16, 409-422.

Repris dans I.A.10.

Traduit en anglais dans I.B.8.
Traduit en allemand dans I.C.7.
Traduit en espagnol dans I.D.3a.

Traduit en italien dans I.E.5.
Traduit en portugais dans I.F.3.
Traduit en néerlandais dans I.G.2.
Traduit en polonais dans I.H.1.

II.A.192. «Présentation de la philosophie française contemporaine». *Bibliographie philosophique. I. Bibliographie d'histoire de la philosophie 1945-1965* (Bibliographie française, 1). [Paris: Association pour la Diffusion de la Pensée Française], [1966], 23,5 × 15,5, 9-17.

II.A.193. «L'université nouvelle». *L'éducation dans un Québec en évolution* (Publications de la faculté des Sciences de l'Éducation de l'Université Laval). Québec: Les Presses de l'Université Laval, 1966, 25,5 × 18, 231-245.

II.A.194. NABERT J., *Le désir de Dieu* (Philosophie de l'esprit). Préface de P. RICŒUR et avertissement de P. LEVERT. Paris: Aubier, [1966], 22,5 × 14, 7-15.

II.A.195. «Une interprétation philosophique de Freud [présentation des arguments, exposé suivi d'une discussion avec H. GOUHIER et d'autres, et réponse de P. RICŒUR à la lettre de A. LEVY-VALENSI]». *Bulletin de la Société française de Philosophie* 60 (1966), n° 3, juillet-septembre, 73-74, 75-102, 106-107.

Seul l'exposé est reproduit intégralement dans I.A.10 et partiellement dans La *Nef* (La psychanalyse. Philosophie? Thérapeutique? Science?) 24 (1967), n° 31, 117-126.

Traduit en anglais dans I.B.8, ce qui est reproduit dans I.B.12.
Traduit en allemand dans I.C.7.
Traduit en espagnol dans I.D.3a.
Traduit en italien dans I.E.5.
Traduit en portugais dans I.F.3.
Traduit en polonais dans I.H.1.

II.A.196. «'Le poétique' [sur M. DUFRENNE, *Le poétique*]». *Esprit* 34 (1966), n° 1, janvier, 107-116.

II.A.197. «Le problème du 'double'-sens comme problème herméneutique et comme problème sémantique». *Cahiers internationaux de symbolisme* 1966, n° 12, 59-71.

Reproduit dans I.A.10.

Traduit différemment en anglais par II.B.30 et dans I.B.8.
Traduit en allemand dans I.C.5.
Traduit en espagnol dans I.D.3.

Traduit en italien dans I.E.5.
Traduit en portugais dans I.F.3.
Traduit en néerlandais dans I.G.2.

II.A.198. «Une lettre de Paul Ricœur [réponse de P. RICŒUR à l'article dénigrant de J. P. VALABREGA «Comment survivre à Freud?»]». *Critique* 22 (1966), n° 225, février, 183-186.

II.A.199. «La Parole, instauratrice de liberté [conférence aux journées universitaires de Mulhouse, 1966]. *Cahiers universitaires catholiques* 1966, n° 10, juillet, 493-507.

Contenu semblable à II.A.220.

II.A.200. RICŒUR P., ZAZZO R., PIAGET J. et d'autres, «Psychologie et philosophie [débat autour du livre de J. PIAGET, *Sagesse et illusion de la philosophie* avec J. PIAGET, P. RICŒUR et d'autres, sous les auspices de la Commission de la Philosophie de l'Union Rationaliste, Paris 1966]». *Raison présente*, 1966, n°1, 4e trimestre, 55-59, 63, 68-69, 71-73, 75.

Traduit en espagnol par II.D.10.

II.A.201. «L'Athéisme de la psychanalyse freudienne». *Concilium* (Problèmes frontières) 2 (1966), n° 16, 59-71.

Traduit en anglais par II.B.18.
Traduit en allemand par II.C.7.
Traduit en espagnol par II.D.2.
Traduit en italien par II.E.6.
Traduit en portugais par II.F.1.
Traduit en néerlandais par II.G.2.

II.A.202. «Le projet d'une morale sociale». *Christianisme social* (Pour une doctrine sociale) 74 (1966), n° 5-8, mai-août, 285-295.

Reproduit sous le titre «Orientations. Le projet d'une morale sociale». *Vivre et croire. Chemins de sérénité* (Diagnostic, 3). Édité par A. DUMAS et R. SIMON, [Paris]: Cerf-Desclée, 1974, 21,5 × 13,5, 101-113.

Traduit en anglais dans I.B.9.

II.A.203. «La philosophie à l'âge des sciences humaines» *Cahiers de Philosophie* (Anthropologie). 1 (1966), n° 1, janvier, 93-99.

II.A.204. «Les problèmes du langage». *Cahiers de Philosophie* 1 (1966), n° 2-3, février, 27-41.

II.A.205. «Problèmes du langage. Cours de M. Ricœur (1965-66, Nanterre)». *Cahiers de Philosophie* 1 (1966), n° 4, 65-73.

II.A.206. «Doctrine de l'homme [exposé donné au Centre Protestant de l'Ouest, Weekend du 27-28 mars 1965. Texte établi à partir de l'enregistrement au magnétophone]». *Les Cahiers du Centre Protestant de l'Ouest* 1966, n° 5, janvier, 19-30 [ronéotypé].

II.A.207. «L'interprétation non religieuse du christianisme chez Bonhoeffer [exposé suivi de discussion au Centre Protestant de l'Ouest, Weekend 4-5 juin 1966]». *Les Cahiers du Centre Protestant de l'Ouest* 1966, n° 7, novembre, 3-15, 15-20 [ronéotypé].

1967

II.A.208. «Langage religieux. Mythe et symbole [communication suivie d'une discussion avec H. CORBIN et d'autres]». *Le langage. II. Langages.* Actes du XIIIe Congrès des Sociétés de Philosophie de langue française, Genève 1966). Neuchâtel: La Baconnière, [1967], 23 × 14, 129-137, 138-145.

II.A.209. RICŒUR P., BENVENISTE É., HYPPOLITE J., ÉLIADE M. et d'autres, «Discussions [sur les exposés: É. BENVENISTE, «La forme et le sens du langage»; J. HYPPOLITE, «Langage et être. Langage et pensée»]. Discussion générale». *Le langage. II. Langages.* Actes du XIIIe Congrès de Philosophie de langue française, Genève 1966). Neuchâtel: La Baconnière, [1967], 23 × 14, 41-47, 56-65, 183-199.

La discussion de l'exposé de É. Benveniste avec Ricœur et d'autres est traduit partiellement en italien dans I.E.4.

II.A.210. STRASSER St., *Phénoménologie et sciences de l'homme. Vers un nouvel esprit scientifique* (Bibliothèque philosophique de Louvain, 21). Traduit de l'allemand par A. L. KELKEL avec une préface de P. RICŒUR. Louvain-Paris: Publications Universitaires de Louvain - Béatrice - Nauwelaerts, 1967, 24 × 16, 7-10.

II.A.211. PAUPERT J.-M., *Taizé et l'église de demain* (Le Signe). Postface de P. RICŒUR. [Paris]: A. Fayard, [1967], 21,5 × 13,5, 247-251.

La conclusion de la postface est reproduite sous le titre «Taizé et l'église de demain». *Le monde* 69 (1967), n° 6848, 18 janvier, 8.

II.A.212. «Interprétation du mythe de la peine [communication suivie d'un débat avec Cl. BRUAIRE et d'autres]». *Archivio di Filosofia*

(Il mito della pena). Atti del Colloquio internazionale, Roma 1967. 37 (1967), nº 2-3, 23-42, 53-62.

Repris dans *Le mythe de la peine*. Actes du colloque international, Rome 1967. [Paris]: Aubier, [1967], 25 × 18, 23-42, 53-62.
La communication seule est reproduite dans I.A.10.

Traduit en anglais dans I.B.8.
Traduit en allemand dans I.C.7.
Traduit en espagnol dans I.D.4.
Traduit en italien dans I.E.5.
Traduit en portugais dans I.F.3.
Traduit en néerlandais dans I.G.4.

II.A.213. RICŒUR P., LYONNET St., SCHOLEM G., NÉDONCELLE M., «Discussione [sur les conférences: St. LYONNET, «La problématique du péché originel dans le Nouveau Testament»; G. SCHOLEM, «Quelques remarques sur le mythe de la peine dans le Judaïsme»; M. NÉDONCELLE, «Démythisation et conception eschatologique du mal»]». *Archivio di Filosofia* (Il mito della pena). Atti del Colloquia internazionale, Roma 1967. 37 (1967), nº 2-3, 109-120, 147-164, 213-222.

Repris dans *Le mythe de la peine*. Actes du Colloque international, Rome, 1967. [Paris]: Aubier, [1967], 25 × 18, 109-120, 147-164, 213-222.

II.A.214. «La structure, le mot, l'événement». *Esprit* (Structuralisme. Idéologie et méthode) 35 (1967), nº 5, mai, 801-821.

Reproduit dans *Man and World* 1 (1968), nº 1, février, 10-30 et dans I.A.10.

Traduit en anglais par II.B.28, ce qui est reproduit dans I.B.8 et I.B.12.
Traduit différemment et intégralement en allemand dans I.C.5 et partiellement par II.C.8a.
Traduit différemment en espagnol dans I.D.3 et par II.D.7.
Traduit différemment en italien dans I.E.4 et I.E.5.
Traduit en portugais dans I.F.3.
Traduit en néerlandais dans I.G.2.
Traduit en polonais dans I.H.1.
Traduit en danois dans I.J.1.

II.A.215. «Violence et langage [communication à la Semaine des Intellectuels Catholiques, Paris 1967]». *Recherches et Débats* (La violence) 16 (1967), nº 59, 86-94.

Traduit en anglais dans I.B.9.

II.A.216. «Urbanisation et sécularisation [exposé inspiré par la lecture de H. Cox, *The Secular City*]». *Christianisme social* 75 (1967), nº 5-8, 327-341.

Traduit en anglais dans I.B.9.
Traduit en néerlandais dans I.G.1.

II.A.217. «R. Bultmann». *Foi-Éducation* (Foi et langage) 37 (1967), n° 78, janvier-mars, 17-35.

Repris dans *Foi-Éducation* (Foi et langage) 37 (1967), n° 81, octobre-décembre, 17-35.

Traduit en espagnol dans I.D.6.

II.A.218. «Ebeling [exposé suivi de réponses à des questions]». *Foi-Éducation* (Foi et langage) 37 (1967), n° 78, janvier-mars, 36-53, 53-57.

Repris dans *Foi-Éducation* (Foi et langage) 34 (1967), n° 81, octobre-décembre, 36-53, 53-56.

Seul l'exposé est traduit en espagnol dans I.D.6.

II.A.219. Crespin R., «En écoutant Paul Ricœur: l'homme à l'âge de la ville [compte rendu de l'exposé de Ricœur sous II.A.216]». *Cité nouvelle* 35 (1967), n° 466, 9 mars, 1, 4-5.

II.A.220. «Autonomie et obéissance [texte parlé d'un exposé donné à Orgemont, 1965]». *Cahiers d'Orgemont* (Autonomie de la personne et obéissance à un autre) 1967, n° 59, janvier-février, 3-22, 23-31 [polycopié].

II.A.221. «Mythe et proclamation chez R. Bultmann [texte établi à partir d'un enregistrement de l'exposé donné au Centre Protestant de l'Ouest, 1966]». *Les Cahiers du Centre Protestant de l'Ouest* 1967, n° 8, juillet, 21-33 [polycopié].

II.A.222. «Démythologisation et herméneutique [texte établi à partir d'enregistrement au magnétophone d'une conférence donnée au Centre Européen Universitaire, Nancy, 1967]». Nancy: Centre Européen Universitaire, 1967, 27-21, 32 p. [polycopié].

1968

II.A.223. «Liberté: responsabilité et décision [communication au XIVe Congrès International de Philosophie, Vienne 1968]». *Actes du XIVe Congrès International de Philosophie* (Vienne 1968). Vienne: Herder, 1968, 24 × 17, 155-165.

II.A.224. «L'art et la systématique freudienne [communication donnée aux Entretiens sur l'art et la psychanalyse, Cérisy-la-Salle,

1962, et suivie d'une discussion avec A. Green et d'autres]». *Entretiens sur l'art et la psychanalyse*. (Décades du Centre Culturel International de Cérisy-la-Salle, 6). Sous la direction de A. Berge, A. Clancier, P. Ricœur et L.-H. Rubinstein. Paris-La Haye: Mouton, [1968], 24 × 16, 24-36, 37-50.

Seule la conférence est reproduite dans I.A.10.

Traduit en anglais dans I.B.8.
Traduit en allemand dans I.C.7.
Traduit en espagnol dans I.D.3a.
Traduit en italien dans I.E.5.
Traduit en portugais dans I.F.3.

II.A.225. Ricœur P., Abraham N., Elkin H., Kanter V. B., Green A., Rubinstein L. H., Aigrisse G., Flocon A., «Extraits de la discussion [sur les communications: N. Abraham, «Le temps, le rythme et l'inconscient»; H. Elkin, «Les bases psychiques de la créativité (extraits)»; V. B. Kanter, «La psychanalyse et le compositeur» (Résumé); A. Green, «Oreste et Oedipe. Essai sur la structure comparée des mythes tragiques d'Oreste et d'Oedipe et sur la fonction de la tragédie»; L. H. Rubinstein, «Les Oresties dans la littérature avant et après Freud»; G. Aigrisse, «Hommage à Charles Baudoin. Résumé de l'essai sur Racine»; G. Aigrisse, «'La jeune parque' de Paul Valéry à la lumière de la psychanalyse»; A. Flocon, «Clio chez le peintre»]». *Entretiens sur l'art et la psychanalyse* (Décades du Centre Culturel International de Cérisy-la-Salle, 6). Sous la direction de A. Berge et d'autres. Paris-La Haye: Mouton, [1968], 24 × 16, 68-75, 151-155, 170-172, 216-223, 239-241, 244-246, 290-294, 349-356.

II.A.226. «Post-scriptum: une dernière écoute de Freud [exposé terminant le colloque sur l'art et la psychanalyse. Cérisy-la-Salle, 1962]». *Entretiens sur l'art et la psychanalyse* (Décades du Centre Culturel International de Cérisy-la-Salle, 6). Sous la direction de A. Berge et d'autres. Paris-La Haye: Mouton, [1968], 24 × 16, 361-368.

II.A.227. «Aliénation». *Encyclopaedia Universalis. I.* Paris: Encyclopaedia Universalis France, 1968, 30 × 21,5, 660-664.

II.A.228. «Tâches de la Communauté ecclésiale dans le monde moderne [exposé au Congrès international de Toronto]». *La théologie du renouveau. II.* Actes du Congrès international de Toronto. Publié sous la direction de L. K. SHOOK et G.-M. BERTRAND. Montréal: Fides; Paris: Cerf, [1968], 21,5 × 13,5, 49-58.

Traduit en anglais par II.B.27.

II.A.229. «Interrogation philosophique et engagement [conférence donnée au Collège Sophie-Barat, 1965]». *Pourquoi la philosophie?* Édité par G. LEROUX. Montréal: Les Éditions de Sainte-Marie, 1968, 20,5 × 17, 9-21.

Réédition: Montréal: Presses de l'Université de Québec, 1970, 9-21.

II.A.230. «Structure et signification dans le langage [conférence prononcée au Collège Sainte-Marie, 1967]». *Pourquoi la philosophie?* Édité par G. LEROUX. Montréal: Les Éditions de Sainte-Marie, 1968, 20,5 × 17, 101-120.

Réédition: Montréal: Presses de l'Université de Québec, 1970, 101-119.

II.A.231. BULTMANN R., *Jésus. Mythologie et démythologisation.* Préface de P. RICŒUR; Paris: Seuil, [1968], 21,5 × 14, 9-28.

Reproduit dans I.A.10.

Traduit en anglais dans I.B.8, ce qui est reproduit dans I.B.14.
Traduit différemment en allemand respectivement dans I.C.5 (1e traduction) et par II.C.13 (2e traduction).
Traduit en espagnol dans I.D.4.
Traduit en italien dans I.E.5.
Traduit en portugais dans I.F.3.
Traduit en néerlandais dans I.G.4.

II.A.232. DRÈZE J. et DEBELLE J., *Conceptions de l'université* (Citoyens). Préface de P. RICŒUR. Paris: Éditions Universitaires, [1968], 21 × 15, 8-22.

Reproduit partiellement sous le titre «Trois ripostes à la crise universitaire» dans *Le monde* 26 (1969), n° 7469, 14 janvier, 9.

Traduit en italien par II.E.6a.

II.A.233. SCHWOEBEL J., La presse, le pouvoir et l'argent (L'histoire immédiate). Préface de P. RICŒUR. Paris: Seuil, [1968], 21 × 14, 7-12.

II.A.234. RICŒUR P., ALTHUSSER L. et d'autres, *«Lénine et la philosophie* [discussion du rapport de L. ALTHUSSER avec P. RICŒUR et d'autres]». *Bulletin de la Société française de Philosophie* 62 (1968), n° 4, décembre, 161-168.

II.A.235. «Approche philosophique du concept de liberté religieuse [communication suivie d'un débat avec Cl. BRUAIRE et d'autres]». *Archivio de Filosofia* (L'ermeneutica della libertà religiosa). Atti del colloquio internazionale, Roma 1968. 38 (1968), n° 2-3, 215-234, 235-252.

Repris dans *L'herméneutique de la liberté religieuse*. Actes du colloque international, Rome 1968. Paris: Aubier, [1968], 25 × 18, 215-234, 235-252.

La communication seule est reproduite sous le titre «La liberté selon l'espérance» dans I.A.10.

Traduit en anglais dans I.B.8, ce qui est reproduit dans I.B.14.
Traduit différemment en allemand dans I.C.5 et par II.C.15.
Traduit en espagnol dans I.D.4.
Traduit différemment en italien dans I.E.3 et dans I.E.5.
Traduit en portugais dans I.F.3.
Traduit en néerlandais dans I.G.4.

II.A.236. RICŒUR P., PATTARO G., VERGOTE A., BRUN J., «Discussione [sur les conférences: G. PATTARO, «Le kérygme et la liberté de l'écoute»; A. VERGOTE, «La liberté religieuse comme pouvoir de symbolisation»; J. BRUN, «Christianisme et consommation»]». *Archivio di Filosofia* (L'ermeneutica della libertà religiosa). Atti del colloquio internazionale, Roma 1968. 38 (1968), n° 2-3, 348-352, 378-379, 476.

Repris dans *L'herméneutique de la liberté religieuse*. Actes du colloque international, Rome 1968. Paris: Aubier, [1968], 25 × 18, 348-352, 378-379, 476.

II.A.237. «Contribution d'une réflexion sur le langage à une théologie de la parole». *Revue de théologie et de philosophie* 18 (1968), n° 5-6, 333-348.

Reproduit dans *Exégèse et herméneutique* (Parole de Dieu). Édité par X. LÉON-DUFOUR. Paris: Seuil, [1971], 21,5 × 14, 301-319.

Traduit en allemand par II.C.12d.
Traduit différemment en espagnol dans I.D.6 et par II.D.18.
Traduit en néerlandais dans I.G.2.
Traduit en polonais dans I.H.1.

II.A.238. «Rebâtir l'université». *Le monde* 25 (1968), n° 7279, 9-10 juin, 1, 9; n° 7280, 11 juin, 9; n° 7281, 12 juin, 10.

Le texte revu et complété sous le titre «Réforme et révolution dans l'université» est paru dans *Esprit* (Mai 68) 36 (1968), n° 6-7, juin-juillet, 987-1002.

Traduit partiellement en portugais par II.F.5.
Le texte paru dans *Esprit* est traduit en japonais par I.I.1.

II.A.239. «En travaillant avec Paul Ricœur. La crise des rapports hiérarchiques [compte rendu d'un exposé aux membres du Christianisme social, suivi d'un entretien avec P. Ricœur]». *Cité nouvelle* 1968, n° 495, 3 octobre, 1, 4, 5.

II.A.240. «L'événement de la parole chez Ebeling». *Cahiers du Centre Protestant de l'Ouest* 1968, n° 9, 23-31 [polycopié].

II.A.241. «Être protestant aujourd'hui [texte d'un exposé donné à des étudiants parisiens; transcrit à partir d'enregistrements]». *Cahiers d'Études du Centre de Recherche et de Rencontres du Nord* (Sens et fonction d'une communauté ecclésiale) 1968, n° 26, avril-juin, 1-14 [polycopié].

II.A.242. «Présence des églises au monde [conférence au Colloque théologique sur le thème «Sens et fonction d'une communauté ecclésiale», Amiens 1967; texte transcrit à partir d'enregistrements et suivi d'un échange de vues]». *Cahiers d'Études du Centre Protestant de Recherche et de Rencontres du Nord* (Sens et fonction d'une communauté ecclésiale) 1968, n° 26, avril-juin, 15-37, 58-75 [polycopié].

II.A.243. «Sens et langage [conférence donnée au Colloque Théologique sur le thème «Sens et fonction d'une communauté écclésiale», Amiens 1967; texte transcrit à partir d'enregistrements et suivi d'un échange de vues]». *Cahiers d'Études du Centre Protestant de Recherche et de Rencontres du Nord* (Sens et fonction d'une communauté écclésiale) 1968, n° 26, avril-juin, 38-57, 58-75 [polycopié].

1969

II.A.244. «Philosophie et langage». *Contemporary Philosophy. A Survey*. III. Metaphysics, Phenomenology, Language and Structure. *La philosophie Contemporaine. Chroniques*. III. Métaphysique, Phénoménologie. Langage et Structure. Édité par R. Klibansky. Firenze: La nuova Italia Editrice, 1969, 24,5 × 17, 272-295.

II.A.245. «La philosophie et le politique devant la question de la liberté [conférence suivie d'une discussion avec J. Hersch et d'autres, Genève 1969]». *La liberté et l'ordre social*. Textes des conférences et des entretiens organisés par les Rencontres internationales de Genève, 1969. Histoire et société d'aujourd'hui. Neuchâtel: La Baconnière, [1969], 21,5 × 15,5, 41-56, 185-205.

Seule la conférence est traduite en espagnol par II.D.8.
Traduit en portugais par II.F.8.

II.A.246. «Croyance». *Encyclopaedia Universalis. V*. Paris: Encyclopaedia Universalis France, [1969], 30 × 21,5, 171-176.

II.A.247. SECRETAN Ph., *Autorité, Pouvoir, Puissance. Principes de philosophie politique* (Dialectica). Préface de P. RICŒUR. [Lausanne]: L'Age d'Homme, [1969], 21 × 13,5, IX-XIV.

II.A.248. «La paternité: du fantasme au symbole [texte d'une conférence]». *Archivio di Filosofia* (L'analisi del linguaggio teologico. Il nome di Dio). Atti del Colloquio internazionale, Roma 1969. 39 (1969), nº 2-3, 221-246.

Repris dans *L'analyse du langage théologique. Le nom de Dieu* (Actes du colloque international, Rome 1969). [Paris] Aubier, [1969], 25 × 18, 222-246.
Version française de II.B.29.
Reproduit dans I.A.10.

Traduit différemment en anglais dans I.B.8 et par II.B.29.
Traduit en allemand dans I.C.7 en par II.C.14.
Traduit en espagnol dans I.D.4.
Traduit en italien dans I.E.5.
Traduit en portugais dans I.F.3.
Traduit en néerlandais dans I.G.2.
Traduit en danois dans I.J.1.

II.A.249. «La paternité: du fantasme au symbole [débat sur la communication de P. RICŒUR avec K. KERÉNYI, etc.]». *Débats sur le langage théologique* (Colloque international, Rome 1969). [Paris]: Aubier, [1969], 25 × 18, 71-88.

II.A.250. RICŒUR P., DE WAELHENS A., VERGOTE A., BOUILLARD H. et d'autres, «Débats [sur les conférences: A. DE WAELHENS, «La paternité et le complexe d'Oedipe en psychanalyse»; A. VERGOTE, «Le nom de Dieu et l'écart de la topographie symbolique»; H. BOUILLARD, «Le Nom de Dieu dans le Credo»]». *Débats sur le langage théologique* (Colloque international, Rome 1969). [Paris]: Aubier, [1969], 25 × 18, 89-101, 103-122, 133-151.

II.A.251. «Perspectives de la réforme universitaire». *Réforme* 1969, n° 1249, 22 février, 2, n° 1250, 1 mars, 4.

II.A.252. *Les incidences théologiques des recherches actuelles concernant le langage*. [Paris], Institut d'Études Oecuméniques, [1969], 23,5 × 16, 94 p. [ronéotypé].

Deuxième édition en 1972.

Les pages 31-56 sont partiellement traduites en italien par II.E.9.

II.A.253. «'Bultmann: Une Théologie sans Mythologie'. Existentiel – Existential [exposé à un week-end, Villemétrie 1968]». *Cahiers d'Orgemont* (Importance de la théologie de Rudolf Bultmann) 1969, n° 72, mars-avril, 21-37, 38-40 [polycopié].

1970

II.A.254. «'L'institution vivante est ce que nous en faisons [entretien avec P. RICŒUR, Nanterre 1969]». *Les professeurs pour quoi?* (L'Histoire immédiate). Édité par M. CHAPAL et M. MANCEAUX. Paris: Seuil, [1970], 20,5 × 14, 127-142.

Reproduit quasi intégralement sous le titre «Les professeurs de droite à gauche. Les libéraux. M. Paul Ricœur» dans *L'express* 1970, n° 975, 16-22 mars, 132, 137-138, 141, 143-144, 149, 151-152.

II.A.255. «Psychanalyse et culture [exposé suivi d'une discussion]». *Critique sociologique et critique psychanalytique* (Études de sociologie de la littérature). [Bruxelles]: Éditions de l'Institut de Sociologie. Université Libre de Bruxelles, [1970], 24 × 16, 179-185, 185-191.

II.A.256. «Qu'est-ce qu'un texte? Expliquer et Comprendre». *Hermeneutik und Dialektik. Aufsätze II. Spräche und Logik*. Theorie der Auslegung und Probleme der Einzelwissenschaften. Hans-Georg Gadamer zum 70. Geburtstag. Tübingen: J.C.B. Mohr, 1970, 23 × 15,5, 181-200.

Traduit partiellement en anglais par II.A.36; intégralement mais différemment dans I.B.16.

Traduit partiellement en italien dans I.E.4.

Traduit en danois dans I.J.2.

II.A.257. «Culpabilité, éthique et religion». *Concilium* (Problèmes frontières) 1970, n° 56, 11-23.

Reproduction de l'article homonyme dans I.A.10.

Traduit différemment en allemand par II.C.9 et dans I.C.7.

Traduit différemment en espagnol par II.D.9 et dans I.D.4.
Traduit différemment en italien par II.E.7 et dans I.E.5.
Traduit différemment en portugais par II.F.6 et dans I.F.3.
Traduit en néerlandais par II.G.5.
Traduit en polonais par II.H.1.

II.A.258. «Vers une éthique de la finitude: quelques remarques [sur l'article «Le ver dans le fruit?» par R. SIMON]». *Christianisme social* (Devenir de la nature–devenir de l'homme...) 78 (1970), n° 7-8, 393-395.

II.A.259. «André Philip [in memoriam]». *Christianisme social* 78 (1970), n° 8-10, 563-566.

II.A.260. «Il faut espérer pour entreprendre [communication au Congrès des «Jeunes Femmes», Orléans 1970]». *Jeunes Femmes* (Une Société pour tous: aujourd'hui, demain, comment? Congrès d'Orléans–Mai 1970). Revue de l'Association des groupes Jeunes Femmes et Équipes féminines 1970, n° 119-120, septembre-novembre, 19-26.

II.A.261. RICŒUR P., BLANQUART P., SCHWARTZ B., *Table ronde* [sur la société actuelle]». *Jeunes Femmes* (Une Société pour tous: aujourd'hui, demain, comment? Congrès d'Orléans–mai 1970) 1970, n° 119-120, septembre-novembre, 37-47.

II.A.262. «Problèmes actuels de l'interprétation (d'après Paul Ricœur) [exposé à une session de recyclage théologique, Villemétrie 1970; texte établi à partir d'un enregistrement]». *Centre Protestant d'Études et de Documentation* (Dossier «Nouvelles Théologies») 1970, n° 148, mars, 51/163-70/182.

II.A.263. «M. Ricœur: les étudiants ont l'Université qu'ils méritent et l'Université mérite les étudiants qu'elle a [compte rendu d'un entretien]». *Le monde* 27 (1970), n° 7827, 13 mars, 9.

Reproduit partiellement sous le titre «Le doyen Ricœur dénonce la fuite de la majorité silencieuse devant ses responsabilités» dans *La Croix* 90 (1970), n° 26518, 13 mars, 5.

II.A.264. «Rencontre avec le Doyen Paul Ricœur. Universités nouvelles: un périlleux apprentissage [propos recueillis par L. NOUVEL]». *Réforme* 1970, n° 1302, 28 février, 16.

1971

II.A.265. «Langage (Philosophie)». *Encyclopaedia Universalis. IX.* Paris: Encyclopaedia Universalis France, [1971], 30,5 × 22, 771-781.

II.A.266. «Liberté». *Encyclopaedia Universalis. IX.* Paris: Encyclopaedia Universalis France, [1971], 30,5 × 22, 979-985.

Quelques éléments sont traduits en anglais par II.B.54 et en japonais par II.I.5.

II.A.267. «Mythe 3. L'interprétation philosophique». *Encyclopaedia Universalis. XI.* Paris: Encyclopaedia Universalis France, [1971], 30 × 21,5, 530-537.

II.A.268. «Du conflit à la convergence des méthodes en exégèse biblique [conférence d'introduction au Congrès de l'Association Catholique Française pour l'Étude de la Bible, Chantilly 1969]». *Exégèse et herméneutique* (Parole de Dieu). Édité par X. Léon-Dufour. Paris: Seuil, [1971], 21,5 × 14, 35-53.

Traduit en allemand par II.C.12a.
Traduit en espagnol par II.D.15.

II.A.269. «Sur l'exégèse de Genèse 1,1-2,4a [conférence au Congrès de l'A.C.F.E.B., suivie d'une table ronde avec F. Bussini et d'autres]». *Exégèse et herméneutique* (Parole de Dieu). Édité par X. Léon-Dufour. Paris: Seuil, [1971], 21,5 × 14, 67-84, 85-96.

Traduit en allemand par II.C.12b.
Traduit en espagnol par II.D.16.

II.A.270. Barthes R., Ricœur P. et d'autres, «*Table ronde* [autour de la conférence de R. Barthes et des communications de J. Courtes et L. Martin sur l'analyse structurale de textes bibliques]». *Exégèse et herméneutique* (Parole de Dieu). Édité par X. Léon-Dufour. Paris: Seuil, [1971], 21,5 × 14, 239-265.

Traduit en espagnol par II.D.16a.

II.A.271. «Esquisse de conclusion [au congrès de l'A.C.F.E.B. sur «Exégèse et herméneutique»]». *Exégèse et herméneutique* (Parole de Dieu). Édité par X. Léon-Dufour. Paris: Seuil, [1971], 21,5 × 14, 285-295.

Traduit en allemand par II.C.12c.
Traduit en espagnol par II.D.17.
Traduit en polonais par II.H.4.

II.A.272. «Le philosophe». *Bilan de la France 1945-1970* (Colloque de l'Association de la presse étrangère). [Paris]: Plon, [1971], 20 × 13,5, 47-59.

II.A.273. «Événement et sens dans le discours». *Paul Ricœur ou la liberté selon l'espérance* (Philosophes de tous les temps). Présentation, choix de textes, biographie, bibliographie par M. PHILIBERT avec des pages inédites de P. RICŒUR. [Paris]: Seghers, [1971], 16 × 13,5, 177-187.

Repris en tant que faisant partie de II.A.279.

Traduit en polonais dans I.H.1.
Traduit en japonais dans I.I.2.

II.A.274. «Le conflit: signe de contradiction ou d'unité? [conférence à la 58e Semaine Sociale, Rennes 1971]». *Contradictions et conflits: Naissance d'une société* (Semaines sociales de France, Rennes 1971). Lyon: Chronique sociale de France, [1971], 22 × 13,5, 189-204.

Un contenu semblable se retrouve dans II.A.290.

II.A.275. «L'avenir de l'Université [conférence, Montréal 1970]». *L'enseignement supérieur: bilans et prospective* (Conférences Perras sur l'éducation, 1). [Montréal]: Les Presses de l'Université de Montréal, 1971, 19 × 14, 61-78.

II.A.276. *André Philip par lui-même ou les voies de la liberté.* Préface de P. RICŒUR et avant-propos de L. PHILIP. Paris: Aubier, [1971], 20 × 13, 27-34.

II.A.277. REBOUL, O., *Kant et le problème du mal.* Préface de P. RICŒUR. Montréal: Les Presses de l'Université de Montréal, 1971, 21,5 × 14, IX-XVI.

II.A.278. RICŒUR P., LOWIT A. et d'autres, «D'où vient l'ambiguïté de la phénoménologie? [discussion du rapport de A. LOWIT]». *Bulletin de la Société française de Philosophie* 65 (1971), nº 2, avril-juin, 55-68.

II.A.279. «Événement et Sens [texte d'une communication]». *Archivio di Filosofia* (Rivelazione e Storia). Atti del Colloquio internazionale, Roma 1971. 41 (1971), nº 2, 15-34.

Repris dans *Révélation et histoire. La théologie de l'histoire* (Actes du colloque international, Rome 1971). [Paris], [1971], 25 × 18, 15-34 et dans *Rivelazione e Storia.* Padova: CEDAM, 1971, 25 × 17,5, 15-34. Texte intégrant II.A.273.

Traduit partiellement en italien dans I.E.4.
Traduit en espagnol par II.D.25 et dans I.D.10.

II.A.280. «La foi soupçonnée [communication suivie d'un débat avec R. GARAUDY et E. BORNE]». *Recherches et débats* (Foi et religion). Semaine des Intellectuels Catholiques 1971. 19 (1971), nº 71, 64-75, 76-89.

II.A.281. «'Timoléon, réflexions sur la tyrannie', d'Amédée Ponceau». *Le monde* 28 (1971), nº 8165, 14 avril, 10.

II.A.282. «Entretien avec Paul Ricœur: 'J'essaye d'être un médiateur'. Propos recueillis par Yves de Gentil-Baichin». *La Croix* 1971, 17 novembre 2.

II.A.283. *Semantique de l'action* [Cours professé à Louvain. Chaire Francqui 1970-1971]. [Louvain]: Cercle de Philosophie, [1971], 27 × 21, 1-148, IX-1-IX-14, II-1-II-54 [polycopié].

Reproduit largement par II.A.293 et II.A.335.

II.A.284. *Cours sur l'herméneutique* [professé à Louvain 1971-1972]. [Louvain]: [Institut Supérieur de Philosophie], [1971-1972], 27 × 21,5, 228 p. [polycopié].

Reproduit sous le titre *Herméneutique*. Louvain-la-Neuve: Service d'impression de cours. Institut Supérieur de Philosophie, s.d., 27 × 21,5, 228 p. [polycopié].

1972

II.A.285. «Ontologie». *Encyclopaedia Universalis. XII*. Paris: Encyclopaedia Universalis France, [1972], 30 × 21,5, 94-102.

II.A.286. «Signe et sens». *Encyclopaedia Universalis. XII*. Paris: Encyclopaedia Universalis France, [1972], 30 × 21,5, 1011-1015.

II.A.287. «Remarques sur la communication de Karl Löwith [«Wahrheit und Geschichtlichkeit»]». *Truth and Historicity. Vérité et historicité* (International Institute of Philosophy, Entretiens in Heidelberg, 1969. Institut International de Philosophie. Entretiens de Heidelberg, 1969), The Hague/La Haye: Martinus Nijhoff, 1972, 24 × 16, 22-28.

II.A.288. «L'herméneutique du témoignage [texte d'une communication]». *Archivio di Filosofia* (La Testimonianza). Atti del Colloquio internazionale, Roma 1972. 42 (1972), nº 1-2, 35-61.

Repris dans *Le témoignage* (Actes du Colloque international, Rome 1972). [Paris]: Aubier, [1972], 15 × 18, 35-61.

Traduit en anglais par II.B.93 ce qui est reproduit dans I.B.14.
Traduit en espagnol dans I.D.10.

II.A.289. «La métaphore et le problème central de l'herméneutique (Résumé et Summary)». *Revue philosophique de Louvain* 70 (1972), février, 93-112, 115.

Traduit différemment en anglais par II.B.46 et dans I.B.16.
Traduit en italien dans I.E.4.
Traduit en japonais dans I.I.2.

II.A.290. «Le conflit, signe de contradiction et d'unité? [communication à Lyon 1972]». *Chronique sociale de France* (Maîtriser les conflits)» 80 (1972), nº 5-6, novembre-décembre, 77-93.

Contenu semblable à II.A.274.

Traduit en espagnol par II.D.11.
Traduit en portugais dans I.F.4.

II.A.291. «Les aspirations de la jeunesse [conférence donnée à Namur, 1971]». *La foi et le temps* 2 (1972), nº 5-6, septembre-octobre, 539-554.

II.A.292. «Foi et philosophie aujourd'hui [exposé suivi de réponses à des questions, lors d'un week-end organisé par le groupe parisien, Versailles 1972]». *Foi-Éducation* (Week-end de Versailles) 42 (1972), nº 100, juillet-septembre, 1-12, 12-13.

II.A.293. *Le discours de l'action* [cours professé à Louvain 1971-1972]. Louvain: Institut Supérieur de Philosophie, [1972], 148 p. + 14 p. [polycopié].

Reproduction partielle de II.A.283.

1973

II.A.294. «Discours et communication [conférence inaugurale au Congrès, Montréal 1971]». *La communication. II.* Actes du XVᵉ Congrès de l'Association des Sociétés de Philosophie de langue française, Montréal 1971. Montréal: Montmorency, 1973, 22,5 × 15,5, 23-48.

Traduit quasi intégralement en allemand par II.C.23.

II.A.295. Ricœur P., Schaerer R., Derrida J. et d'autres, «Table ronde. Philosophie et communication». *La communication. II.* Actes du XVe Congrès de l'Association des Sociétés de Philosophie de langue française, Montréal 1971. Montréal: Montmorency, 1973, 22,5 × 15,5, 393-431.

II.A.296. «Volonté». *Encyclopaedia Universalis. XVI.* Paris: Encyclopaedia Universalis France, [1973], 30 × 21,5, 943-948.

À peu près complètement traduit en anglais par II.B.54 et en japonais par II.I.5.

II.A.297. Madison G. Br., *La phénoménologie de Merleau-Ponty. Une recherche des limites de la conscience* (Publications de l'Université de Paris X Nanterre). Préface de P. Ricœur. Paris: Klincksieck, 1973, 24 × 16, 9-14.

Traduit en anglais par II.B.100.

II.A.298. «Le Professeur Herman Leo Van Breda [in memoriam]». *Bulletin de la Société française de Philosophie* 67 (1973), n° 4, octobre-décembre, 182-183.

II.A.299. «Herméneutique et critique des idéologies». *Archivio di Filosofia* (Demitizzazione e ideologia). Atti del Colloquio internazionale, Roma 1973. 43 (1973), n° 2-4, 25-61.

Repris dans *Démythisation et idéologie.* Actes du colloque international, Rome 1973, [Paris]: Aubier, [1973], 24 × 18, 25-61.

Traduit en anglais dans I.B.16.
Traduit en espagnol par II.D.12.
Traduit en italien dans I.E.10.
Traduit en portugais dans I.F.4.
Traduit en japonais dans I.I.2.

1974

II.A.300. «Conclusions [aux exposés]». *Vérité et vérification. Wahrheit und Verifikation.* Actes du quatrième Colloque International de Phénoménologie, Schwäbisch Hall 1969 (Phaenomenologica). Édité par H. L. Van Breda. La Haye: M. Nijhoff, 1974, 24,5 × 16, 190-209.

II.A.301. Watté P., *Structures philosophiques du péché originel. S. Augustin. S. Thomas. Kant* (Recherches et synthèses). Préface de P. Ricœur. Gembloux: J. Duculot, [1974], 26,5 × 16,5, 5-8.

II.A.302. «Manifestation et Proclamation». *Archivio di Filosofia* (Il Sacro. Studi e ricerche). Atti del Colloquio internazionale, Roma 1974. 44 (1974), nº 2-3, 57-76.

Repris dans *Le sacré. Études et recherches.* Actes du colloque international, Rome, 1974. [Paris]: Aubier, [1974], 25 × 18, 57-76.

II.A.303. «Science et idéologie (Résumé et Summary)». *Revue philosophique de Louvain* 72 (1974), mai, 328-355, 355-356.

Traduit quasi intégralement mais différemment en anglais par II.B.52 et II.B.79, et retraduit intégralement en anglais dans I.B.16.
Traduit en allemand par II.C.19.
Traduit en espagnol par II.D.13.
Traduit en italien dans I.E.10.
Traduit différemment en portugais dans I.F.4 et par II.F.9.
Traduit en japonais dans I.I.2.

II.A.304. «Hegel aujourd'hui [conférence donnée à la Maison de la Culture de Grenoble, suivie d'une brève discussion]». *Études théologiques et philosophiques* 49 (1974), nº 3, 335-354, 355.

Traduit partiellement en espagnol par II.D.14 et intégralement par II.D.24.
Traduit en japonais dans I.I.2.

II.A.305. «Phénoménologie et herméneutique». *Man and World* 7 (1974), nº 3, août, 223-253.

Même texte en polycopie distribué aux «Internationale Phänomenologische Studientage, Berlin 1974» 38 p. et publié à Paris: Centre de Recherches Phénoménologiques, 1974, 29,5 × 21, 43 p.
Reproduit avec un résumé allemand dans *Phänomenologie Heute. Grundlagen- und Methodenprobleme* (Phänomenologische Forschungen. Recherches phénoménologiques, 1). Édité par E.W. Orth. Freiburg-Münich: Karl Alber, 1975, 20 × 12,5, 31-75, 76-77.

Traduit partiellement en anglais par II.B.55 et intégralement dans I.B.16.
Traduit en néerlandais par II.G.6.

II.A.306. «Entre rhétorique et poétique: Aristote». *La métaphore* [Paris]: Centre de Recherches Phénoménologiques, [1974], 29,5 × 21, 1-65 [polygraphié].

Reproduit comme première étude dans I.A.11.

Traduit différemment en italien dans I.A.11 et par II.E.11.

II.A.307. *Place de la notion de loi en éthique* [exposé suivi d'une discussion]. Louvain: Maison Saint Jean, 1974, 1-18, 1-14 [polycopié].

L'exposé est repris quasi littéralement sous le titre «Le problème du fondement de la morale» dans *Sapienza*. Revista internazionale di Filosofia e di Teologia (Il problema della fondazione della morale) 28 (1975), nº 3, juillet-septembre, 313-337.

Version anglaise plus élaborée par II.B.83.

1975

II.A.308. LARRE Cl., PANIKKAR R. et d'autres, *Les cultures et le temps*. Études préparées par l'UNESCO (Bibliothèque scientifique. Au carrefour des cultures). Introduction de P. RICŒUR. Paris: Payot – Les presses de l'UNESCO, 1975, 23 × 13,5, 19-41.

Traduit en anglais par II.B.57a.
Traduit en espagnol par II.D.22.
Traduit en portugais par II.F.7.

II.A.308a. «Ethique et culture [communication à la session plénière II]». *Actes du XVe Congrès mondial de Philosophie. Proceedings of the XVth World Congress of Philosophy* (17-22 septembre 1973, Varna (Bulgarie)). *6. Band. Aspects philosophiques de la psychologie. La morale et la culture. Philosophical Aspects of Psychology. Morality and Culture*. Sofia, 1975, 23 × 16,5, 411-418.

Version française de II.B.44.

II.A.309. «Le 'lieu' de la dialectique». *Dialectics. Dialectiques* (Entretiens de Varna, 1973). Édité par Ch. PERELMAN. La Haye: M. Nijhoff, 1975, 24 × 16, 92-108.

Traduit en anglais par II.A.59.

II.A.310. «La tâche de l'herméneutique». *Exegesis. Problèmes de méthode et exercices de lecture* (Bibliothèque théologique). Travaux publiés sous la direction de Fr. BOVON et Gr. ROUILLER. Neuchâtel-Paris: Delachaux et Niestlé, 1975, 23 × 15,5, 179-200.

Texte français de II.B.41.
Retraduit en anglais dans I.B.16.
Traduit en espagnol par II.D.19.
Traduit en italien dans I.E.6.
Traduit en portugais dans I.F.4.
Traduit en japonais dans I.I.2.

II.A.311. «La fonction herméneutique de la distanciation». *Exegesis. Problèmes de méthode et exercices de lecture* (Bibliothèque théologique). Travaux publiés sous la direction de Fr. Bovon et Gr. Rouiller. Neuchâtel-Paris: Delachaux et Niestlé, 1975, 23 × 15,5, 201-215.

Texte français de II.B.42.
Retraduit en anglais dans I.B.16.
Traduit en espagnol par II.D.20.
Traduit en italien dans I.E.6.
Traduit en portugais dans I.F.4.
Traduit en japonais dans I.I.2.

II.A.312. «Herméneutique philosophique et herméneutique biblique. *Exegesis. Problèmes de méthode et exercices de lecture* (Bibliothèque théologique). Travaux publiés sous la direction de Fr. Bovon et Gr. Rouiller. Neuchâtel-Paris: Delachaux et Niestlé, 1975, 23 × 15,5, 216-228.

Traduit en anglais par II.B.76.
Traduit en espagnol par II.D.21.
Traduit en italien dans I.E.6.
Traduit en japonais dans I.I.2.

II.A.314. «Analogie et intersubjectivité chez Husserl d'après les Inédits de la période 1905-1920 (Édition Iso Kern, *Husserliana*, tome XIII, Nijhoff, 1973) [suivi d'un résumé néerlandais]». *Enige facetten over opvoeding en onderwijs*. Opstellen aangeboden aan Stephan Strasser ter gelegenheid van zijn 70e verjaardag. Édité par A. Monshouwer. Den Bosch: Malmberg, 1975, 23 × 16, 163-170, 171-172.

II.A.315. «Objectivation et Aliénation dans l'expérience historique». *Archivio di Filosofia* (Temporalità e alienazione). Atti del Colloquio internazionale, Roma 1975. 45 (1975), n° 2-3, 27-38.

Repris dans *Temporalité et aliénation*. Actes du colloque international, Rome, 1975. [Paris]: Aubier, [1975], 25 × 18, 27-38.

Traduit en allemand par II.C.20.

II.A.316. «Parole et symbole». *Revue des sciences religieuses* (Le Symbole) 49 (1975), n° 1-2, 142-161.

Repris dans *Le symbole*. Édité par J. E. Menard. Strasbourg: Faculté de Théologie Catholique, Palais universitaire, 1975, 23,5 × 15,5, 142-161.

Traduit en japonais dans I.I.2.

II.A.317. «La philosophie et la spécificité du langage religieux». *Revue d'histoire et de philosophie religieuses* (Hommage à Pierre Burgelin) 55 (1975), n° 1, 13-26.

Texte français de II.B.50.

Traduit en japonais dans I.I.2.

II.A.318. «Le Dieu crucifié de Jürgen Moltmann». *Les quatre fleuves*. Cahiers de recherche et de réflexion religieuses (Le Christ, visage de Dieu), 1975, n° 4, Paris: Seuil, 109-114.

Traduit en allemand par II.C.25.

Traduit en italien par II.E.14.

1976

II.A.319. Gadamer H.-G., *Vérité et méthode. Les grandes lignes d'une herméneutique philosophique* (L'ordre philosophique). Traduction de *Wahrheit und Methode* faite par E. Sacre et revue par P. Ricœur. Paris: Seuil, [1976], 20,5 × 14, 350 p.

II.A.320. Lacocque A., *Le livre de Daniel* (Commentaire de l'Ancien Testament, XVb.).Préface de P. Ricœur. Neuchâtel-Paris: Delachaux et Niestlé, 1976, 24 × 17, 5-11.

Traduit en anglais par II.B.89.

II.A.321. «Entretien avec Paul Ricœur». *La philosophie d'aujourd'hui* (Bibliothèque Laffont des grands thèmes, 84). [Paris-Lausanne-Barcelone]: Robert Laffont-Grammont-[Salvat], [1975], 20 × 16, 8-23.

II.A.322. «L'imagination dans le discours et dans l'action». *Savoir, faire, espérer: les limites de la raison I.* Volume publié à l'occasion du cinquantenaire de l'École des Sciences philosophiques et religieuses et en hommage à Mgr Henri Van Camp (Publications des Facultés Universitaires Saint-Louis, 5). Bruxelles: Facultés Universitaires. Saint-Louis, 1976, 23 × 15,5, 207-228.

Traduit en anglais par II.B.80.

II.A.323. «Entre Gabriel Marcel et Jean Wahl [conférence en hommage à Gabriel Marcel et à Jean Wahl, Genève 1975]». *Jean Wahl et Gabriel Marcel* (Bibliothèque des Archives de Philosophie. Nouvelle série, 21). Présenté par J. Hersch. Paris: Beauchesne, [1976], 21,5 × 13,5, 57-87.

II.A.324. «Gabriel Marcel et la phénoménologie [conférence suivie d'une discussion avec G. MARCEL et d'autres]». *Entretiens autour de Gabriel Marcel.* Colloque autour de G. Marcel au Centre Culturel de Cérisy-la-Salle, 1973 (Langages). [Neuchâtel]: La Baconnière, [1976], 21 × 14, 53-74, 75-94.

La conférence sans la discussion est traduite par II.B.114.

II.A.325. RICŒUR P., MARCEL G., BELAY M., PARAIN-VIAL J., BERNING V., «Discussions [sur les conférences: G. MARCEL, «De la recherche philosophique»; H. GOUHIER, «Théâtre et engagement»; J. CHENU, «Théâtre et métaphysique»; M. BELAY, «Étude sur 'Le Mort de demain'»; R. POIRIER, «Le problème de l'immortalité et la pensée de Gabriel Marcel»; J. PARRAIN-VIAL, «L'être et le temps chez Gabriel Marcel»; V. BERNING, «Données et conditions de l'accueil fait en Allemagne à Gabriel Marcel»; B. SCHWARZ, «Réflexions sur la gratitude et l'admiration»]» et «Débat terminal». *Entretiens autour de Gabriel Marcel.* Colloque autour de G. Marcel au Centre Culturel de Cérisy-la-Salle, 1973 (Langages). [Neuchâtel]: La Baconnière, [1976], 21 × 14, 23-48, 109-110, 125-126, 140-146, 172-182, 202-209, 221-227, 244-245, 253-264.

II.A.326. «Addition à la séance du 24 mai 1975 [lettre de P. RICŒUR à P. KEMP sur «Le langage de l'engagement»]». *Bulletin de la Société française de Philosophie* 70 (1976), n° 2, 77-79.

II.A.327. «L'herméneutique de la sécularisation. Foi, Idéologie, Utopie». *Archivio di Filosofia* (Ermeneutica della secolarizzazione). Atti del Colloquio internazionale, Roma 1976. 46 (1976), n° 2-3, 49-68.

Repris dans *Herméneutique de la sécularisation* (Actes du colloque international, Rome 1969). [Paris]: Aubier, [1976], 25 × 18, 49-68.

Traduit en allemand par II.C.21.
Traduit en japonais dans I.I.2.

II.A.328. «Le 'Royaume' dans les paraboles de Jésus [exposé fait à Saint-Cloud, 1974]». *Études théologiques et religieuses* 51 (1976), n° 1, 15-19.

Traduit en anglais par II.B.104.

II.A.329. «Analyse linguistique. Structuralisme et herméneutique». *Estudios de Lengua y Literatura Francesa.* Oviedo: Universidad de Oviedo, 1976, 27 × 19,5, 61-77 [polycopié].

II.A.330. «Essais. L'histoire des religions de Mircea Eliade. Tant qu'il y aura des dieux ...». *Les nouvelles littéraires* 54 (1976), nº 2546, 19 août 8-9.

Traduit en anglais par II.B.64.

1977

II.A.331. DUNPHY J., *Paul Tillich et le symbole religieux* (Encyclopédie universitaire). Préface de P. RICŒUR. Paris: Jean-Pierre Delarge – Éditions Universitaires, [1977], 23,5 × 16, 11-14.

II.A.332. CÉLIS R., *L'œuvre et l'imaginaire. Les origines du pouvoir-être créateur* (Publications des Facultés universitaires Saint-Louis, 9). Préface de P. RICŒUR. Bruxelles: Facultés universitaires Saint-Louis, 1977, 23 × 15,5, 7-13.

II.A.333. «Herméneutique de l'idée de Révélation [conférence donnée dans le cadre d'une session théologique aux Facultés universitaires Saint-Louis à Bruxelles, 1967, suivi d'une discussion avec E. LEVINAS et d'autres]». *La révélation* (Publications universitaires Saint-Louis, 7). Bruxelles: Facultés universitaires Saint-Louis, 1977, 23 × 15,5, 15-54, 207-236.

Traduit partiellement en anglais par II.B.67 et intégralement par II.B.70.

II.A.334. «La structure symbolique de l'action». *Actes de la 14e Conférence internationale de sociologie des religions* (Symbolisme religieux, séculier et classes sociales, Strasbourg 1977). Lille: Secrétariat C.I.S.R., 1977, 21,5 × 14,5, 29-50.

II.A.335. «Le discours de l'action». *La sémantique de l'action* (Phénoménologie et herméneutique). Recueil préparé sous la direction de D. TIFFENEAU. Paris: Centre National de la Recherche Scientifique, 1977, 24,5 × 16, 1-137.

Contient de larges extraits de II.A.283.

Traduit en espagnol par I.D.8.

II.A.336. «Expliquer et comprendre. Sur quelques connexions remarquables entre la théorie du texte, la théorie de l'action et la théorie de l'histoire (Résumé. Summary)». *Revue philosophique de Louvain* 75 (1977), nº 1, février, 126-146, 146-147.

Le résumé de cette conférence prononcée à l'occasion de sa promotion comme honoris causa à l'U.C.L. est publié par F. FOLLON dans *Revue théologique de Louvain* 8 (1977), nº 1, 105-109.

Traduit en anglais dans I.B.12.
Traduit en japonais dans I.I.2.

II.A.337. «Nommer Dieu». *Études théologiques et religieuses* 52 (1977), n° 4, 489-508.

Reproduit dans *Theolinguistics* (Studiereeks Tijdschrift VUB. Nieuwe serie n° 8). Édité par J. P. VAN NOPPEN. 1981, 24 × 15, 343-367.

Traduit en anglais par II.B.92.
Traduit en allemand par II.C.26.

II.A.338. «Jan Patočka, le philosophe-résistant». *Istina* (Hommage à Jan Patočka) 21 (1977), n° 2, avril-juin, 128-131.

Repris dans *Liberté religieuse et défense des droits de l'homme. Vol. II. En Tchécoslovaquie. Hommage à Jean Patočka*. Paris: Centre d'Études Istina, 1977, 24 × 16, 128-131, dans *Mensch, Welt, Verständigung. Perspektiven einer Phänomenologie der Kommunikation* (Phänomenologische Forschungen, 4). Freiburg im Breisgau: Verlag Karl Alber, 1977, 20 × 12,5, 128-131, et dans *Le monde* 34 (1977), 19 mars, n° 9995, 1, 4.

Traduit différemment en anglais par II.B.71 et II.B.112.

1978

II.A.339. AGUESSY H., HAMA B. et d'autres, *« Le temps et les philosophies* (Bibliothèque scientifique. Au carrefour des cultures). Introduction de P. RICŒUR. Paris: Payot-Presses de l'UNESCO, 1978, 22,5 × 14, 11-29.

Traduit en anglais par II.B.65a.
Traduit en espagnol par II.D.23.

II.A.340. «La philosophie». *Tendances principales de la recherche dans les sciences sociales et humaines. Deuxième partie. Tome second: Science juridique. Philosophie*. Édité sous la direction de J. HAVET. Paris-La Haye-New York: Mouton-Unesco, 1978, 25 × 16,5, 125-11622.

Édité en anglais par II.B.75.
Traduit en espagnol par I.D.9.
Traduit en japonais par les livres I.I.5 et I.I.6.

II.A.341. «Mircea Eliade». *Mircea Eliade* (Les Cahiers de l'Herne). Sous la direction de C. TACOU. Paris: [Éditions de l'Herne], [1978] 27 × 21, 276-277.

II.A.342. «Philosophie et langage». *Revue philosophique de la France et de l'Étranger* (Le langage et l'homme) 103 (1978), n° 4, octobre-novembre, 449-463.

II.A.343. «Le 'Marx' de Michel Henry». *Esprit* 2 (1978), n° 10, octobre, 124-139.

1979

II.A.344. «Conclusion Arezzo à la VIe Conférence internationale de Phénoménologie, [1976]». *The Teleologies in Husserlian Phenomenology. The Irreducible element in Man. Part III. 'Telos' as the Pivotal Factor of Contextual Phenomenology* (Analecta Husserliana, 9). Édité par A.-T. Tymieniecka. Dordrecht-Boston-London: D. Reidel Publishing Company, [1979], 23 × 16,5, 415-426.

II.A.344a. «'La raison pratique' [conférence suivie d'une discussion à la séance plénière du Colloque international sur «La rationalité aujourd'hui», Ottawa 1977]». *Rationality Today. La rationalité aujourd'hui* (Philosophica, 13). Édité par / edited by Th. F. Geraets. Ottawa: Éditions de l'Université d'Ottawa – The University of Ottawa Press, 1979, 23 × 15, 225-241, 241-248.

II.A.344b. Ricœur P., Henry M. et d'autres, «Discussion [sur la conférence: M. Henry, «La rationalité selon Marx»]». *La rationalité aujourd'hui. Rationality Today* (Philosophica, 13). Édité par / edited by Th. F. Geraets. Ottawa: Éditions de l'Université d'Ottawa – The University of Ottawa Press, 1979, 23 × 15, 129-135.

II.A.344c. Grand'Maison J. et Ricœur P., «Un dialogue [entre J. Grand'Maison et P. Ricœur sur les nouvelles orthodoxies et les nouvelles spiritualités devant Radio-France]». *Une foi ensouchée dans ce pays*. [Montréal]: Leméac, [1979], 23 × 15,5, 111-136.

II.A.345. «La fonction narrative». *Études théologiques et religieuses* 54 (1979), n° 2, 209-230.

Texte français plus élaboré de II.B.82.
Retraduit en anglais dans I.B.16.

II.A.346. «Peter Kemp, *Théorie de l'engagement, vol. 1: pathétique de l'engagement. Vol. 2: poétique de l'engagement* (discours prononcé à la présentation d'une thèse doctorale par P. Kemp, Copenhague 1973) [compte rendu]». *Phenomenology Information Bulletin* 3 (1979), octobre, 66-71.

II.A.347. «Psychanalyse et herméneutique». *Nichifutsu Bunka* [La culture nippo-française] 1979, nº 36, février, 21-41.

Texte français de II.1.3.

1980

II.A.348. «L'originaire et la question-en-retour dans le *Krisis* de Husserl». *Textes pour Emmanuel Lévinas* (Surfaces, 2). Édités par Fr. LARUELLE. Paris: Jean-Michel Place, [1980], 22.5 × 14,5, 167-177.

Texte français partiel de II.C.24.

II.A.349. «Note introductive». *Heidegger et la question de Dieu* (Figures). Préparé sous la direction de R. KEARNEY et J.St. O'LEARY. Paris: Bernard Grasset, [1980], 24 × 15,5, 17.

II.A.350. «Pour une théorie du discours narratif». *La narrativité* (Phénoménologie et herméneutique). Recueil préparé sous la direction de D. TIFFENEAU. Paris: Centre National de Recherche Scientifique, 1980, 24,5 × 15,5, 1-68.

II.A.351. «Récit fictif – récit historique». *La narrativité* (Phénoménologie et herméneutique). Recueil préparé sous la direction de D. TIFFENEAU. Paris: Centre National de Recherche Scientifique, 1980, 24,5 × 15,5, 251-271.

II.A.352. «La logique de Jésus. Romains 5». *Études théologiques et religieuses* 55 (1980), nº 3, 420-425.

Traduit en anglais par II.B.97.

II.A.353. «La fonction narrative et l'expérience humaine du temps». *Archivio di Filosofia* (Esistenza, mito, ermeneutica. Scritti per Enrico Castelli. I) 80 (1980), nº 1, 343-367.

Repris dans *Esistenza, mito, ermeneutica. Vol. I. Demoniaco e problema del male. Tempo e temporalita.* Padova: CEDAM, 1980, 24 × 17, 343-367.

Partiellement traduit en anglais par II.B.98.
Traduit en espagnol dans I.D.10.

II.A.354. «Aesthetische Erfahrung und literarische Hermeneutik, par Hans-Robert JAUSS [compte rendu]». *Revue de métaphysique et de morale* 85 (1980), nº 2, 272.

II.A.355. *La grammaire narrative de Greimas* (Documents de recherche du Groupe de Recherche sémio-linguistiques de l'Institut de la Langue Française. EHESS-CNRS, 15). [Paris]: Centre National de Recherche Scientifique, 1980, 35 p.

II.A.356. «Herméneutique et sémiotique [exposé donné au Centre Montsouris, Paris 1980]». *Bulletin du Centre Protestant d'Études et de Documentation.* (Supplément) 1980, n° 255, novembre I-XIII.

1981

II.A.357. PATOČKA J., *Essais hérétiques sur la philosophie de l'histoire.* Traduit du tchèque par E. ABRAMS avec une préface de P. RICŒUR et une postface de R. JAKOBSON. Lagrasse: Éditions Verdier, [1981], 22 × 14, 7-15.

II.A.358. «'Logique herméneutique'?». *Contemporary philosophy. A new survey. Vol. I. Philosophy of language. Philosophical logic. La philosophie contemporaine. Chroniques nouvelles. Tome I. Philosophie du langage. Logique philosophique.* Édité par G. FLØISTAD. The Hague-Boston-London: M. Nijhoff, 1981, 24,5 × 17, 179-223.

II.A.358a. «Hegel et Husserl sur l'intersubjectivité». *Phénoménologies hégélienne et husserlienne. Les classes sociales selon Marx.* Travaux des Sessions d'Études (Centre de recherche et de documentation sur Hegel et Marx). Sous la direction de G. PLANTY-BONJOUR. Paris: Éditions du Centre National de Recherche Scientifique, 1981, 29,5 × 21, 5-17.

Texte français de II.B.90.

II.A.359. «L'histoire comme récit et comme pratique. Entretien avec Paul Ricœur [propos recueillis par P. KEMP]». *Esprit* 1981, n° 54, juin, 155-165.

II.A.360. «Paul Ricœur, philosophe de la métaphore et du récit [un interview par Christian DELACAMPAGNE]». *Le monde dimanche.* Supplément à «*Le monde*». 38 (1981), n° 11200, 1 et 2 février, XV-XVI.

Reproduit sous le titre «Paul Ricœur» dans *Entretiens avec Le monde. 1. Philosophies.* Introduction de Ch. DELACAMPAGNE. Paris: Éditions La Découverte-Le Monde, [1984], 19 × 11,5, 167-176.

1982

II.A.361. VERNES J.-R., *Critique de la raison aléatoire ou Descartes contre Kant* (Philosophie de l'esprit). Préface de P. RICŒUR. [Paris]: Aubier, [1982], 22 × 13,5, 7-12.

II.A.362. «La question de la preuve dans les écrits psychanalytiques de Freud [conférence au Colloque en mémoire d'Alphonse De Waelhens à Louvain-la-Neuve, 1982]». *Qu'est-ce que l'homme? Philosophie/Psychanalyse.* Hommage à Alphonse De Waelhens (1911-1981) (Publications des Facultés universitaires Saint-Louis, 27). Bruxelles: Facultés universitaires Saint-Louis, 1982, 23 × 15,5, 591-619.

Texte français très semblable à la version anglaise de II.B.69.

II.A.362a. «L'éclipse de l'événement dans l'historiographie française moderne [conférence à la séance plénière du Colloque International sur «La philosophie de l'histoire», Ottawa 1980]». *La philosophie de l'histoire et la pratique historienne d'aujourd'hui. Philosophy of History and Contemporary Historiography (Philosophica, 23). Édité par* / edited by D. CARR, W. DRAY et d'autres. Ottawa: Éditions de l'université d'Ottawa–The University of Ottawa Press, 1982, 23 × 15, 159-177.

II.A.362b. «Phénoménologie du vouloir et approche par le langage ordinaire [conférence au Congrès «Die Münchener Phänomenologie», avril 1971]». *Pfänder-Studien* (Phaenomenologica, 84). Édité par H. SPIEGELBERG et E. AVÉ-LALLEMANT. The Hague-Boston-London: Martinus Nijhoff, 1982, 24,5 × 16,5, 79-96.

Texte publié d'abord en allemand par II.C.18.

II.A.362c. «Poétique et symbolique». *Initiation à la pratique de la théologie. Tome: Introduction.* Publié sous la direction de B. LAURET et Fr. REFOULÉ. Paris: Les Éditions de Cerf, 1982, 21,5 × 13,5, 37-61.

Deuxième édition en 1984.

Traduit en allemand par II.C.30.
Traduit en espagnol dans I.D.11.

II.A.362d. «Hommage à Claude Pantillon [message transmis sur cassette pour la soirée commémorative de Claude Pantillon à Genève]». *Hommage à Claude Pantillon (1938-1980). Philo-*

sophe de l'éducation (Faculté de psychologie et des sciences de l'éducation). [Genève]: Université de Genève, 1982, 20 × 14,5, 7-10.

II.A.363. «Entre temps et récit: concorde/discorde [conférence donnée au Groupe de Recherches sur la philosophie et le langage, Grenoble 1981-1982]». *Recherches sur la philosophie et le langage* (Cahier du groupe de recherches sur la philosophie et le langage de l'Université de Grenoble 2,2) par M. Schneider, M. Philibert et d'autres. [Paris: Vrin], 1982, 20,5 × 14,5, 3-14.

II.A.364. «Mimesis et représentation». *Actes du XVIIIe Congrès des Sociétés de Philosophie de langue française* (Strasbourg 1980). Strasbourg: Université des Sciences Humaines de Strasbourg. Faculté de Philosophie, [1982], 24 × 17, 51-63 [hors commerce].

Traduit en anglais par II.B.103.

II.A.365. «La Bible et l'imagination». *Revue d'histoire et de philosophie religieuses* (Hommage à Roger Mehl) 62 (1982), n° 4, octobre-décembre, 339-360.

Traduction anglaise par II.B.101a.

1983

II.A.366. Hisashigé T., *Phénoménologie de la conscience de culpabilité. Essai de Pathologie éthique*. Présentation de P. Ricœur. Tokyo: Les Presses de l'Université Senshu, 1983, 21,5 × 14,5, IX-XI.

II.A.367. Arendt H., *Condition de l'homme moderne* (Liberté de l'Esprit). Traduction de *The Human Condition* par G. Fradier avec une préface de P. Ricœur. [Paris]: Calmann-Lévy, [1983], 21 × 14, I-XXVIII.

II.A.368. «La problématique de la croyance: opinion, assentiment, foi». *On Believing. Epistemological Approaches. De la croyance. Approches épistémologiques*. Edited by / Textes présentés par H. Parret. Berlin-New York: Walter de Gruyter, 1983, 23 × 15,5, 292-301.

II.A.369. «Meurt le personnalisme, revient la personne... [exposé présenté au colloque de l'Association des amis d'Emmanuel Mounier, Dourdan 1982]». *Esprit* (Cinquantenaire. Des années 30 aux années 80) 1983, nº 1, janvier, 113-119.

II.A.370. «Un philosophe au-dessus de tout soupçon. Un entretien avec Ricœur [propos recueillis par Fr. FERNEY]». *Le nouvel observateur* 1983, 11 au 17 mars, 104-110.

II.A.371. «L'histoire commune des hommes: la question du sens de l'histoire». «L'idéologie et l'utopie: deux expressions de l'imaginaire social». «Fondements de l'éthique». «Ethique et politique [Série de quatre conférences au Centre Protestant de l'Ouest, 1983]. *Cahiers du Centre Protestant de l'Ouest* 1983, nº 49-50, décembre, 3-16, 17-30, 31-43, 44-58 [ronéotypé].

Le deuxième article est reproduit dans *Cultures et foi* 1984, Cahier 96, mars-avril, 35-41.

Les quatre articles sont traduits en espagnol dans I.D.11.

1984

II.A.371a. JERVOLINO D., *Il Cogito e l'ermeneutica. La questione del soggetto in Ricœur*. Préface de P. RICŒUR [en français] avec une introduction de Th. F. GERAETS. Napoli: Generoso Procaccini editore, 1984, 24 × 16,6, 7-10.

II.A.372. PORTIER L., *Le pélican. Histoire d'un symbole*. Préface de P. RICŒUR. Paris: Les Éditions du Cerf, 1984, 20 × 12, 9.

II.A.373. ZAC S., *La philosophie religieuse de Hermann Cohen* (Bibliothèque d'histoire de la philosophie). Avant-propos de P. RICŒUR. Paris: J. Vrin, 1984, 24 × 16, 9-10.

II.A.374. «De l'absolu à la sagesse par l'action [conférence de clôture au colloque sur Éric Weil]». *Actualité d'Éric Weil*. Actes du Colloque International, Chantilly 1982 (Bibliothèque des Archives de Philosophie. Nouvelle série, 43). Édités par le Centre Éric-Weil. Paris: Beauchesne, [1984], 21,5 × 13,5, 407-423.

II.A.375. «La pensée de Gabriel Marcel. Réflexion primaire et réflexion seconde chez Gabriel Marcel [conférence suivie d'une discussion avec Fr. JACQUES et d'autres]». *Bulletin de la Société française de Philosophie* 78 (1984), nº 2, avril-juin, 33-50, 61-63.

II.B. ENGLISH / ANGLAIS

1952

II.B.1. «Christianity and the Meaning of History. Progress, Ambiguity, Hope.» *The Journal of Religion* 22 (1952). No. 4, October, 242-253.

Translation of II.A.36, different from the translation in I.B.1.

II.B.2. RICŒUR P. and DOMENACH J.-M., «Mass and Person.» *Cross Currents* 2 (1952), Winter, 59-66.

Translation of II.A.31.

1954

II.B.3. «Sartre's Lucifer and the Lord.» *Yale French Studies* 1954-1955, No. 14, Winter, 85-93.

Translation of II.A.34.

1955

II.B.4. «'Associates' and Neighbor.» *Love of Our Neighbor*. Edited by A. PLÉ. Springfield (Illinois) – London: Templegate-Blackfriars Publications, 1955, 149-161.

Translation of II.A.62.

II.B.5. «'Morality without Sin' or Sin without Moralism?» *Cross Currents* 5 (1955), No. 4, Fall, 339-352.

Translation of II.A.67.

II.B.6. «French Protestantism Today.» *The Christian Century* 72 (1955). October 26, 1236-1238.

Previously unpublished.

1957

II.B.7. *The State and Coercion*. The Third John Knox House Lecture, 1957. Geneva: The John Knox House, 1957, 21 × 14,5, 16 p.

Translation of II.A.84.

II.B.8. «The Relation of Jaspers' Philosophy to Religion.» *The Philosophy of Karl Jaspers. A Critical Analysis and Evaluation* (Library of Living Philosophers). Edited by P. A. SCHILPP. New York: Tudor, 1957, 22 × 14,5, 611-642.

Reprint: La Salle (Illinois): Open Court, 1981.
Translation of II.A.85.

II.B.9. «Faith and Culture.» *The Student World.* World's Student Christian Federation (The Greatness and Misery of the Intellectual) 50 (1957), No. 3, 246-251.

Previously unpublished.

Reprinted in I.B.9.

1958

II.B.10. «Ye are the Salt of the Earth.» *The Ecumenical Review* 10 (1958), No. 3, April, 264-276.

Translation of II.A.95.

Reprinted in I.B.9.

1960

II.B.11. «The Symbol... Food for Thought.» *Philosophy Today* 4 (1960), No. 3/4, Fall, 196-207.

Translation of II.A.113.

1961

II.B.12. «'The Image of God' and the Epic of man.» *Cross Currents* 11 (1961), No. 1, Winter, 37-50.

Translation of II.A.126.
Another translation in I.B.1.

1962

II.B.13. «The Hermeneutics of Symbols and Philosophical Reflection.» *International Philosophical Quarterly* 2 (1962), No. 2, 191-218.

Translation of II.A.135.

Reprinted in I.B.8 and in I.B.12.

1963

II.B.14. «Faith and Action: A Christian Point of View. A Christian must rely on his Jewish memory [expansion of a paper delivered at a conference on «Perspectives on the Good Society,» Chicago 1963].» *Criterion* 2 (1963), No. 3, 10-15.

Previously unpublished.

1964

II.B.15. «The Historical Presence of Non-violence.» *Cross Currents* 14 (1964), No. 1, Winter, 15-23.

Translation of II.A.19.
Another translation in I.B.1.

II.B.16. «The Dimensions of Sexuality. Wonder, Eroticism and Enigma [followed by P. RICŒUR's presentation of the answers to the questionnaire].» *Cross Currents* (Sexuality and the Modern World) 14 (1964), No. 2, Spring, 133-141, 142-165, 186-208, 229-255.

Almost integral translation of II.A.124.

The article only is reprinted under the title «Wonder, Eroticism, and Enigma.» *Sexuality in the Modern World. A Symposium.* West Nyack (New York): Cross Current Corporation, 1964, 23,5 × 16,5, 133-141.

1966

II.B.17. DUFRENNE M., *The Notion of A Priori* (Northwestern University Studies in Phenomenology and Existential Philosophy). Translation of *La notion a priori* by E. CASEY with a preface of P. RICŒUR. Evanston (Illinois): Northwestern University Press, 1966, 23,5 × 16, IX-XVII.

Translation of II.A.137.

II.B.18. «The Atheism of Freudian Psychoanalysis.» *Concilium* (Church and World) 2 (1966), No. 2, 31-37 [British edition]; *Concilium* (Is God Dead?) 2 (1966), No. 16, 59-72 [American edition].

Translation of II.A.201.

II.B.19. «Kant and Husserl.» *Philosophy Today* 10 (1966), No. 3/4, Fall, 147-168.

Translation of II.A.65.
Another translation in I.B.4.

II.B.20. «A Conversation ... [text of an interview].» *The Bulletin of Philosophy* 1 (1966), No. 1, January, 1-8.

Previously unpublished.

1967

II.B.21. «Philosophy of Will and Action [talk followed by a discussion with F. KERSTEN et al., at Lexington (Ky. U.S.A.) 1964].» *Phenomenology of Will and Action.* The Second Lexington Conference on Pure and Applied Phenomenology, 1964. Edited by E.W. STRAUS and R.M. GRIFFITH. Pittsburgh: Duquesne University Press, 1967, 22 × 14, 7-33, 34-60.

Previously unpublished.
Partly reprinted in I.B.12.

II.B.22. «Husserl and Wittgenstein on Language.» *Phenomenology and Existentialism.* Edited by E. N. LEE and M. MANDELBAUM. Baltimore: The John Hopkins University Press, [1967], 21 × 14, 207-217.

Previously unpublished.
Paperback edition in 1969.
Reprinted in *Analytic Philosophy and Phenomenology* (American University Publications in Philosophy). Edited by H. A. DURFEE. The Hague: M. Nijhoff, 1976, 24 × 16, 87-95.

II.B.23. «The Unity of the Voluntary and the Involuntary as a Limiting Idea.» *Reading in Existential Phenomenology*. Edited by N. LAWRENCE and D. O'CONNOR. Englewood Cliffs (New Jersey): Prentice Hall, [1967], 24 × 17, 93-112.

Reprint: New York: Prentice Hall, 1976.
English translation of II.A.28.
Reprinted in I.B.12.

II.B.24. «The Antinomy of Human Reality and the Problem of Philosophical Anthropology.» *Readings in Existential Phenomenology*. Edited by N. LAWRENCE and D. O'CONNOR. Englewood Cliffs (New Jersey): Prentice Hall, [1967], 24 × 17, 390-402.

Reprint: New York: Prentice Hall, 1976.
English translation of II.A.123.
Reprinted in I.B.12.

II.B.25. «New Developments in Phenomenology in France: The Phenomenology of Language.» *Social Research* 34 (1967), No. 1, Spring, 1-30.

Originally published in English. Partial French version under the title «La Question du sujet: le défi de la sémiologie» in I.A.10, which is translated in I.B.8.

1968

II.B.26. «The Critique of Subjectivity and Cogito in the Philosophy of

Heidegger [text derived from a tape of a paper delivered during the Heidegger Symposium at the De Paul University, Chicago 1966].» *Heidegger and the Quest for Truth.* Edited by M. S. FRINGS. Chicago: Quadrangle Books, 1968, 21,5 × 14,5, 62-75.

Originally published in English. The French version slightly different has been published under the title «Heidegger et la question du sujet» in I.A.10, which is translated into the following languages.

Translated into English in I.B.8.

Translated into German in I.C.5.

Translated into Spanish I.D.3.

Translated differently into Italian in I.E.5 (integral translation) and in I.E.9 (partial translation).

Translated into Portuguese in I.F.3.

II.B.27. «Tasks of the Ecclesial Community in the Modern World.» *Theology of Renewal. II. Renewal of religious Structures.* Edited by L. K. SHOOK [New York]: Herder and Herder, [1968], 21,5 × 15, 242-254.

Translation of II.A.220.

II.B.28. «Structure-Word-Event.» *Philosophy Today* 12 (1968), No. 2/4, Summer, 114-129.

Translation of II.A.214.

Reprinted integrally in I.B.8 and partly in I.B.12.

II.B.29. «The Father Image. From Phantasy to Symbol [paper delivered at a Seminar on «Hermeneutics and Philosophy of Language,» Chicago 1968].» *Criterion.* A Publication of the Divinity School of the University of Chicago 8 (1968-1969), No. 1, Fall-Winter, 1-7.

Translation of II.A.248.

Another translation in I.B.8.

1969

II.B.30. «The Problem of the Double-Sense as Hermeneutic Problem and as Semantic Problem.» *Myths and Symbols.* Studies in Honor of Mircea Eliade. Edited by J. M. KITAGAWA and Ch. H. LONG. Chicago-London: University of Chicago Press, [1969], 22,5 × 14, 63-79.

English translation of II.A.197.

Another translation in I.B.8.

II.B.31. «Religion, Atheism and Faith [Bampton Lectures in America, delivered at Columbia University, 1966].» *The Religious Significance of Atheism.* Edited by A. MacIntyre, Ch. Alasdair and P. Ricœur. New York-London: Columbia University Press, 1969, 21 × 14, 58-98.

Originally published in English. Published in French under the title «Religion, athéisme, foi» in I.A.10 which version is translated again into English in I.B.8 and into the following languages.

Translated into German in I.C.7.
Translated into Spanish in I.D.4.
Translated differently into Italian in I.E.3 and I.E.5.
Translated into Portuguese in I.F.3.
Translated into Polish in I.H.1.

II.B.32. «Guilt, Ethics and Religion [paper delivered for the Royal Institute of Philosophy].» *Talk of God* (Royal Institute of Philosophy Lectures, II. 1967-1968). Edited by G. N. A. Vesey. London-Basingstoke: Macmillan; New York: St. Martin's Press, [1969], 21,5 × 14, 100-117.

Originally published in English.
Reprinted in *Concilium* (Moral Evil Under Challenge) 1970, No. 56, 11-27 [American Edition]; *Concilium* (Moral Evil Under Challenge) 6 (1970), No. 6, 11-27 [British edition].
Reprinted in I.B.8 and in *Conscience: Theological and Psychological Perspectives.* Edited by C. E. Nelson. New York-Paramus-Toronto: Newman, [1973], 22,5 × 15, 11-27.
Published in French under the title «Culpabilité, éthique et religion» in I.A.10, which is reproduced by II.A.257 and translated into the following languages.

Translated into German in I.C.7 and by II.C.9.
Translated differently into Spanish by II.D.9 and in I.D.4.
Translated differently into Italian by II.E.7 and in I.E.5.
Translated into Portuguese by II.F.6 and in I.F.3.
Translated into Dutch by I.G.5.
Translated into Polish by II.H.1.

II.B.33. Nabert J., *Elements of an Ethic* (Northwestern University Studies in Phenomenology and Existential Philosophy). Traduction de *Éléments pour une éthique* par W. J. Petrek avec une préface de P. Ricœur. Evanston (Illinois): Northwestern University Press, 1969, 24 × 16, xvii-xxviii.

English translation of II.A.143.

1970

II.B.34. «Hope and Structure of Philosophical Systems [communication at the American Catholic Association, San Francisco 1970].» *Proceedings of the American Catholic Association* (San Francisco 1970) (Philosophy and Christian Theology). Edited by G. F. McLean and F. Dougherty. Washington: The Catholic University of America Press, 1970, 22,5 × 15, 55-69.

Previously unpublished.

II.B.35. «The Problem of the Will and Philosophical Discourse.» *Patterns of the Life-World.* Essays in Honor of John Wild (Northwestern Studies in Phenomenology and Existential Philosophy). Edited by J. M. Edie, F. H. Parker and C. O. Schrag. Evanston (Illinois): Northwestern University Press, 1970, 23,5 × 16, 273-289.

Previously unpublished.

1971

II.B.36. «What is a Text? Explanation and Interpretation.» *Mythic-Symbolic Language and Philosophical Anthropology. A Constructive Interpretation of the Thought of Paul Ricœur.* The Hague: M. Nijhoff, 1971, 24 × 16, 135-150.

Abridged translation of II.A.256, different from the integral translation in I.B.16.

II.B.37. Ihde D., *Hermeneutic Phenomenology. The Philosophy of Paul Ricœur* (Northwestern University Studies in Phenomenology and Existential Philosophy). Foreword by P. Ricœur. Evanston: Northwestern University Press, 1971, 23,5 × 15,5, XIII-XVII.

II.B.38. «The Model of the Text: Meaningful Action Considered as a Text.» *Social Research* 38 (1971), No. 3, Fall, 529-562.

Previously unpublished.

Reprinted in *Social Research* (50th Anniversary, 1934-1984) 51 (1984), Nos. 1 and 2, Spring/Summer, 185-218.

Reprinted in *New Literary History* 5 (1973), No. 1, 91-117. Reprinted under the title «Human Sciences and Hermeneutical Method: Meaningful Action Considered as a text» in *Explorations in Phenomenology* (Selected Studies in Phenomenology and Existential Philosophy, 4). Edited by D. Carr and E. S. Casey. The Hague: Martinus Nijhoff, 1973, 21 × 14, 13-46.

Reprinted under the title «The model of the text: meaningful action considered as a text» in I.B.16.

Translated into German by II.C.10.
Translated into Danish in I.J.2.

II.B.39. «From Existentialism to the Philosophy of Language [text of an address before the Divinity School, University of Chicago, 1971].» *Criterion* 10 (1971), Spring, 14-18.

Previously unpublished.
Reprinted in I.B.12.
Reprinted in an expanded version under the title «A Philosophical Journey. From Existential to the Philosophy of Language in *Philosophy Today* 17 (1973), No. 2/4, Summer, 88-96.

1973

II.B.40. «Creativity in Language. Word. Polysemy. Metaphor [address delivered at Duquesne University, 1972].» *Philosophy Today* 17 (1973), No. 2/4, Summer, 97-111.

Previously unpublished.
Reprinted in *Language and Language Disturbances* (The 5th Lexington Conference on Pure and Applied Phenomenology, 1972). Edited by E. W. STRAUS. Pittsburgh: Duquesne University Press, 1974, 22 × 14,5, 49-71. Reprinted also in I.B.12.

Translated into Japanese by II.I.6.

II.B.41. «The Task of Hermeneutics [lecture given at Princeton Theological Seminary, 1973].» *Philosophy Today* 17 (1973), No. 2/4, Summer, 112-128.

Originally published in English. French text in II.A.310.
Reprinted in *Exegesis. Problems of Method and Exercises in Reading* (*Genesis 22 and Luke 15*) (Pittsburgh Theological Monograph Series, 21). Edited by Fr. BOVON and Gr. ROUILLER and translated by D.J. MILLER. Pittsburgh: Pickwick Press, 1978, 21,5 × 14, 265-296 and in *Heidegger and Modern Philosophy. Critical Essays*. Edited by M. MURRAY. New Haven (Conn.): Yale University Press, 1978, 23,5 × 15, 141-160.
Another English version in I.B.16.

II.B.42. «The Hermeneutical Function of Distanciation [lecture given at Princeton Theological Seminary, 1973].» *Philosophy Today* 17 (1973); No. 2/4, Summer, 129-141.

Originally published in English.
French text in II.A.311.

Reprinted in *Exegesis. Problems of Method and Exercises in Reading* (*Genesis 22 and Luke 15*) (Pittsburgh Theological Monograph Series, 21). Edited by Fr. BOVON and Gr. ROUILLER and translated by D. J. MILLER. Pittsburgh: Pickwick Press, 1978, 21,5 × 14, 297-320. Another English version in I.B.16.

Translated into Swedish by II.P.1.

II.B.43. «The Tasks of the Political Educator.» *Philosophy Today* 17 (1973), No. 2/4, Summer, 142-152.

Translation of II.A.182, which is reprinted in I.B.9.

II.B.44. «Ethics and Culture. Habermas and Gadamer in Dialogue.» *Philosophy Today* 17 (1973), No. 2/4, Summer, 153-165.

French version by II.A.308a.

II.B.45. «A Critique of B. F. Skinner's *Beyond Freedom and Dignity*.» *Philosophy Today* 17 (1973), No. 2/4, Summer, 166-175.

Reprinted in I.B.9.

II.B.46. «Metaphor and the Central Problem of Hermeneutics.» *Graduate Faculty Philosophy Journal* (New York) 3 (1973-1974), No. 1, 42-58.

Translation — with additional notes and comment — of II.A.289.

Reprinted under the title «Metaphor and the Main Problem of Hermeneutics» and without notes and comment in *New Literary History* (On Metaphor) 6 (1974-1975), No. 1, 95-110, which is reprinted in I.B.12.

Translated into Italian by II.E.12b.

Translated into Swedish by II.P.1.

II.B.47. «The Critique of Religion.» *Union Seminary Quarterly Review* 28 (1973), No. 3, Spring, 203-212.

Translation of II.A.171.
Reprinted in I.B.12.

II.B.48. «The Language of Faith.» *Union Seminary Quarterly Review* 28 (1973), No. 3, Spring, 213-224.

Translation of II.A.172.
Reprinted in I.B.12.

1974

II.B.49. «Psychiatry and Moral Values.» *American Handbook of Psychiatry. I.* Edited by S. ARICTI et al. Second edition. New York: Basic Books, 1974, 26 × 18, 976-990.

Previously unpublished.

II.B.50. «Philosophy and Religious Language [lecture delivered under the auspices of the John Nuveen Chair of Philosophical Theology, University of Chicago].» *The Journal of Religion* 54 (1974), No. 1, 71-85.

Originally published in English.
French text by II.A.317.

II.B.51. «Phenomenology [book review on *Phénoménologie et matérialisme dialectique* by TRAN-DUC-THAO].» *The Southwestern Journal of Philosophy* (Husserl Issue) 5 (1975), No. 3, 149-168.

Translation of II.A.56.

II.B.52. «[Can There Be a Scientific Concept of Ideology? I and II. A Segment] [followed by a discussion].» *Phenomenological Sociology. Newsletter* (Dayton, Ohio) 3 (1974-1975), No. 2, 2-5,8; No. 3, 4-6, 6-8 [discussion], [mimeographed].

Partial translation of a text slightly different from II.A.303, which is translated more entendedly but differently by II.B.79.

II.B.53. «Listening to the Parables of Jesus. Text: Matthew 13: 31-32 and 45-46 [sermon].» *Criterion* 13 (1974), No. 3, Spring, 18-22.

Reprinted in *Christianity and Crisis* 34 (1975), No. 23, 6 January, 304-308 and I.B.12.

1975

II.B.54. «Phenomenology of Freedom.» *Phenomenology and Philosophical Understanding*. Edited with an introduction by E. PIVCEVIC. London - New York - Melbourne: Cambridge University Press, 1975, 21,5 × 13,5, 173-194.

Translation of almost the complete text of II.A.296 and of some parts of II.A.266.
Translated into Japanese by II.I.5.

II.B.55. «Phenomenology and Hermeneutics.» *Noûs* (Bloomington) 9 (1975), No. 1, 85,102.

Partial translation of II.A.305.

II.B.56. «Philosophical hermeneutics and theological hermeneutics.» *Studies in Religion. Sciences religieuses* 5 (1975), No. 1, 14-33.

Reprinted in *Philosophy of Religion and Theology: 1975 Proceedings*. Reprinted Papers for the Section on Philosophy of Religion and Theology. Compiled by J. W. MCCLENDON. The American Academy of Religion, 1975, 23,5 × 15,5, 1-17.
Reprinted as first part of II.B.60.

II.B.57. «Biblical Hermeneutics.» *Semeia*. An Experimental Journal for Biblical Criticism 1975, No. 4, 27-148.

Previously unpublished.

Excerpt (75-88): «The Metaphorical Process [reading].» *Exploring the Philosophy of Religion*. Edited by D. STEWART. Englewood Cliffs (New Jersey): Prentice Hall, [1980], 23 × 15,5, 229-238.

Almost completely translated into German by II.C.28.

1976

II.B.57a. GARDET L., GUREVICH A. J. et al., *Cultures and time* (At the crossroads of cultures). English translation of *Les cultures et le temps* with an introduction of P. RICŒUR. Paris: The Unesco Press, 1976, 24 × 15,5, 13-33.

Translation of II.A.308.

II.B.58. «Psychoanalysis and the Work of Art [the Edith Weigert Lecture at Washington School of Psychiatry, 1974].» *Psychiatry and the Humanities. I*. Edited by J.H. SMITH. New Haven (Conn.) – London: Yale University Press, 1976, 21,5 × 14,5, 3-33.

Previously unpublished.

II.B.59. «What is Dialectical?» *Freedom and Morality*. The Lindley Lectures delivered at the University of Kansas (University of Kansas Humanistic Studies, 46). Edited with an introduction by J. BRICKE. Lawrence: University of Kansas, 1976, 23 × 15,5, 173-189.

Translation of II.A.309.

II.B.60. *Philosophical Hermeneutics and Theological Hermeneutics: Ideology, Utopia and Faith*. Protocol of the Seventeenth Colloquy: 4 November 1975 (Protocol Series of the Colloquies of the Center for Hermeneutical Studies in Hellenistic and Modern Culture, 17) [talk followed by comments and discussions]. Edited by W. WUELLNER. [Berkeley (California)]: The Center for Hermeneutical Studies in Hellenistic and Modern Culture. The Graduate Theological Union and The University of California (Berkeley), [1976], 20 × 16, 1-28, 29-37, 40-56.

The first part is a reprint of II.B.56.

II.B.61. «Ideology and Utopia as Cultural Imagination.» *Philosophic*

Exchange 2 (1976), No. 2, Summer, 17-28.

Reprinted in *Being Human in a Technological Age*. Edited by D. M. BORCHERT et D. STEWART. Athens: Ohio University Press, [1979], 23 × 15, 107-125.

Translated into Italian in I.E.10.

II.B.62. «Philosophical hermeneutics and Theology.» *Theology Digest* 24 (1976), No. 2, 154-161.

Previously unpublished.

II.B.63. «History and Hermeneutics [paper presented at an APA Symposion on Hermeneutics, 1976].» *The Journal of Philosophy* (Symposium: Hermeneutics) 73 (1976), No. 19, 683-695.

Previously unpublished.

II.B.64. «Review Essay. M. Eliade, *Histoire des croyances et des idées religieuses. Vol. 1. De l'âge de la pierre aux mystères d'Eleusis*.» *Religious Studies Review* 2 (1976), No. 4, October, 1-4.

1977

II.B.65. STRASSER St., *Phenomenology of Feeling. An Essay on the Phenomenon of the Heart* (Philosophical Series, 34). Translation and introduction by R. E. WOOD with a foreword by P. RICŒUR. Pittsburgh: Duquesne University Press, 1977, XI-XIV.

II.B.65a. AGUESSY H., ASHISH M. et al., *Time and the Philosophies* (At the crossroads of cultures). English translation of *Le temps et les philosophies* with an introduction by P. RICŒUR. [Paris]: Unesco, [1977], 24 × 15,5, 13-30.

Translation of II.A.339.

II.B.66. *Husserl. Expositions and Appraisals*. Edited with introductions by Fr. A. ELLISTON and P. MC CORMICK and with a foreword by P. RICŒUR. Notre Dame (Ind.) – London: University of Notre Dame Press, [1977], 25 × 17,5, IX-XI.

II.B.67. *Hermeneutic of the Idea of Revelation*. Protocol of the Twenty-Seventh Colloquy: 13 February 1977 (Protocol Series of the Colloquies of the Center for Hermeneutical Studies in Hellenistic and Modern Culture, 27) [talk followed by comments and discussions]. Edited by W. WUELLNER.

[Berkeley (California)]: The Center for Hermeneutical Studies in Hellenistic and Modern Culture. The Graduate Theological Union and the University of California (Berkeley), [1977], 20 × 15, 5, 1-13, 14-23, 25-36.

Abridged translation of II.A.333.

II.B.68. «Phenomenology and the Social Sciences.» *The Annals of Phenomenological Sociology* 2 (1977), 145-159.

Previously unpublished.

II.B.69. «The Question of Proof in Freud's Psychoanalytic Writings.» *Journal of the American Psychoanalytic Association* 25 (1977), No. 4, 835-871.

Originally published in English. The French text of II.A.362 is slightly different from the English text.
Reprinted in I.B.12 and in I.B.16.

II.B.70. «Toward a Hermeneutic of the Idea of Revelation.» *Harvard Theological Review* 70 (1977), No. 1-2, January-April, 1-37.

English translation of II.A.333.
Reprinted in I.B.14.

II.B.71. «Patočka. Philosopher and Resister.» *Telos* 1977, No. 31, Spring, 152-155.

Translation of II.A.338, different from II.B.112.

II.B.72. «Schleiermacher's Hermeneutics.» *The Monist* (Philosophy and Religion in the 19th Century) 60 (1977), No. 2, April, 181-197.

Previously unpublished.

II.B.73. «Writing as a Problem for Literary Criticism and Philosophical Hermeneutics.» *Philosophic Exchange* 2 (1977), No. 3, Summer, 3-15.

Previously unpublished.

II.B.74. «Construing and Constructing. Book Review: E. D. HIRSCH, Jr., *The Aims of Interpretation.*» *The Times Literary Supplement* 197 (1977), No. 3911, February 25, 216.

Previously unpublished.

1978

II.B.75. «4. Philosophy.» *Main trends of research in the social and human sciences. Part two/Volume two: Legal Science / Philosophy*. Under the editorship of J. HAVET. The Hague-Paris-New York: Mouton-Unesco, 1978, 25 × 17, 1071-1567.

English edition of II.A.340.

Reprinted by I.B.13.

Translated into Japanese by I.I.5 and I.I.6.

II.B.76. «Philosophical Hermeneutics and Biblical Hermeneutics.» *Exegesis. Problems of Method and Exercises in Reading (Genesis 22 and Luke 15)* (Pittsburgh Theological Monograph Series, 21). Edited by Fr. BOVON and Gr. ROUILLER and translated by D. J. MILLER. Pittsburgh: Pickwick Press, 1978, 21,5 × 14, 321-339.

Translation of II.A.312.

II.B.77. «History and Hermeneutics [with a comment by Ch. TAYLOR].» *Philosophy of History and Action*. Papers of the First Jerusalem Philosophical Encounter, 1974 (Philosophical Studies Series in Philosophy, 11). Edited by Y. YOVEL. Dordrecht-Boston-London-Jerusalem: D. Reidel Publishing Company – The Magnes Press (Hebrew University), [1978], 22,5 × 16, 3-20, 20-25.

Previously unpublished.

II.B.78. «Panel Discussion. Is a Philosophy of History Possible? [with I. BERLIN, St. HAMPSHIRE, M. BLACK et al.].» *Philosophy of History and Action*. Papers of the First Jerusalem Philosophical Encounter, 1974 (Philosophical Studies Series in Philosophy, 11). Edited by Y. YOVEL. Dordrecht-Boston-London-Jerusalem: D. Reidel Publishing Company – The Magnes Press (Hebrew University), [1978], 22,5 × 16, 219-240.

Previously unpublished.

II.B.79. «Can There Be a Scientific Concept of Ideology?» *Phenomenology and the Social Sciences: A Dialogue*. Edited by J. BIEN. The Hague-Boston-London: M. Nijhoff, 1978, 24 × 16, 44-59.

Translation of a text slightly different from II.A.303.

II.B.80. «Imagination in Discourse and in Action.» *The Human Being in Action. The Irreducible Element in Man. Part. II. Investiga-*

tion at the Intersection of Philosophy and Psychiatry (Analecta Husserliana, 7). Edited by A.-T. TYMIENIECKA. Dordrecht-Boston-London: D. Reidel Publishing Company, 1978, 23 × 15,5, 3-22.

Translation of II.A.322.

II.B.81. «Image and Language in Psychoanalysis.» *Psychoanalysis and Language* (Psychiatry and the Humanities, 3). Edited by J.H. SMITH. New Haven-London: Yale University Press, 1978, 21,5 × 15, 293-324.

Previously unpublished.

II.B.82. «The Narrative Function.» *Semeia* 1978, No. 13, 177-202.

Abridged English version of II.A.345.

II.B.83. «The Problem of the Foundation of Moral Philosophy.» *Philosophy Today* 22 (1978), No. 3-4, Fall, 175-192.

Expanded English version of II.A.307.

II.B.83a. «'Response' to Karl Rahner's Lecture: On the Incomprehensibility of God.» *Celebrating the Medieval Heritage. A Colloquy on the Thought of Aquinas and Bonaventure* (*Supplement* to *The Journal of Religion* 58 (1978). Edited by D. TRACY, 23 × 15, S 126-S 131.

Previously unpublished.

II.B.84. RICŒUR P. et al., «Conference on Religious Studies and the Humanities: Theories of Interpretation. November 17-19, 1977. First Session: Paul Ricœur [paper of P. RICŒUR reproduced by G.E. LAWRENCE].» *Criterion* 17 (1978), No. 2, Summer, 20-23, 23-29.

Previously unpublished.

II.B.85. «The Metaphorical Process as Cognition, Imagination and Feeling.» *Critical Inquiry* (On Metaphor) 5 (1978), No. 1, Fall, 143-159.

Previously unpublished.

Reprinted in *On Metaphor*. Edited by Sh. SACKS. [Chicago-London]: The University of Chicago Press, [1979], 23 × 15, 141-157. Paperback edition in 1980.

Reprinted in *Philosophical Perspectives on Metaphor*. Edited by M. JOHNSON. Minneapolis: University of Minnesota Press, [1981], 23,5 × 16, 228-247.

II.B.86. «My Relation to the History of Philosophy.» *The Iliff Review* (Paul Ricœur's Philosophy) 35 (1978), No. 3, Fall, 5-12.

Previously unpublished.

II.B.87. RICŒUR P., KEARNY, R., «Myth as the Bearer of Possible Worlds. Interview with Paul Ricœur.» *The Crane Bag* 2 (1978), No. 1-2, 260-266.

Previously unpublished.

1979

II.B.88. *Studies in the Philosophy of Paul Ricœur*. Edited by Ch. E. REAGAN with a preface by P. RICŒUR. Athens (Ohio): Ohio University Press, [1979], 23,5 × 16, XI-XXI.

II.B.89. LACOCQUE A., *The Book of Daniel*. Translation of *Le livre de Daniel* by D. PELLAUER with a foreword by P. RICŒUR. London-Atlanta: S.P.C.K.-J. Knox Press, 24 × 16, [1979], XVII-XXVI.

Translation of II.A.320.

II.B.90. «Hegel and Husserl on Intersubjectivity.» *Reason, Action and Experience*. Essays in Honor of Raymond Klibansky. Edited by H. KOHLENBERGER. Hamburg: Felix Meiner Verlag, [1979], 23,5 × 16, 13-29.

French text by II.A.358a.

II.B.91. «Epilogue. The 'Sacred' Text and the Community.» *The Critical Study of Sacred Texts* (Berkeley Religious Studies Series). Edited by W.D. O'FLAHERTY. Berkeley: [Graduate Theological Union], 1979, 22,5 × 16, 271-276.

II.B.91a. RICŒUR P., HABERMAS J. et al., «Discussion [on the paper: J. HABERMAS, «Aspects of the Rationality of Action»].» *Rationality Today. La rationalité aujourd'hui* (Philosophica, 13). Edited by / édité par Th. F. GERAETS. Ottawa: The University of Ottawa Press – Éditions de l'Université d'Ottawa, 1979, 23 × 15, 205-212.

II.B.92. «Naming God.» *Union Seminary Quarterly Review* 34 (1979), No. 4, Summer, 215-228.

Translation of II.A.337.

II.B.93. «The Hermeneutics of Testimony.» *Anglican Theological Review* 61 (1979), No. 4, 435-461.

Translation of II.A.288.

Reprinted in I.B.14.

II.B.94. «The Human Experience of Time and Narrative.» *Research in Phenomenology* (Studies in phenomenology and the Human Sciences. Papers presented at the International Colloquium on Phenomenology and the Human Sciences at Duquesne University, 1978) 9 (1979), 17-34.

Previously unpublished.

II.B.95. «The Function of Fiction in Shaping Reality.» *Man and World* 12 (1979), No. 2, 123-141.

Previously unpublished.

II.B.96. «A Response [to the papers of A. LACOCQUE, D. CROSSAN and L.S. MUDGE].» *Biblical Research* (Symposium: Paul Ricœur and Biblical Hermeneutics) 24-25 (1979-1980), 70-80.

Partly reprinted in I.B.14.

II.B.97. «The Logic of Jesus, the Logic of God [sermon delivered in Rockefeller Chapel at the University of Chicago].» *Criterion* 18 (1979), No. 2, Summer, 4-6.

Translation of II.A.352.

Reprinted in *Anglican Theological Review* 62 (1980), No. 1, January, 37-41.

1980

II.B.98. «Narrative Time.» *Critical Inquiry* (On Narrative) 7 (1980), No. 1, Autumn, 169-190.

Abridged translation of II.A.353.

Reprinted in *On Narrative*. Edited by W.J.T. MITCHELL. Chicago-London: The University of Chicago Press, [1981], 23 × 15,5, 165-186.

II.B.99. «Ways of Worldmaking, by Nelson Goodman [critical discussion].» *Philosophy and Literature* 4 (1980), No. 1, Spring, 107-120.

Previously unpublished.

1981

II.B.100. MADISON G.Br., *The Phenomenology of Merleau-Ponty*.

A Search for the Limits of Consciousness. Foreword by P. RICŒUR. Athens (Ohio): University Press, [1981], 23,5 × 16, XIII-XIX.

Translation of II.A.297.

II.B.101. «Sartre and Ryle on the Imagination.» *The Philosophy of Jean-Paul Sartre* (The Library of Living Philosophers, 26). Edited by P.A. SCHLIPP. La Salle (Illinois): Open Court, [1981], 23,5 × 16, 167-178.

Previously unpublished.

II.B.101a. «The Bible and the Imagination.» *The Bible as a Document of the University* (Polebridge Books, 3). Edited by H.D. BETZ with a foreword by M.E. MARTY. [Chico (California)]: Scholar Press, [1981], 22,5 × 14,5, 49-75.

French text by II.A.365.

II.B.102. «Two Encounters with Kierkegaard: Kierkegaard and Evil. Doing Philosophy after Kierkegaard.» *Kierkegaard's Truth: The Discourse of the Self* (Psychiatry and Humanities, 5). Edited by J.H. SMITH. New Haven-London: Yale University Press, [1981], 22 × 15, 313-342.

Slightly altered translation of II.A.155 and II.A.156.

II.B.103. «Mimesis and Representation.» *Annals of Scholarship*. Metastudies of the Humanities and Social Sciences 2 (1981), No. 3, 15-32.

English translation of II.A.364.

II.B.104. «The 'Kingdom' in the Parables of Jesus.» *Anglican Theological Review* 63 (1981), No. 2, April, 165-169.

Translation of II.A.328.

II.B.105. «Phenomenology and Theory of Literature. An Interview with Paul Ricœur [by E. NAKJAVANI].» *MLN-Modern Language Notes* (Comparative Literature) 96 (1981), No. 5, December, 1084-1090.

1982

II.B.106. GADAMER H.-G. and RICŒUR P., «The Conflict of Interpretations [introductory texts by both philosophers followed by a discussion between them. Partial transcription from the recording of a symposium].» *Phenomenology: Dialogues and Bridges* (Selected studies in Phenomenology and Existential Philosophy, 8). Edited by R. BRUZINA and Br. WILSHIRE. Albany: State University of New York Press, [1982], 23,5 × 15,5, 299-312, 313-320 [cloth and paper].

II.B.106a. «The Status of *Vorstellung* in Hegel's Philosophy of Religion.» *Meaning, Truth and God* (Boston University Studies in Philosophy and Religion, 3). Edited by L. S. ROUNER. Notre Dame-London: University of Notre Dame Press, [1982], 24 × 16, 70-88.

Previously unpublished.

II.B.107. «Poetry and Possibility: An Interview with Paul Ricœur Conducted by Philip Ried.» *The Manhattan Review* 2 (1982), No. 2, 6-21.

Previously unpublished.

1983

II.B.108. «On Interpretation». *Philosophy in France Today*. Edited by A. MONTEFIORE. Cambridge-London-New York-New Rochelle-Melbourne-Sydney: Cambridge University Press, [1983], 22 × 14,5, 175-197 [hard cover and paperback edition].

Previously unpublished.

II.B.109. «'Anatomy of Criticism' or the Order of Paradigms [on N. FRYE, *Anatomy of Criticism*].» *Centre and Labyrinth*. Essays in Honour of Northrop Frye. Edited by E. COOK, Ch. HOSEK et al. Toronto-Buffalo-London: University of Toronto Press, [1983], 23,5 × 16, 1-13.

Previously unpublished.

II.B.110. «Can Fictional Narratives Be True (Inaugural Essay).» *The Phenomenology of Man and of the Human Condition. Individualisation of Nature and of the Human Being*. I. Plotting the Territory for Interdisciplinary Communication (Analecta Husserliana. The Yearbook of Phenomenological Research, XIV). Edited by A.-T. TYMIENIECKA. Dordrecht-Boston-London: D. Reidel, [1983], 23 × 16, 3-19.

Previously unpublished.

II.B.110a. «Narrative and Hermeneutics.» *Essays on Aesthetics*. Perspectives on the Work of Monroe C. Beardsley. Edited by J. FISHER. Philadelphia: Temple University Press, [1983], 23,5 × 16, 149-160.

Previously unpublished.

II.B.111. «Action, Story and History: On Re-reading *The Human Condition* [by H. ARENDT].» *Salmagundi*. A Quarterly of the Humanities and Social Sciences (On Hannah Arendt) 1983, No. 60, Spring-Summer, 60-72.

Previously unpublished.

II.B.112. «Jan Patočka: A Philosopher of Resistance.» *The Crane Bag* 7 (1983), No. 1, 116-118.

English translation of II.A.338, different from II.B.71.

1984

II.B.113. *The Reality of the Historical Past* (The Aquinas Lecture, 1984, No. 48). Under the Auspices of the Wisconsin-Alpha Chapter of Sigma Tau. Milwaukee: Marquette University Press, 1984, 18,5 × 11,5, 51 p.

Previously unpublished.

II.B.114. «Gabriel Marcel and Phenomenology. Reply [of G. MARCEL] to Paul Ricœur.» *The Philosophy of Gabriel Marcel* (The Library of Living Philosophers, 17). Edited by P.A. SCHILPP and E. HAHN. La Salle (Illinois): Open Court, [1984], 23,5 × 16,5, 471-494, 495-498.

English translation of II.A.324 without the discussion, but with a reply by G. Marcel.

II.B.115. «Ideology and ideology critique.» *Phenomenology and Marxism* (International Library of Phenomenology and Moral Sciences). Edited by B. WALDENFELS, J. BROEKMAN and A. PAZANIN and translated by S.Cl. EVANS. London: Routledge and Kegan Paul, [1984], 22,5 × 14, 134-164.

English translation of II.C.22.

MAJOR GERMAN TEXTS

1953

II.C.1. «Geschichte der Philosophie als kontinuierliche Schöpfung der Menschheit auf dem Wege der Kommunikation». *Offener Horizont* (Festschrift für Karl Jaspers zum 70. Geburtstag). Édité par Kl. PIPER. München: R. Piper, 1953, 110-125.

Texte français par II.A.64a.

1957

II.C.2. *Staat und Gewalt*. Die dritte Vorlesung der John Knox Haus-Vorlesungsreihe. Genf: John Knox Haus-Gesellschaft, 1957, 21 × 14,5, 20 p.

Traduction allemande de II.A.84.

II.C.3. «Philosophie und Religion bei Karl Jaspers». *Karl Jaspers* (Philosophen des 20. Jahrhunderts). Édité par P. A. SCHILPP. Stuttgart: Kohlhammer, [1957], 22 × 14,5, 604-636.

Traduction allemande de II.A.85.

Reproduit dans *Karl Jaspers in der Diskussion*. Édité par H. SANER. München: R. Piper, 1973, 23 × 14,5, 358-389.

1960

II.C.4. «Zum Grundproblem der Gegenwartsphilosophie. Die Philosophie des Nichts und die Ur-Bejahung». *Sinn und Sein. Ein philosophisches Symposion*. Festschrift für F. J. von Rintelen. Édité par R. WISSER. Tübingen: Max Niemeyer Verlag, 1960, 23 × 15, 47-65.

Traduction allemande de II.A.76.

1963

II.C.5. «Das Wunder, die Abwege, das Rätsel 'Sexualität' [communication suivie de la présentation des questionnaires par P. RICŒUR]». *Sexualität. Wunder. Abwege. Rätsel.* Eine Deutung in Form grundsätzlicher Stellungnahmen, Umfragen und Kontroversen (Tribüne. Dokumente zu Zeitfragen). Traduit et édité par O. MARBACH. Olten-München: Roven Verlag, [1963], 20 × 12, 7-21, 25-47, 63-64, 141-161, 175-182, 199-209, 233, 265-292, 303, 311-323.

Réédité par *Sexualität. Wunder, Abwege, Rätsel.* Eine Deutung in Form grundsätzlicher Stellungnahmen, Umfragen und Kontroversen (Bücher des Wissens, 811). Traduit et édité par O. MARBACH. Frankfurt am Main-Hamburg: Fischer Bücherei, [1967], 18 × 10,5, 8-19, 22-39, 50, 109-125, 135-140, 154-162, 180, 202-224, 233, 240-249.

Traduction allemande de II.A.124.

II.C.6. «Hermeneutik der Symbole und philosophisches Denken». *Entmythologisierung und existentiale Interpretation*. Akten eines Colloquiums des Centro Internazionale di Studi Umanistici, Rom 1961 (Kerygma und Mythos, VI-1) (Theologische Forschung, 30). Édité par H.-W. Bartsch et d'autres. Hamburg-Bergstedt: Herbert Reich – Evangelischer Verlag, 1963, 23 × 16, 44-688.

Traduction de II.A.15, différente de celle-ci dans I.C.7.

1966

II.C.7. «Der Atheismus der Psychoanalyse Freuds». *Concilium* (Grenzfragen) 2 (1966), nº 6, juin-juillet, 430-435.

Traduction de II.A.201.

1968

II.C.8. «Die Zukunft der Philosophie und die Frage nach dem Subjekt. *Die Zukunft der Philosophie*. Olten-Freiburg im Breisgau: Walter Verlag, [1968], 22 × 14, 128-165.

Repris par une version française plus élaborée intitulée «La question du sujet: le défi de la sémiologie» dans I.A.10, ce qui est traduit dans les langues suivantes.

Traduit en anglais dans I.B.8.
Traduit en allemand dans I.C.5.
Traduit en espagnol dans I.D.3.
Traduit différemment en italien dans I.E.5 (traduction intégrale) et dans I.E.4 et I.E.9 (traductions partielles).
Traduit en portugais dans I.F.3.
Traduit en néerlandais dans I.G.2.
Traduit en polonais dans I.H.1.
Traduit en danois dans I.J.1.

1969

II.C.8a. «Die Struktur, das Wort, das Ereignis». *Der französische Strukturalismus. Mode. Methode. Ideologie*. Mit einem Anhang mit Texten von de Saussure, Ricœur, etc. (Rowohlts Deutsche Enzyklopädie, 310-311) par G. Schiwy. Édité par E. Grassi. [Reinbek bei Hamburg]: Rowohlt, [1969], 19 × 11,5, 214-218.

Traduction allemande partielle de II.A.214, différente de celle-ci dans I.C.5.

1970

II.C.9. «Schuld, Ethik und Religion». *Concilium* (Theologische Grenzfragen) 6 (1970), nº 6-7, 384-393.

Traduction allemande de II.A.257, différente de celle-ci dans I.C.7.

1972

II.C.10. «Der Text als Modell: hermeneutisches Verstehen». *Verstehende Soziologie. Grundzüge und Entwicklungstendenzen.* Édité par W. Bühl. [München]: Nymphenburger Verlagshandlung, [1972], 21 × 13, 252-283.

Traduction allemande de II.B.38.

Reproduit dans *Seminar: Die Hermeneutik und die Wissenschaften* (Suhrkamp Taschenbuch Wissenschaft, 238). Édité par H.-G. Gadamer et G. Boehm. [Frankfurt am Main]: Suhrkamp, [1978], 17,5 × 11, 83-117.

II.C.11. «Sprachwissenschaftliche Analyse und Phänomenologie des Handels». *Wissenschaft und Weltbild* 25 (1972), nº 4, octobre-décembre, 254-260.

Inédit en français.

1973

II.C.12. «Husserl und der Sinn der Geschichte». *Husserl* (Wege der Forschung, 40). Édité par H. Noack. Darmstadt: Wissenschaftliche Buchgesellschaft, 1973, 20 × 13, 231-276.

Traduction allemande de II.A.18.

II.C.12a. «Vom Konflikt zur Konvergenz der exegetischen Methoden». *Exegese im Methodenkonflikt. Zwischen Geschichte und Struktur.* Édité par X. Léon-Dufour et traduit par G. Haeffner et H. Schoendorf. München: Kösel-Verlag, [1973], 22 × 14, 19-39.

Traduction allemande de II.A.268.

II.C.12b. «Ueber die Exegese von Gen I,1-2, 4a». *Exegese im Methodenkonflikt. Zwischen Geschichte und Struktur.* Édité par X. Léon-Dufour et traduit par G. Haeffner et H. Schoendorf. München: Kösel-Verlag, [1973], 22 × 14, 47-67.

Traduction allemande de II.A.269.

II.C.12c. «Skizze einer abschlieszenden Zusammenhang». *Exegese im*

Methodenkonflikt. Zwischen Geschichte und Struktur. Édité par X. Léon-Dufour et traduit par G. Haeffner et H. Schoendorf. München: Kösel-Verlag, [1973], 22 × 14, 188-199.

Traduction allemande de II.A.271.

II.C.12d. «Sprache und Theologie des Wortes». *Exegese im Methodenkonflikt. Zwischen Geschichte und Struktur.* Édité par X. Léon-Dufour et traduit par G. Haeffner et H. Schoendorf. München: Kösel-Verlag, [1973], 22 × 14, 201-221.

Traduction allemande de II.A.237.

II.C.13. «Die Hermeneutik Rudolf Bultmanns». *Evangelische Theologie* 33 (1973), n° 5, septembre-octobre, 457-476.

Traduction allemande de II.A.231, différente de celle-ci dans I.C.5.
Reproduit dans *Theologisches Jahrbuch 1975*. Édité par W. Ernst et d'autres. Leipzig: St. Benno Verlag, 1975, 22,5 × 16, 536-553.

1974

II.C.14. «Der Vatergestalt. Vom Phantasiebild zum Symbol». *Fragen nach dem Vater. Französische Beitrage zu einer psychoanalytische Anthropologie.* Édité par J. Stork. Freiburg-München: Karl Alber Verlag, [1974], 20 × 12,5, 25-76.

Traduction allemande de II.A.248.
Reproduction de l'article portant le même titre dans I.C.7.

II.C.15. «Philosophische Annäherung an den Begriff der religiösen Freiheit». *Religion und Freiheit. Zur Hermeneutik der Religiösen Freiheit.* Akten des Colloquiums am Institut für Philosophische Studien, Rom, 1968 (Kerygma und Mythos, VI-5) (Theologische Forschung, 52). Édité par Fr. Theunis. Hamburg-Bergstedt: Herbert Reich-Evangelischer Verlag, 1974, 23 × 16, 51-63.

Traduction allemande de II.A.235, différente de celle-ci dans I.C.5.

II.C.16. «Philosophische und theologische Hermeneutik». *Metapher. Zur Hermeneutik religiöser Sprache* (Evangelische Theologie. Sonderheft). München: Kaiser Verlag, [1974], 22,5 × 15, 24-45.

Traduction allemande d'un texte français inédit.
Texte anglais dans II.B.56.
Traduit en italien dans I.E.8.

II.C.17. «Stellung und Funktion der Metapher in der biblischen Sprache». *Metapher. Zur Hermeneutik religiöser Sprache* (Evangelische Theologie. Sonderheft). München: Kaiser Verlag, [1974], 22,5 × 15, 45-70.

Traduit en italien dans I.E.8.

1975

II.C.18. «Phänomenologie des Wollens und Ordinary Language Approach». *Die Münchener Phänomenologie*. Vorträge des Internationalen Kongresses in München (Phaenomenologica). Édité par H. KUHN, E. AVÉ-LALLEMANT et R. GLADIATOR. La Haye: M. Nijhoff, 1975, 24,5 × 16, 106-124.

Publié en français par II.A.362b.

1976

II.C.19. «Wissenschaft und Ideologie». *Die Wahrheit des Ganzen* (Leo Gabriel Festschrift). Édité par H. KOHLENBERGER. Wien-Freiburg-Basel: Herder, [1976], 23 × 15, 135-150.

Traduction allemande de II.A.303.

II.C.20. «Objektivierung und Entfremdung in der geschichtlichen Erfahrung». *Zeitlichkeit und Entfremdung in Hermeneutik und Theologie*. Aus den Akten des Colloquiums am Institut für Philosophische Studien (Kerygma und Mythos, VI-8) (Theologische Forschung, 59). Édité par Fr. THEUNIS. Hamburg-Bergstedt: Herbert Reich-Evangelischer Verlag, 1976, 23 × 16, 24-32.

Reproduit dans *Philosophisches Jahrbuch* 84 (1977), 1-12.
Traduction allemande de II.A.315.

1977

II.C.21. «Die Hermeneutik der Säkularisierung. Glaube, Ideologie, Utopie». *Zum Problem der Säkularisierung. Mythos oder Wirklichkeit-Verhängenis oder Verheiszung*? Akten des Colloquiums am Institut für Philosophische Studien (Kerygma und Mythos, VI-9) (Theologische Forschung, 60). Édité par Fr. THEUNIS. Hamburg-Bergstedt: Herbert Reich-Evangelischer Verlag, 1977, 23 × 16, 33-46.

Traduction allemande de II.A.327.

II.C.22. «Ideologie und Ideologiekritik». *Phänomenologie und Marxismus. Bd 1. Konzepte und Methoden* (Suhrkamp-Taschenbücher, 195). Édité par B. WALDENFELS, J. BROEKMAN et A. PAZANIN. Frankfurt am Main: Suhrkamp Verlag, 1977, 17,5 × 11, 197-233.

Traduction allemande d'un texte un peu différent de II.A.303.
Traduit en anglais par II.B.115.

II.C.23. «Diskurs und Kommunikation». *Neue Hefte für Philosophie* (Philosophische Psychologie?) 1977, N° 11, 1-25.

Traduction allemande quasi intégrale de II.A.294.

1978

II.C.24. «Rückfrage und Reduktion der Idealitäten in Husserls 'Krisis' und Marx' 'Deutscher Ideologie'». *Phänomenologie und Marxismus. Bd. III. Sozialphilosophie* (Suhrkamp-Taschenbücher Wissenschaft, 232). Édité par B. WALDENFELS, J.M. BROEKMAN et A. PAZANIN. [Frankfurt am Main]: Suhrkamp, [1978], 17,5 × 11, 207-239.

Publié partiellement en français par II.A.348.

1979

II.C.25. «Der gekreuzigte Gott von Jürgen Moltmann». *Diskussion über Jürgen Moltmanns Buch «Der gekreuzigte Gott».* Édité et introduit par M. WELKER. München: Kaiser Verlag, [1979], 20,5 × 13, 17-25.

Traduction allemande de II.A.318.

1981

II.C.26. «Gott nennen». *Gott nennen. Phänomenologische Zugänge* (Alber-Brochur Philosophie). Édité par B. CASPER. Freiburg-München: Karl Alber Verlag, [1981], 20 × 12,5, 45-79.

Traduction allemande de II.A.337.

II.C.27. «Poetische Fiktion und religiöse Rede». *Christlicher Glaube in moderner Gesellschaft. Teilband 2.* Mythos und Wissenschaft. Kunst und Religion. Literarische und religiöse Sprache (Enzyklopädische Bibliothek). Édité par Fr. BÖCKLE et d'autres. Freiburg-Basel-Wien: Herder, [1981], 21 × 15,3, 96-105.

Pas publié auparavant.

1982

II.C.28. «Biblische Hermeneutik». *Die neutestamentische Gleichnisforschung im Horizont von Hermeneutik und Literaturwissenschaft* (Wege der Forschung, 575). Édité par W. HARNISCH. Darmstadt: Wissenschaftliche Buchgesellschaft, 1982, 20 × 13,5, 248-339.

Traduction allemande quasi intégrale de II.B.57.

1983

II.C.29. RICŒUR P., HOELZLE P. et JANOWSKI H. N., «Liebender Kampf um die Wahrheit. Gespräch mit Paul Ricœur [par P. HOELZLE et H. N. JANOWSKI sur la vérité théologique]». *Evangelische Kommentare* 16 (1983), n° 7, juillet, 378, 383-384.

1984

II.C.30. «Poetik und Symbolik». *Die Mitte der Welt. Aufsätze zu Mircea Eliade* (Suhrkamp Taschenbuch, 981). Édité par H.P. DUERR. [Frankfurt am Main]: Suhrkamp, [1984], 17,5 × 10,5, 11-34.

Traduction allemande de II.A.362c.

II.C.31. RICŒUR P., HOELZLE P. et JANOWSKI H. N., «Geschichte als erzählte Zeit [entretien de P. HOELZLE et H. N. JANOWSKI avec P. RICŒUR sur son livre *Temps et récit I*]». *Evangelische Kommentare* 17 (1984), n° 1, janvier, 45-46.

II.D. ESPAGNOL / SPANISH

1965

II.D.1. «Hermenéutica de los símbolos y reflexión filosófica». *Annales de la Universidad de Chile*. Memorias cientificas y literarias, 123 (1965), n° 136, octobre-décembre 5-42.

Traduction espagnole de II.A.135, différente de celle-ci dans I.D.4.

1966

II.D.2. «El ateísmo del psicoanálisis freudiano». *Concilium* (Cuestiones Fronterizas) 2 (1966), n° 16, juin, 241-253.

Traduction de II.A.201.
Résumé publié sous le même titre dans *Colligite* (Léon) 1966, n° 47, 27-29.

II.D.3. «La aventura técnica y su horizonte interplanetario». *Testimonium* (En la era tecnologica) 11 (1966), n° 3, 18-29.
Traduction de II.A.99.

1967

II.D.4. «Estructura y hermenéutica». *Claude Lévi Strauss. Problemas del estructuralismo.* Verstraeten, Ricœur, Paci, Lévi-Strauss, Caruso, Bellour. Traduction de quelques textes de P. VERSTRAETEN, P. RICŒUR et d'autres avec une introduction de O. DEL BARCO. [Córdoba (Argentina)]: Universitaria de Córdoba, [1967], 22 × 14, 115-144.
Traduction espagnole de II.A.153 d'après la version parue dans *Esprit*. Cette version est légèrement différente de celle-ci dans I.A.10, dont I.D.3 offre la traduction espagnole.

II.D.4a. «Claude Lévi-Strauss. Respuentas a algunas preguntas [de P. RICŒUR, M. GABORIAU et d'autres]. *Claude Lévi-Strauss. Problemas del estructuralismo.* Verstraeten, Ricœur, Paci, Lévi-Strauss, Caruso, Bellour. Traduction de quelques textes de P. VERSTRAETEN, P. RICŒUR et d'autres avec une introduction de O. DEL BARCO. [Córdoba (Argentina)], Universitaria de Córdoba [1967], 22 × 14, 157-183.
Traduction espagnole de II.A.157.

II.D.5. «La universidad por hacer». *Convivium. Filosofía, psicología, humanidades* (Barcelona) 1967, n° 24-25, septembre-décembre, 49-57.
Traduction espagnole de II.A.168.

1969

II.D.6. GUILEAD R., *Ser y Libertad. Un estudio sobre el último Heidegger* (Molino de ideas). Traduction espagnole de *Être et liberté* par C. DÍAZ HERNÁNDEZ avec une préface de P. RICŒUR. Madrid: G. Del Toro, 1969, 24 × 16, 5-8.
Traduction espagnole de II.A.179.

II.D.7. «Estructura, palabra, a contecimiento». *Estructuralismo y lingüística* (El pensamiento estructuralista). Traduction de quelques textes de A. G. Haudricourt, P. Ricœur et d'autres par M. Sazbón. Buenos Aires: Nueva Visión, [1969], 19,5 × 14, 71-95.

Traduction espagnole de II.A.214, différente de celle-ci dans I.D.1.

II.D.8. «La filosofía y la política ante la cuestión de la libertad [conférence aux Rencontres Internationales de Genève, 1969]». *Libertad y orden social* (Pensamiento y ensayo). Madrid: Guadiana de Publicaciones, [1970], 21 × 13,5, 61-95.

Traduction espagnole de II.A.245.

II.D.9. «Culpa, ética y religión». *Concilium* (Cuestiones Fronterizas) 6 (1970), nº 56, juin, 329-346.

Traduction espagnole de II.A.247, différente de celle-ci dans I.D.4.

1973

II.D.10. «Debate: Psicología y filosofía [débat autour du livre de J. Piaget, *Sagesse et illusion de la philosophie* avec P. Ricœur, J. Piaget et d'autres]». *Debates sobre psicología, filosofía y Marxismo* (Biblioteca de psicología). Traduit par V. A. Goldstein. Buenos Aires: Amorrortu, [1973], 19,5 × 12, 11-48.

Repris sous le même titre dans *Autobiografía. El nacimiento de la intelegencia.* Traduction de textes de J. Piaget, P. Ricœur et R. Zazzo. Buenos Aires: Caldéon, 1976, 126 p.

Traduction espagnole de II.A.200.

II.D.11. «El conflicto: signo de contradicción y de unidad?». *Criterio* (Buenos Aires) 46 (1973), nº 1668, 24 mai, 252-258.

Traduction espagnole de II.A.290.

1974

II.D.12. «Hermenéutica y crítica de las ideologías». *Teoría* (Santiago de Chile) 1974, nº 2, 5-43.

Traduction espagnole de II.A.299.

II.D.13. «Ciencia e ideología». *Convivium. Filosofía, Psicología, Humanidades* (Barcelona) 1974, nº 43, 3-26.

Traduction espagnole de II.A.303.
Reproduit dans *Ideas y Valores* (Bogotá) 1973-1975, nº 42-45, 97-122.

1975

II.D.14. «Valor actual del pensamiento de Hegel». *Selecciones de Teología* (Barcelona). Condensación de las mejores articulos de teología 14 (1975), nº 56, 339-347.

Traduction espagnole du condensé de II.A.304.

1976

II.D.15. «Del conflicto a la convergencia de los méthodos en exégesis bíblica». *Exégesis y hermenéutica* (Biblia y lenguaje). Traduction de *Exégèse et herméneutique* par G. Torrente Ballester. Madrid: Cristiandad, [1976], 22 × 14, 33-50.

Traduction espagnole de II.A.268.

II.D.16. «Sobre la exégesis de Génesis 1,1-2,4a en varios [conférence suivie d'une discussion]». *Exégesis y hermenéutica* (Biblia y lenguaje). Traduction de *Exégèse et herméneutique* par G. Torrente Ballester. Madrid: Cristiandad, [1976], 22 × 14, 59-74, 75-82.

Traduction espagnole de II.A.269.

II.D.16a. «Mesa redonda [avec R. Barthes, J. Courtes, P. Ricœur et d'autres]». *Exégesis y hermenéutica* (Biblia y lenguaje). Traduction de *Exégèse et herméneutique* par G. Torrente Ballester. Madrid: Cristiandad, [1976], 22 × 14, 193-210.

Traduction espagnole de II.A.270.

II.D.17. «Bosquejo de conclusión» *Exégesis y hermenéutica* (Biblia y lenguaje). Traduction de *Exégèse et herméneutique* par G. Torrente Ballester. Madrid: Cristiandad, 1976, 22 × 14, 225-234.

Traduction espagnole de II.A.271.

II.D.18. «Reflexión sobre el lenguaje. Hacia una teología de la palabra». *Exégesis y hermenéutica* (Biblia y lenguaje). Traduction de *Exégèse et herméneutique* par G. Torrente Ballester. Madrid: Cristiandad, 1976, 22 × 14, 237-253.

Traduction espagnole de II.A.237, différente de celle-ci dans I.D.6.

1978

II.D.19. «La tarea de la hermenéutica». *Exégesis. Problemas de método y ejercicios de lectura*. Édité par Fr. Bovon et G. Rouiller et traduit par J.S. Croatto. Buenos Aires: La Aurora, [1978], 22 × 15,5, 219-243.

Traduction espagnole de II.A.310.

II.D.20. «La función hermenéutica de la distanciación». *Exégesis. Problemas de método y ejercicios de lectura*. Édité par Fr. Bovon et G. Rouiller et traduit par J.S. Croatto. Buenos Aires: La Aurora, [1978], 22 × 15,5, 245-261.

Traduction espagnole de II.A.311.

II.D.21. «Hermenéutica filosófica y hermenéutica biblica». *Exégesis. Problemas de método y ejercicios de lectura*. Édité par Fr. Bovon et G. Rouiller et traduit par J.S. Croatto. Buenos Aires: La Aurora, [1978], 22 × 15,5, 263-277.

Traduction espagnole de II.A.312.

1979

II.D.22. Larre Cl., Panikkar R. et d'autres, *Las culturas y el tiempo* (Hermeneia, 16). Traduction de *Les cultures et le temps* avec une introduction de P. Ricœur par A. Sánchez Bravo. Salamanca-Paris: Sígueme-UNESCO, [1979], 21,5 × 13,5, 11-35.

Traduction espagnole de II.A.308.

II.D.23. Aguessy H., Hama B. et d'autres, *El tiempo y las filosofías* (Hermeneia, 14). Traduction de *Le temps et les philosophies* avec une introduction de P. Ricœur. Salamanca-Paris: Sígueme-UNESCO, 1979, 21,5 × 13,5, 11-35.

Traduction espagnole II.A.339.

1980

II.D.24. «Hegel hoy». *Estudios de Deusto* 28 (1980), nº 64, janvier-juin, 215-238.

Traduction espagnole de II.A.304.

1981

II.D.25. «Acontecimiento y sentido». *Revista de Filosofía* (Chile) 19 (1981), nº 1, décembre, 5-24.

Traduction espagnole de II.A.279. Reproduit dans I.D.10.

II.E. ITALIEN / ITALIAN

1956

II.E.1. «Interrogativi sulla Cina». *Il Ponte*. Rivista mensile di politica et de letteratura (La Cina d'oggi) 1956, avril, 129-142.

Reproduit dans *La Cina d'oggi* (Il Ponte). Firenze; La nuova Italia, 22 × 14,5, 129-142.

Traduction italienne de II.A.80.

1958

II.E.2. «L'insegnante evangelico di fronte al cattolicesimo attuale». *Foi-Éducation* 28 (1958), nº 42, janvier-mars, 14-18.

Traduction italienne de II.A.104.

1964

II.E.3. «La demande che la filosofia odierna pone alla filosofia di domani». *Il mondo di domani*. Édité par P. Prini. Roma: Abete, [1964], 24 × 16,5, 163-170.

Inédit en français.

1966

II.E.4. Ricœur P., Chauchard P. et d'autres, «L'uomo di scienza e l'uomo di fede». *Scienza e fede*. Brescia: Morcelliana, 1966, 21,5 × 14, 100-113.

Traduction italienne de II.A.49.

II.E.5. «Introduzione: La meraviglia, la deviazione, l'enigma [exposé suivi de la présentation des questionnaires par P. Ricœur]». *Problematica della sessualità* (Conoscenza dell'nomo, 5). Torino: Borla, [1966], 21 × 13, 9-22, 25-46, 56, 119-128, 130, 173-187, 192, 215-250.

Traduction italienne de II.A.124.

II.E.6. «L'ateismo della psicanalisi freudiana». *Concilium* 2 (1966), nº 4, 87-100.

Traduction italienne de II.A.201.

1969

II.E.6a. DRÈZE J. et DEBELLE J., *Progretto di università* (Outsiders-queriniana, 5). Traduction de *Conceptions de l'université* par C. BRANCA avec une préface de P. RICŒUR. [Brescia]: Queriniana, [1969], 18,5 × 11,5, 12-28.

Traduction italienne de II.A.232.

1970

II.E.7. «Colpevolezza, etica e religione». *Concilium* (Problemi Chiesa-mondo) 6 (1970), nº 6, 999-1018.

Traduction italienne de II.A.257, différente de celle-ci dans I.E.5.

II.E.8. «Tendenze principali della ricerca in filosofia [communication suivie d'une discussion avec F. BATTAGLIA et d'autres]». *Filosofia* 21 (1970), nº 4, octobre, 463-471, 472-508.

Inédit en français.

1975

II.E.9. «La situazione del problema ermeneutico. Saggia sul mito». *Gadamer. Ricœur. Lévi-Strauss. Problemi dell'interpretazione.* Édité par M. CRISTALDI, [Catania]: Giavotta, [1975], 24,5 × 17, 123-174.

Traduction italienne de notes prises par le traducteur pendant les cours de P. Ricœur, dont les pages 31-56 de II.A.252 offrent des éléments substantiels.

Les pages 123-144 sont reproduites dans *Fenomenologia e tempo* (Nuovi Saggi, 84). Édité par les soins de M. Cl. FRANZA. [Roma]: Editore dell'ateneo, [1982], 21 × 15, 55-71.

1979

II.E.10. GRAMPA G., *Ideologia e poetica. Marxismo e ermeneutica per il religioso* (Scienze filosofiche, 25). Préface de P. RICŒUR. Milano: Vita e Pensiero. Publicazioni della Università Cattolica del Sacro Cuore, 1979, 22 × 16, IX-XIV.

II.E.11. «Paradosso storico del problema della metafora». *La metafora e lo Stato. Saggi di Retorica e di Politica.* Testi di P. Ricœur, M. Hester, H. Weinrich, M. Black, M. Beardsley, J. Derrida (Filosofia e tempo presente, 4). Édité par M. CRISTALDI. Cassino: [Editrice Garigliano], [1979], 20 × 14, 1-80.

Traduction italienne de II.A.306.

II.E.12. «Il paradosso teoretico del problema della metafora». *La metafora et lo Stato. Saggi di Retorica et di Politica.* Testi di: P. Ricœur, M. Hester, H. Weinrich, M. Black, M. Beardsley, J. Derrida (Filosofia e tempo, 4). Édité par M. CRISTALDI [Casino]. [Editrice Garigliano], [1979], 20 × 14, 249-313.

Traduction italienne d'un texte légèrement différent de la huitième étude — sans les notes — dans I.A.11.

1981

II.E.12a. «Simbolo e codice». *Linguaggio e stile.* Atti del Congresso internazionale di Fenomenologia: Linguaggio, sogno, opera d'arte (Catania-Vulcano, 1977). Vol. I (2 parties). Édité par les soins de M. CRISTALDI. Catania: Università degli studi di Catania, 1981, 3-10.

Pas publié auparavant.

1982

II.E.13. «'Il Dio crocifisso' de Jürgen Moltmann». *Dibattito su «Il Dio crocifisso» di Jürgen Moltmann* (Giornale di teologia, 136). Édité par M. WELKER. [Brescia]: Queriniana, [1982], 19,5 × 12,5, 15-23.

Traduction italienne de II.A.318.

II.E.13a. «Il racconto e il tempo». *Fenomenologia e tempo* (Nuovi Saggi, 84). Édité par les soins de M.Cl. FRANZA. [Roma]: Edizione dell'ateneo, [1982], 73-92.

Pas publié auparavant.

1983

II.E.14. RICŒUR P. et DANESE A., «Conversazione con Paul Ricœur [interview par A. DANESE]». *Nuova umanità.* Rivista bimestriale di cultura 5 (1983), nº 27, mai-juin, 89-107.

Pas publié auparavant.

II.E.15. «Ricœur: la fenomenologia della volontà». *La fenomenologia* (Filosofia, 32). Édité par St. ZECCHI. Torino: Loescher Editore, [1983], 19,5 × 12,5, 341-346.

Traduction italienne de quelques pages (113-114, 117-119, 121-125) de II.A.43.

II.F. PORTUGAIS / PORTUGUESE

1966

II.F.1. «O ateísmo da psicanálise de Freud». *Concilium* (Problemas-fronteira) 2 (1966), nº 6, 67-77.

Traduction portugaise de II.A.201.

1967

II.F.2. «Sexualidade. A Maravilha, o Descaminho, o Enigma». *Paz e terra* 1 (1967), nº 5, 27-38.

Traduction portugaise du seul article de II.A.124.

1968

II.F.3. «A verdadeira e a falsa angústia [conférence de P. Ricœur suivie d'une discussion avec E. Weil et d'autres]». *A angústia do tempo presente e os deveres do espirito* (Encontras Internacionais de Genebra). Traduit par M. Braga. Maia (Portugal): Publicações Europa-America, 1968, 21,5 × 14,5, 5, 43-65, 203-235.

Traduction portugaise de II.A.51.

II.F.4. Ricœur P., Schuman R., Calogero G. et d'autres, «Terceiro debate publico [sur la conférence de R. Schuman, «Les causes sociales et politiques de l'angoisse»]. Terceiro debate privado [autour de la conférence de G. Calogero, «La vie morale et l'angoisse»]». *A angústia do tempo presente e os deveres do espirito* (Encontras Internacionais de Genebra). Traduit par M. Braga. Maia (Portugal): Publicações Europa-America, 21,5 × 14,5.

Traduction portugaise de II.A.52.

II.F.5. «Reconstruir a Universidade». *Fôlha de S. Paulo* 1968, 7 juillet.

Traduction portugaise partielle de II.A.238. Reproduit dans *Paz e Terra* 3 (1969), nº 9, octobre, 51.

II.F.6. «Culpa, ética e religião». *Concilium* (Problemas de fronteira) 6 (1970), nº 56, 679-692.

Traduction portugaise de II.A.257, différente de celle-ci dans I.F.6.

1975

II.F.7. Larre Cl., Panikkar R. et d'autres, *As culturas e o tempo: estudos reunidos pela UNESCO*. Traduction de *Les cultures et le temps* par G. Titton, O. Dos Reis et E. Ferreira Alves avec une introduction de P. Ricœur. Petrópolis (Sáo Pãolo): Editora Vozes-Universidade de S. Pãolo, 1975, 22 × 13,5, 15-39.

Traduction portugaise de II.A.308.

II.F.8. «A filosofia e a política perante a questião da liberda [conférence suivie d'une discussion avec J. Hersch et d'autres]». *Liberdade e ordem social*. Texto integral das conferências e debates dos XXII Encontros Internacionais de Genebra (Estudos e documentos, 100). Traduit par M. Braga, Lisboa: Publicações Europa-America, [1975], 18,5 × 13, 40-62, 185-208.

Traduction portugaise de II.A.245.

1980

II.F.9. «Ciência e ideologia». *Cadernos de História e Filosofia da Ciência* (Campinas, S.P., Brasil) 1980, nº 1, 21-43.

Traduction portugaise de II.A.303, différente de celle-ci dans I.F.4.

II.G. NÉERLANDAIS / DUTCH

1965

II.G.1. «Sexualiteit. Het wonder, de dwaling, het raadsel [exposé suivi par la présentation des questionnaires par P. Ricœur]. *Sexualiteit*. Het menselijk leven als sexueel bestaan, een onderzoek naar alle aspecten waarvoor de mens van deze tijd zich gesteld ziet (Amboboeken). Traduction de *La sexualité* par J. Van De Geijn. Utrecht: Ambo; [Merksem: De Fontein-Westland], [1965], 20,5 × 12, 9-24, 25-49, 62-63, 135-147, 150-154, 167-174, 191-203, 224, 272-300, 311, 319-334.

Traduction néerlandaise de II.A.124.

1966

II.G.2. «Het atheïsme van de freudiaanse psychoanalyse». *Concilium* (Grensvragen) 2 (1966), nº 6, juin, 68-79.

Traduction néerlandaise de II.A.201.

II.G.3. «De taak der Christenen». *De Maand.* Algemeen tijdschrift voor culturele en sociale bezinning 9 (1966), nº 10, Noël, 626-630.

Traduction partielle néerlandaise de II.A.184, différente de la traduction intégrale dans I.G.1.

1969

II.G.4. «Economisch vooruitzicht en ethische keuze». *Vier stemmen over ontwikkeling* (UCOD. Operatie Restitutie). Bijvoegsel Maandblad Ontwikkelingsguerilla. 1969, juillet, 42-56.

Traduction néerlandaise de II.A.186, différente de celle-ci dans I.G.1.

1970

II.G.5. «Schuld, ethiek en religie». *Concilium* (Grensvragen) 6 (1970), nº 6, 8-25.

Traduction néerlandaise de II.A.257.

1981

II.G.6. «Fenomenologie en hermeneutiek». *Fenomenologie en kritiek* (Serie Ter Zake. Fenomenologische Cahiers, 2). Assen: Van Gorcum, 1981, 21 × 13,5, 20-47.

Traduction néerlandaise de II.A.305.

1983

II.G.7. «De moeilijke weg naar een narratieve theologie». *Meedenken met Edward Schillebeeckx* [Penser avec Edward Schillebeeckx]. Sous la rédaction de H. Häring, T. Schoof et A. Willems. Baarn: H. Nelissen, 1983, 23,5 × 15, 80-92.

Pas publié auparavant.

II.H. POLONAIS / POLISH

1970

II.H.1. «Wina, etyka, religia». *Concilium* (Z progranicza filozofici i teologii) 1970, nº 6-10, 10-22.

Traduction polonaise de II.A.257.

1978

II.H.2. «Historyczność a historia filozofii [Historicité et histoire de la philosophie]». *Drogi wspólczesnej filozofii* [Les chemins de la philosophie contemporaine]. Édité par M. J. SIEMEK. Warszawa: Czytelnik, 1978, 16 × 12, 243-263.

Traduction polonaise de II.A.132.

II.H.3. «Emmanuel Mounier – filozofia personalistyczna [Emmanuel Mounier, une philosophie personnaliste]». *Wieź* 21 (1978), nº 7-8, 12-35.

Traduction polonaise de II.A.25.

1980

II.H.4. «Egzegeza i hermeneutyka. Zarys wnioskow [Exégèse et herméneutique. Esquisse de conclusion]». *Pamietnik Literacki* 71 (1980), nº 3, 313-322.

Traduction polonaise de II.A.271.

II.I. JAPONAIS / JAPANESE

1969

II.I.1. «Daigaku ni o keru kaikaku to kakumei [Réforme et révolution dans l'université]». *Tenbō* [Perspective] 1969, nº 121, janvier, 133-145.

Traduction japonaise de II.A.238.

1974

II.I.2. «Gendai Furansu tetsugaku no tenbō [Tableau de la philosophie française contemporaine]». *Risō* [Idéal] 12 (1974), n° 4990, décembre, 1-15.

Traduction japonaise d'un texte inédit.

1977

II.I.3. «Seishinbunseki to kaishakugaku [Psychanalyse et herméneutique]» *Shisō* [Pensée] 1977, 644, février, 1-15.

Publié originellement en japonais.
Texte français par II.A.347.

1978

II.I.4. «Tetsugaku to gengo [Philosophie et langage] [Conférence donnée à Tokyo, 1977]». *Shisō* [Pensée] 1978, n° 643, janvier, 32-53.

Pas publié auparavant.

II.I.5. «Jiyū no genshōgaku [Phénoménologie de la liberté]». *Gendai Shisō* [Pensée contemporaine] 6 (1978), n° 13, octobre, 187-203.

Traduction japonaise de II.B.54.

1979

II.I.6. «Gengo ni okeru sōzōsei [Créativité dans le langage]». *Gendai Shisō* [Pensée contemporaine] 7 (1979), n° 10, août, 74-87.

Traduction japonaise de II.B.40.

1981

II.I.7. «In'yu to genjutsu no imiron [La métaphore et la sémantique du discours]». *Shisō* [Pensée] 1981, n° 682, février, 103-137.

Traduction japonaise de la troisième étude de I.A.11.
Reproduit à peu près intégralement dans I.I.8.

1982

II.I.8. «Kierukegōru to aku [Kierkegaard et le mal]». *Kierukegōru to aku* [Kierkegaard et le mal]. Traduit par A. Matsushima. Ōsaka: Tōhō-Shuppân, 1982, 18,8 × 13,3, 131-155.

Traduction japonaise de II.A.155.

II.I.9. «Kierukegōru o tetsugakusuru koto wa ikani kanō de aruka [Comment est-il possible de philosopher après Kierkegaard]?». *Kierukegōru to aku* [Kierkegaard et le mal]. Traduit par A. MATSUSHIMA. Ōsaka: Tōhō-Shuppân, 1982, 18,8 × 13,3, 156-186.

Traduction japonaise de II.A.156.

II.J. DANOIS / DANISH

1975

II.J.1. «[Extraits de *Le conflit des interprétations* (237-238, 259, 259-260, 84-85, 432-433, 433-435, 445) traduits dans le danois par P. KEMP]». *Temaer i Nutidens Taenkning*. København: Gyldendal, 1975, 23,8 × 15,5, 83-85, 116-117, 311-314.

Ces extraits sont commentés par le même auteur dans *Traek af Nutidens Taekning*. København: Gyldendal, 1977, 23,8 × 15,5, 40-41, 47, 51, 97-100.

1984

II.J.2. «Tale og Skrift [conférence au Grundtvig Congrès, Copenhague 1983]». *Sprog. Tale og skrift.* Indloeg fra Filosofisk Grundtvig-kongres afholdt på Københavns Universitet 9.-10. september 1983. Édité par P. KEMP et traduit par B. BUSCH-LARSEN. Arhus: Forlaget Aros, 1984, 21 × 15, 51-66.

Pas publié auparavant.

II.K. SERBO-CROATE / SERBO-CROATIAN

1973

II.K.1. «Les difficultés de l'interprétation [en serbo-croate]». *Delo* (Yougoslavie) 19 (1973), nº 4-5, 453-471.

II.L. GREC / GREEK

1978

II.L.1. «Dunamē tou logou: epistēmē kai poiēsē [Puissance de la parole: science et poésie] [en grec]». *Diotima* (Proceedings of the First International Week on Philosophy of Art, Cephalonia, 1973), 1978, 2e partie, 140-150.

Traduction grecque de II.A.313.

II.P. SUÉDOIS / SWEDISH

1977

II.P.1. «Distansering som hermeneutisk funktion». «Metafor och Hermeneutik». *Hermeneutik*. Édité par H. Engdahl et d'autres avec des textes traduits par O. Holmgren. Stockholm: Raben och Sjögren, 1977, 21 × 13,3, 135-151, 152-168.

Traduction suédoise de II.B.42 et II.B.46.

ADDENDA

II.D. ESPAGNOL / SPANISH

II.D.26. Dumas A., Simon, R., Ricœur P. et Aubert J. M., *Fe cristiana y vida cotidiana*. Madrid: Marova, 1981, 137 p.

II.E. ITALIEN / ITALIAN

II.E.12b. «Metafora e ermeneutica». *Metafora* (SC/10 Readings 21). Édité par les soins de G. Conte. [Milano]: Feltrinelli, [1981], 20,5 × 12,5, 152-170.

Traduction italienne de II.B.46, différente de celle-ci dans I.E.4.

III. TEXTES MINEURS / MINOR TEXTS

III.A. FRANÇAIS / FRENCH

1935

III.A.1. «Un livre d'André Philip: Le Christianisme et la Paix». *Terre nouvelle*. Organe des chrétiens révolutionnaires (Paris) 1935, n° 4, août-septembre, 8.

1936

III.A.2. «Où sont donc les mauvais Français? Le général Weygand et l'enseignement». *Terre nouvelle* 1936, n° 10, mars, 6-7.

III.A.3. «Marchands de canons». *Terre nouvelle* 1936, n° 11, avril, 8-10.

III.A.4. «Courte thèse d'un jeune philosophe. Le christianisme par le socialisme». *Terre nouvelle* 1936, n° 15, août-septembre, 7.

III.A.5. «Plaidoyer pour le désarmement [sur L. BLUM, *Les problèmes de la paix*]». *Terre nouvelle* 1936, n° 17, novembre, 9-10.

1938

III.A.6. «À propos de Teruel. Le problème du pacifisme». *Terre nouvelle* 1938, n° 31, février, 5.

III.A.7. «Le statut du travail. Un code de paix sociale?» *Terre nouvelle* 1938, n° 32, mars, 2-3.

III.A.8. «Les travailleurs ne doivent défendre qu'une république des travailleurs». *Terre nouvelle* 1938, n° 33, avril, 7-8.

III.A.9. «Résister ...». *Terre nouvelle* 1938, n° 35, juin, 6.

III.A.10. «Bilan politique. I. Un point de vue socialiste. Contribution à un bilan». *Terre nouvelle* 1938, n° 38, octobre, 3-4.

III.A.11. «Résister pour gouverner». *Terre nouvelle* 1938, n° 40, décembre, 3.

1939

III.A.12. «Où va la France? Perte de vitesse». *Terre nouvelle* 1939, n° 43, mars, 2.

III.A.13. «La crise syndicale». *Terre nouvelle* 1939, n° 45, mai, 6.

III.A.14. «Pour un socialisme constructif». *Terre nouvelle* 1939, n° 46, juin, 4.

1947

III.A.15. «La question coloniale [commentaire sur la «Déclaration de la délégation française à la Conférence mondiale de la jeunesse chrétienne d'Oslo sur la question coloniale»]». *Réforme.* Hebdomadaire 3 (1947), n° 131, 20 septembre, 2.

Reproduit sous le titre «Commentaires à la déclaration française. Paul Ricœur» dans *Le Semeur* (Que pensent les étudiants coloniaux?) 46 (1947-1948), n° 2-3, décembre-janvier, 137-141.

III.A.16. «Envoi [premier message de P. Ricœur en tant que président du bureau provisoire de la Fédération protestante des membres de l'Enseignement constituée au Congrès national à Chambon-sur-Lignon, 1947]». *Foi-Éducation.* Revue trimestrielle de la Fédération protestante des membres de l'Enseignement» 17 (1947), n° 1, décembre, 2-3.

1949

III.A.17. «Les propositions de paix scolaire de la Revue 'Esprit'». *Foi-Éducation* 19 (1949), n° 8, juillet, 3-8.

III.A.18. «Auto-critique et anticipation [concernant l'action de la Fédération protestante de l'Enseignement]». *Foi-Éducation* (Rencontres et travaux de l'été 1949) 19 (1949), n° hors série, décembre, 1-2.

1950

III.A.19. «Les travaux de la Commission Philip [concernant la paix scolaire]». *Christianisme social* 58 (1950), n° 1-2, janvier-février, 9-23.

Reproduit dans *Foi-Éducation* 20 (1950), n° 10, janvier, 1-12 et sous le titre «La querelle des écoles. Les travaux de la Commission Philip (1944-

1945)» dans *Laïcité et paix scolaire*. Enquête et conclusions de la Fédération protestante de l'enseignement. Paris: Berger-Levrault, 1957, 19 × 14,5, 219-232.

III.A.20. «Message de clôture du Congrès [de la Fédération protestante de l'Enseignement consacré à «La vie personnelle de l'éducateur», Bièvres 1950]». *Foi-Éducation* 20 (1950), n° 13, novembre, 63-64.

1951

III.A.21. «Nous ne pouvons nous taire. La Fédération protestante de l'Enseignement et le problème scolaire [déclaration du Comité National présidé par P. RICŒUR]». *Foi-Éducation* (École et Cité) 21 (1951), n° 17, novembre, 234-235.

1952

III.A.22. «Quelques Conclusions du Congrès [de la Fédération protestante de l'Enseignement consacré à «L'Université et la nation», Bièvres 1952] (Notes prises d'après Ricœur)». *Foi-Éducation* 22 (1952), n° 21, octobre, 196.

1954

III.A.23. «Le Protestantisme et la Question Scolaire [conférence faite dans le cadre «Positions protestantes» à Strasbourg, 1954]». *Foi-Éducation* 24 (1954), n° 27, juin, 48-59.

1956

III.A.24. «Déclaration de la Fédération protestante de l'enseignement [présidée par P. RICŒUR en faveur de la laïcité scolaire]». *Foi-Éducation* 26 (1956), n° 34, janvier-mars, 4-5.

Reproduit partiellement dans *Le monde* 12 (1955), n° 3398, 27 décembre, 2 et sous le titre «Les enseignants protestants pour la laïcité». *L'Express* 3 (1955), n° 190, 28 décembre, 3.

III.A.25. «Communiqué de la Fédération Protestante de l'Enseignement [présidée par P. RICŒUR]. Faut-il abroger la loi Barangé?». *Foi-Éducation* 26 (1956), n° 35, avril-juin, 46-47.

1957

III.A.26. «École-Nation-État». *Laïcité et paix scolaire*. Enquête et conclusions de la Fédération protestante de l'enseignement. Paris: Berger-Levrault, 1957, 19 × 14,5, 280-293.

III.A.27. «Appel de la Fédération Protestante de l'Enseignement [présidée par P. Ricœur à l'Ambassadeur de l'U.R.S.S. au sujet de l'intervention armée russe en Hongrie]». *Foi-Éducation* 27 (1957), nº 38, janvier-mars, 45.

III.A.28. «André Mandouze [lettre de protestation adressée par le bureau de la Fédération protestante de l'enseignement présidée par P. Ricœur au Président du Conseil au sujet de l'arrestation du professeur André Mandouze]». *Foi-Éducation* 27 (1957), nº 38, janvier-mars, 46.

III.A.29. «Les événements d'Algérie devant la Conscience Chrétienne [déclaration du bureau de la Fédération protestante de l'Enseignement dont P. Ricœur est président]». *Foi-Éducation* 27 (1957), nº 39, avril-juin, 105.

1958

III.A.30. «Le procès d'Étienne Mathiot et de Francine Rapiné [accusés d'avoir aidé des algériens recherchés]». *Christianisme social* 66 (1958), nº 4-5, avril-mai, 277-279.

Reproduit dans *Cité nouvelle* 1958, nº 268, 20 mars, 1,4.

III.A.31. «Appel [de la Fédération protestante de l'Enseignement présidée par P. Ricœur à l'opinion publique au sujet de la torture pratiquée par l'autorité française]». *Foi-Éducation* 28 (1958), nº 42, janvier-mars, 43-44.

III.A.32. «Le 'Cas' Étienne Mathiot [pasteur incarcéré pour avoir hébergé un chef politique algérien]». *Foi-Éducation* 28 (1958), nº 42, janvier-mars, 45-47.

1959

III.A.33. «Conclusions du Congrès [de Bièvres 1958 consacré aux problèmes de l'enseignement. Notes prises d'après le discours de P. Ricœur]». *Foi-Éducation* (Le congrès de Bièvres. 10e anniversaire de la Fédération) 29 (1959), nº 46, janvier-mars, 46-49.

III.A.34. «Mémorandum pour servir à l'élaboration d'un statut national de l'Enseignement [publié par le Comité National de la Fédération Protestante de l'Enseignement présidée par P. RICŒUR]». *Foi-Éducation* 29 (1959), nº 48, juillet-septembre, 121-128.

III.A.35. «Prolongements de la Pastorale [réponse de P. RICŒUR à Jean Lasserre sur l'état et le chrétien]». *La confiance* 5 1959), nº 4, 2-3.

III.A.36. «Le Collège Cévenol regarde l'avenir». *Nouvelles du Collège Cévenol* 6 (1959), mars, 14-15.

Repris dans *Cité nouvelle* 1959, nº 299, 30 juillet, 4.

1960

III.A.37. «Déclaration de la Fédération Protestante de l'Enseignement [présidée par P. RICŒUR en faveur de la laïcité de l'enseignement]». *Foi-Éducation* 30 (1960), nº 51, avril-juin, 41.

III.A.38. «Allocution prononcée par Paul Ricœur à l'occasion de l'inauguration du nouvel internat de filles. Pentecôte 1959». *Nouvelles du Collège Cévenol* 6 (1960), avril-mai, 2-3.

1961

III.A.39. «Une lettre du professeur Ricœur [protestant contre la perquisition de sa maison et la mesure de garde à vue prise contre lui par la police]». *Le monde* 18 (1961), nº 5102, 14 juin, 2.

III.A.40. «Pierre Nourrisson [chrétien socialiste. In memoriam]». *Cité nouvelle* 1961, nº 334, 2 mars, 1.

III.A.41. «Les rapports introductifs [au XXXIIIe Congrès du Christianisme social à Rocheton 1961]. Le socialisme d'aujourd'hui». *Cité nouvelle* 1961, nº 338, 11 mai, 3.

III.A.42. «Pour accompagner le message de Maurice Voge [secrétaire général du mouvement du Christianisme social à l'occasion de son message d'adieu]». *Cité nouvelle* 1961, nº 344, 7 septembre, 2.

Reproduit dans *Christianisme social* 69 (1961), nº 10-11, octobre-novembre, 594-597.

1962

III.A.43. «Le procès de Michel Bourgeois [étudiant et objecteur de conscience. Témoignage écrit de P. Ricœur en sa faveur au tribunal militaire de Paris]». *Cité nouvelle* 1962, n° 359, 19 avril, 1,4.

Reproduit sous le titre «L'affaire Bourgeois». *Christianisme social* 70 (1962), n° 5-6, mai-juin, 339-340.

III.A.44. [Ducros P. et Ricœur P.], «Appel pour le mouvement [du Christianisme social co-présidé par P. Ricœur]». *Cité nouvelle* 1962, n° 370, 8 novembre, 3.

III.A.45. [Ducros P. et Ricœur P.], «Appel pour le mouvement [remercîment]». *Cité nouvelle* 1962, n° 373, 20 décembre, 3.

III.A.46. «Appel aux protestants de France [par le Christianisme social co-présidé par P. Ricœur contre la force de frappe française]». *Cité nouvelle* 1963, n° 384, 6 juin, 1.

Reproduit dans *Christianisme social* 71 (1963), n° 7-8, juillet-août, 533-535.

1964

III.A.47. «Message de M. Paul Ricœur [à l'occasion de l'hommage rendu à Gaston Berger]». *Hommage à Gaston Berger* (Publication des annales de la Faculté des Lettres d'Aix-en-Provence). [Gap]: Ophrys, 1964, 24 × 16, 131.

1965

III.A.48. «[Protestation contre la réforme de l'enseignement]». *Le monde* 22 (1965), n° 6357, 23 juin, 10.

1966

III.A.49. Ricœur P. et Domenach J.-M., «Invitation à la conférence de presse [pour protester contre la suspension infligée à Casamayor ayant critiqué la justice dans l'affaire Ben Barka]». *Esprit* 34 (1966), n° 3, mars, 527.

Repris intégralement dans *Christianisme social* 74 (1966), n° 1, janvier-février, 130-131 et quasi intégralement dans *Le monde* 1966, n° 6560, 15 février, 6.

III.A.50. «Déclaration [de P. RICŒUR et d'autres personnalités à propos de l'article «La leçon des morts» par R. CAPITANT]». *Le monde* 23 (1966), n° 6566, 22 février, 7.

III.A.51. RICŒUR P. et DUCROS P., «À nos amis [appel d'aide aux abonnés]». *Cité nouvelle* 34 (1966), 24 novembre, 4.

1968

III.A.52. «Christianisme et révolution [communiqué co-signé par Christianisme social, co-présidé par P. RICŒUR en faveur de la participation des chrétiens à la lutte révolutionnaire]». *Christianisme social* (Comprendre la Chine) 76 (1968), n° 1-2, 119.

Repris sous le titre «Les chrétiens peuvent participer à la lutte révolutionnaire». *Cité nouvelle* 36 (1968), n° 490, 25 avril, 3.

III.A.53. «À nos abonnés, à nos amis [appel de soutien de Christianisme social co-présidé par P. RICŒUR]». *Christianisme social* (Comprendre la Chine) 76 (1968), n° 1-2, 127-128.

III.A.54. «Déclaration du Congrès National du Mouvement du Christianisme social [co-présidé par P. RICŒUR en faveur des justes requêtes du mouvement révolutionnaire estudiantin]». *Christianisme social* (Imagination et Pouvoir) 76 (1968), n° 3-4, 221.

Repris dans *Cité nouvelle* 36 (1968), n° 492, 13 juin, 3.

III.A.55. «Appel à tous les chrétiens [co-signé par P. RICŒUR pour qu'ils appuient les justes aspirations du mouvement révolutionnaire des étudiants et des ouvriers en mai-juin 1968]». *Christianisme social* (Imagination et Pouvoir) 76 (1968), n° 3-4, 223-224.

Repris sous le titre «Appel aux chrétiens». *Cité nouvelle* 36 (1968), n° 492, 13 juin, 7.

III.A.56. «Faire une nouvelle société [communiqué d'un groupe de catholiques et de protestants, co-signé par P. RICŒUR en faveur d'une transformation de la société, le 22 mai 1968]». *Christianisme social* (Imagination et Pouvoir) 76 (1968), n° 3-4, 225-227.

Reproduit dans *Cité nouvelle* 36 (1968), n° 492, 13 janvier, 7.

III.A.57. «Au lecteur [liminaire au n° de *Christianisme social* consacré à l'intercélébration eucharistique. Pentecôte 1968, co-signé par

P. RICŒUR]». *Christianisme social* (Un geste risqué. L'eucharistie de Pentecôte 1968. Documents et réflexions) 76 (1968), n° 7-10, 385-387.

III.A.58. «Commentaire eucharistique de Paul Ricœur [reconstitué de mémoire par l'un des participants à l'intercélébration]». *Christianisme social* (Un geste risqué. L'eucharistie de Pentecôte 1968. Documents et réflexions) 76 (1968), n° 7-10, 400-401.

Traduit partiellement en anglais par III.B.1.

III.A.58a. RICŒUR P. et d'autres, «Les incidents de Nanterre [comprend un texte adopté par P. RICŒUR, MICHAUD et TOURAINE et proposé aux professeurs, qui plaide pour une transformation des institutions universitaires]». *Le monde* 25 (1968), n° 7247, 2 mai, 7.

III.A.59. «Lettre d'information des participants [à l'intercélébration adressée à Mgr Marty et au pasteur Ch. Westphal, co-signé par P. RICŒUR]». *Le monde* 25 (1968), n° 7274, 4 juin, 4.

Reproduit intégralement dans *La Croix* 88 (1968), n° 25980, 5 juin, 7, dans *Informations catholiques internationales* 1968, n° 313-314, juin, 22-23, dans *La documentation catholique* 50 (1968), n° 1520, 7 juillet, col. 1212, dans *Christianisme social* (Un geste risqué. L'eucharistie de Pentecôte 1968) 76 (1968), n° 7-10, 405-406, et partiellement dans R. SERROU, *«Dieu n'est pas conservateur». Les chrétiens dans les événements de mai* (Contestation). Paris: Seuil, [1968], 17 × 11, 58-59.

Traduit en néerlandais par III.G.1.

III.A.60. «Semaine de l'unité: un appel [co-signé par Christianisme social, co-présidé par P. RICŒUR en faveur de la justice dans le monde et de la paix au Vietnam]». *Réforme* 1968, n° 1191, 13 janvier, 11.

Repris sous le titre «Pour la 'Semaine de l'unité'». *Cité nouvelle* 36 (1968), n° 485, 25 janvier, 3.

III.A.61. «La concélébration eucharistique». *Réforme* 1968, n° 1212, 8 juin, 2 et *Réforme*. Supplément au n° 1212, 8 juin, 4-5 [polycopié].

Repris intégralement sous le titre «Le jour de la Pentecôte, ils étaient tous en un même lieu (Livre des Actes)» dans *Cité nouvelle* 36 (1968), n° 492, 13 juin, 2, dans *Christianisme social* (Un geste risqué. L'eucharistie de Pentecôte 1968) 76 (1968), n° 7-10, 423-425, sous le titre «La concélébration eucharistique de la Pentecôte» dans *Lettre* 1968, n° 118-

119, 43-44 [polycopié]; reproduit partiellement dans *La documentation catholique* 50 (1968), n° 1520, 7 juillet, col. 1216 et dans *Le monde* 25 (1968), n° 7283, 14 juin, 16.

Traduit partiellement en anglais par III.B.2.
Traduit en néerlandais par III.G.2.

1969

III.A.62. «Appel du Comité français de la Conférence Chrétienne pour la Paix [co-signé par Christianisme social co-présidé par P. RICŒUR]». *Christianisme social* 77 (1969), n° 1-2, 125-126.

1970

III.A.63. «[Lettre de protestation contre le licenciement injuste de personnel au centre de Saclay, co-signé par P. RICŒUR]». *Christianisme social* 78 (1970), n° 1-2, 99-101.

III.A.64. «[Lettre de J. BEAUMONT et P. RICŒUR, présidents du Christianisme social dénonçant l'oppression politique au Brésil]». *Christianisme social* 78 (1970), n° 3-6, 286-287.

III.A.65. «[Commentaire du Doyen Ricœur à la télévision sur la situation à Nanterre]». *Le monde* 27 (1970), n° 7793, 1-2 février, 9.

III.A.66. «*Une mise au point du doyen Ricœur* [concernant un communiqué dénigrant de quelques étudiants]». *Le monde* 27 (1970), n° 7798, 7 février, 9.

III.A.67. «Déclaration de M. Ricœur [demandant de transformer les voies du domaine universitaire de Nanterre en voies publiques]». *Le monde* 27 (1970), n° 7815, 27 février, 10 et n° 7816, 28 février, 24.

Reproduit partiellement dans *Le Figaro* 144 (1970), n° 7918, 27 février, 4.

III.A.68. «Un communiqué du doyen Ricœur [mettant au point sa déclaration sur la banalisation]». *Le monde* 27 (1970), n° 7819, 4 mars, 9.

III.A.69. «Une lettre du doyen Ricœur [protestant contre une interprétation injurieuse de son appel aux enseignants et étudiants]». *Le monde* 27 (1970), n° 7820, 5 mars, 32 et n° 7821, 6 mars, 10.

III.A.70. «La lettre de M. Ricœur [remettant sa démission comme doyen de Nanterre]». *Le monde* 27 (1970), nº 7830, 18 mars, 16.

Reproduit partiellement dans *France-Soir* 1970, 18 mars, 7, dans *La Croix* 90 (1970), nº 26522, 18 mars, 5 et dans *Le Figaro* 144 (1970), nº 7933, 18 mars, 12.

1974

III.A.71. «Les directions de la recherche philosophique sur l'imagination». *Recherches phénoménologiques sur l'imaginaire I.* [Paris]: Centre de Recherches Phénoménologiques, [1974], 29,5 × 21, 1-8 [polygraphié].

III.A.72. «Imagination productive et imagination reproductive selon Kant». *Recherches phénoménologiques sur l'imaginaire I* [Paris]: Centre de Recherches Phénoménologiques, [1974], 29,5 × 21, 9-13 [polygraphié].

III.A.73. «Husserl et le problème de l'image. I et II». *Recherches phénoménologiques sur l'imaginaire I.* [Paris]: Centre de Recherches Phénoménologiques, [1974], 24-26, 27-30 [polygraphié].

III.A.74. «Métaphore et image». *Recherches phénoménologiques sur l'imaginaire I.* [Paris]: Centre de Recherches Phénoménologiques, [1974], 66-72 [polygraphié].

1977

III.A.75. «Présentation». *Revue de métaphysique et de morale* 82 (1977), nº 1, 1-2.

1982

III.A.76. «À propos de: Petit Joseph [film de Jean-Michel BARDOL avec comme deuxième assistant Olivier RICŒUR]». *Petit Joseph. Un film de Jean-Michel Barjol d'après le roman de Chris Donner.* Neuilly; Gaumont Distribution, [1982], 29,5 × 21, 10-11.

III.B. ENGLISH / ANGLAIS

1970

III.B.1. «[Eucharistic Comment].» *The Crumbling Walls*. Edited by L. S. MUDGE. Philadelphia: The Westminster Press, [1970], 19 × 12, 32-33.

Partial English translation of III.A.58.

III.B.2. «[The Eucharistic Concelebration].» *The Crumbling Walls*. Edited by L. S. MUDGE. Philadelphia: The Westminster Press, [1970], 19 × 12, 33.

Partial English translation of III.A.61.

1975

III.B.3. «Commencement Address at Boston College». *Congressional Record* 121 (1975), June 16, nº 94, E 3193.

III.G. NÉERLANDAIS / DUTCH

1968

III.G.1. «[Brief van de deelnemers aan de intercelebratie, mede ondertekend door P. RICŒUR]». *Katholiek Archief* 23 (1968), nº 37, 13 septembre, col. 913-1914.

Traduction néerlandaise de II.A.59.

III.G.2. «Verklaring van prof. Paul Ricœur naar aanleiding van de interconfessionele eucharistieviering te Parijs, 2 juni 1968». *Katholiek Archief* 23 (1968), nº 37, 13 septembre, col. 915-916.

Traduction néerlandaise de III.A.61.

BIBLIOGRAPHIE DES PUBLICATIONS CONSACRÉES À LA PENSÉE DE PAUL RICŒUR (1948-1984)

PAUL RICŒUR. A SECONDARY AND SYSTEMATIC BIBLIOGRAPHY (1948-1984)

I. LIVRES / BOOKS

I.A. FRANÇAIS / FRENCH

1971

I.A.1. PHILIBERT M., *Paul Ricœur ou la liberté selon l'espérance*. Présentation, choix de textes, biographie, bibliographie avec des pages inédites de P. RICŒUR (Philosophes de tous les temps, 72). [Paris]: Seghers, [1971], 16 × 13,5, 190 p.

Traduit en polonais par I.H.1.

1974

I.A.2. BERGERON R., *La vocation de la liberté dans la philosophie de Paul Ricœur* (Travaux de psychologie, pédagogie et orthopédagogique, 9). Montréal-Fribourg, Bellarmin-Éditions Universitaires, 1974, 24,5 × 16,5, 296 p.

1975

I.A.3. MADISON G. Br., *Sens et existence. En hommage à Paul Ricœur*. Recueil préparé sous la direction de G. Br. MADISON. Paris: Seuil, [1975], 20,5 × 14, 221 p.

Seuls les articles suivants traitent de la pensée ricœurienne:

DUMAS A., «Savoir objectif, croyance projective, foi interpellée [sur P. RICŒUR]». (160-169)

MAQDICI R., «L'ontologie kérygmatique de Paul Ricœur. Approche arabe». (170-206)

Traduit en espagnol par I.D.1.

1984

I.A.4. NKERAMIHIGO Th., *L'homme et la transcendance. Essai de poétique dans la philosophie de Paul Ricœur* (Le Sycomore. Chrétiens aujourd'hui, 12). Paris-Namur: Lethielleux-Culture et vérité, [1984], 22 × 14, 299 p.

I.B. ENGLISH / ANGLAIS

1971

I.B.1. IHDE D., *Hermeneutic Phenomenology. The Philosophy of Paul Ricœur* (Northwestern University Studies in Phenomenology and Existential Philosophy). Foreword by P. RICŒUR. Evanston (Ill.): Northwestern University Press, 1971, 24 × 15,5, xx-192 p.

I.B.2. RASMUSSEN D. M., *Mythic-Symbolic Language and Philosophical Anthropology. A Constructive Interpretation of the Thought of Paul Ricœur* [with an essay «What is a Text? Explanation and Interpretation» by P. RICŒUR]. The Hague: M. Nijhoff, 1971, 24 × 16, VIII-158 p.

1975

I.B.3. BOURGEOIS P. L., *Extension of Ricœur's Hermeneutic*. The Hague: M. Nijhoff, 1975, 24 × 15, x-154 p.

1977

I.B.4. LOWE W. J., *Mystery of the Unconscious. A Study in the Thought of Paul Ricœur* (ATLA Monograph Series, 9). Metuchen (New Jersey): The Scarecrow Press, Inc. – The American Theological Library Association, 1977, 22 × 14, VIII-184 p.

1979

I.B.5. DORAN R. M., *Subject and Psyche. Ricœur, Jung and the Search for Foundations*. Washington D.C.: University Press of America, 1979, 313 p.

I.B.6. GERHART M., *The question of Belief in Literary Criticism. An Introduction to the Hermeneutical Theory of Paul Ricœur* (Stuttgarter Arbeiten zur Germanistik, 54). Stuttgart: Akademischer Verlag Hans-Dieter Heinz, 1979, 21 × 14,5, XIII-408 p.

I.B.7. REAGAN Ch. E., *Studies in the Philosophy of Paul Ricœur*. Edited by Ch. E. REAGAN with a preface by P. RICŒUR entitled «Response to my friends and critics.» Athens (Ohio): Ohio University Press, [1979), 23,5 × 16, XXVI-194 p.

Comprises the following essays:

SOLOMON R. C., «Paul Ricœur on Passion and Emotion.» (1-20)

STEWART D., «Existential Humanism.» (21-32)

ZANER R. M., «The Adventure of Interpretation: the Reflective Wager and the Hazards of the Self.» (33-56)

SCHALDENBRAND M., «Metaphoric Imagination: Kinship through Conflict.» (57-81)

BOURGEOIS P. L., «From Hermeneutics of Symbols to the Interpretation of Texts.» (83-95)

PELLAUER D., The Significance of the Text in Paul Ricœur's Hermeneutic Theory.» (97-114)

MÉLANO COUCH B., Religious Symbols and Philosophic Reflection.» (115-131)

PHILIBERT M., «The Philosophic Method of Paul Ricœur.» (133-139)

REAGAN Ch. E., «Psychoanalysis as Hermeneutics.» (141-161)

LAPOINTE Fr. H., «Ricœur and His Critics: A Bibliographical Essay.» (163-177)

VANSINA Fr., «Bibliography of Paul Ricœur.» (179-194)

1981

I.B.8. THOMPSON B. J., *Critical Hermeneutics. A study in the thought of Paul Ricœur and Jürgen Habermas*. Cambridge-London-New York-Melbourne: Cambridge University Press, [1981], 23,5 × 16, IX-257 p.

I.B.9. VAN LEEUWEN Th. M., *The Surplus of Meaning. Ontology and Eschatology in the Philosophy of Paul Ricœur* (Amsterdam Studies in Theology, 2). Amsterdam: Rodopi, 1981, 22 × 15, 199 p.

1982

I.B.10. VAN DEN HENGEL J. H., *The Home of Meaning. The Hermeneutics of the Subject of Paul Ricœur*. Doctoral thesis presented at the Katholieke Universiteit of Nijmegen. [Washington]: University Press of America, [1982], 21,5 × 13,5, XXI-333 p.

1983

I.B.11. KLEMM D. E., *The Hermeneutical Theory of Paul Ricœur. A Constructive Analysis*. Lewisburg-London-Toronto, Bucknell University Press - Associated University Press, [1983], 24 × 16, 184 p.

I.C. ALLEMAND / GERMAN

1983

I.C.1. Böhnke M., *Konkrete Reflexion. Philosophische und theologische Hermeneutik. Ein Interpretationsversuch über Paul Ricœur* (Disputationes Theologiae, 15). Frankfurt am Main-Bern-New York: Verlag Peter Lang, [1983], 21 × 15, 271 p.

I.D. ESPAGNOL / SPANISH

1976

I.D.1. Madison G. Br., *Sentido y existencia Homenaje a Paul Ricœur* (Hombre y sociedad, 10). Traduction de *Sens et existence* par E. López Castellón. Estella (Navarra): Verbo Divino, 1976, 305 p.

Traduction espagnole de I.A.3.

1978

I.D.2. Peñalver Simó, *La busquéda del sentido en el pensamiento de Paul Ricœur. Teoría y práctica de la comprehensión filosófica de un discurso* (Publicaciones de la Universidad de Sevilla. Filosofia y Letras, 41). Sevilla: Publicaciones de la Universidad de Sevilla, [1978], 24 × 17, xxiii-301 p.

I.E. ITALIEN / ITALIAN

1969

I.E.1. Guerrera Brezzi Fr., *Filosofia e interpretazione. Saggio sull'ermeneutica restauratrice di Paul Ricœur* (Saggi, 84). [Bologna]: Il Mulino, [1969], 21,5 × 14, 263 p.

1984

I.E.2. Jervolino D., *Il Cogito e l'ermeneutica. La questione del soggetto in Ricœur*. Préface de P. Ricœur avec une introduction de Th. F. GERAETS. Napoli: Generoso Procaccini editore, 1984, 24 × 16,6, 192 p.

I.H. POLONAIS / POLISH

1976

I.H.1. PHILIBERT M., *Paul Ricœur. Czyli wolność na miare nadziei.* Traduction de *Paul Ricœur ou la liberté selon l'espérance* par E. BIENKOWSKA. [Warszawa]: Institut Wydawniczy Pax, 1976, 19 × 12, 259 p.

Traduction polonaise de I.A.1.

I.I. JAPONAIS / JAPANESE

I.I.1. KUMÉ H., *Shōchō no kaishakugaku. Rikuru tetsugaku no kōsei to tenkai* [L'herméneutique du symbole. La constitution et le développement de la philosophie de P. Ricœur]. Tokyo: Shin'yōsha, 1978, 21,5 × 16, 408 p.

II. DISSERTATIONS

II.A. FRANÇAIS / FRENCH

1966

II.A.1. DECLÈVE H., *Le Kantisme selon quelques philosophes contemporains. P. Ricœur, E. Weil, M. Scheler, E. Husserl, M. Heidegger. Avec appendices et tables* (4 vol.). Thèse de doctorat. Université Catholique de Louvain, Faculté de Philosophie et Lettres. Groupe A: Philosophie, 1966, VIII-221-424-719 p., 218 + XXXVII p.

II.A.2. MICHAUD R., *La dialectique fini-infini dans la philosophie de la volonté de Paul Ricœur*. Thèse doctorale. Université Catholique de Louvain, Institut Supérieur de Philosophie, 1966, 375 p.

1967

II.A.3. SIMONA E., *La liberté chez J.-P. Sartre et P. Ricœur*. Thèse doctorale. Université Catholique de Louvain, Institut Supérieur de Philosophie, 1967, 323 p.

1970

II.A.4. SANCHES PUENTES R., *Le problème du mal chez Paul Ricœur*. Thèse doctorale. Université Catholique de Louvain, Institut Supérieur de Philosophie, 1970, 353 p.

1973

II.A.5. SKULASON P., *Du Cercle et du Sujet. Problèmes de compréhension et de méthode dans la philosophie de Paul Ricœur*. Thèse de doctorat. Université Catholique de Louvain, Institut Supérieur de Philosophie, 1973, 431 p.

1974

II.A.6. DEPOORTERE C. A. M. J., *Les fleurs du mal: une étude de la problématique du mal et de la rédemption chez Paul Ricœur*. Thèse doctorale. Pontificia Universitas Lateranensis, Academia Alfonsiana, Institutum Superius Theologiae Moralis, 1975, XLIII-350 p.

1980

II.A.7. MIGLIASSO S., *La théorie herméneutique de Paul Ricœur et l'herméneutique biblique*. Doctorat de III Cycle en Science théologique et Sciences des religions – Philosophie. Institut Catholique de Paris et Université de Paris IV (Sorbonne), 1980.

1983

II.A.8. NVUMBI Ng.-Ts., *La personne humaine et l'inconscient freudien dans la philosophie de Paul Ricœur*. Thèse de doctorat. Katholieke Universiteit Leuven, Hoger Instituut voor Wijsbegeerte, 1983, 278 p.

II.B. ENGLISH / ANGLAIS

1964

II.B.1. IHDE D., *Paul Ricœur's Phenomenological Methodology and Philosophical Anthropology*. Ph.D. Dissertation. Boston University, Graduate School, 1964, IV-244 p.

«Thesis Abstract.» *Dissertation Abstracts International* 25 (1964), No. 5, 3031-A.

Authorized facsimile. Ann Arbor-London: University Microfilms International, 1981, 21 × 16, IV-244 p.

1965

II.B.2. STEWART J.D., *Paul Ricœur's Phenomenology of Evil*. PH.D. Dissertation. Rice University, 1965, VI-221 p.

«Thesis Abstract.» *Dissertation Abstracts International* 26 (1966), No. 5, 2910.

Authorized facsimile. Ann Arbor-London: University Microfilms International, 1977, VI-221 p.

1967

II.B.3. Reagan Ch. E., *Freedom and Determinism. A Critical Study of Certain Aspects of the Problem in the Light of the Philosophy of Paul Ricœur*. Ph.D. Dissertation. University of Kansas, 1967, 270 p.

«Thesis Abstract.» *Dissertation Abstracts International* 28 (1968), No. 9, 3716-A.

1969

II.B.4. Rasmussen D. M., *A Correlation between Religious Language and an Understanding of Man. A Constructive Interpretation of the Thought of Paul Ricœur*. Ph.D. Dissertation. University of Chicago, 1969, 280 p.

1970

II.B.5. Bourgeois P. L., *Ricœur's Hermeneutical Phenomenology*. Ph.D. Dissertation. Duquesne University, 1970, 233 p.

«Thesis Abstract.» *Dissertation Abstracts International* 31 (1971), No. 10, 5457-A.

Authorized facsimile. Ann Arbor-London: University Microfilms International, 1981, 21 × 16, vi-225 p.

II.B.6. Pettit Ph., *The Phenomenology and Hermeneutics of Paul Ricœur. A Critical Study*. Ph.D. Dissertation. The Queen's University of Belfast, 1970, viii-366 p.

1972

II.B.7. Alexander R., *Paul Ricœur's Philosophy of Religious Language Interpreted as an Alternative to Anthony Flew's Empiristic Rejection of Religious Language*. Ph.D. Dissertation. Lutheran School of Theology at Chicago, 1972, 333 p.

II.B.8. Lowe W. J., *Mystery and the Unconscious. A Study in the Thought of Paul Ricœur*. Ph.D. Dissertation. Yale University, 1972, 229 p.

«Thesis Abstract.» *Dissertation Abstracts International* 34 (1973), No. 1, July, 408-A. Order No. 73-14, 591.

II.B.9. Wells H. G., *The Theme of Freedom in the Anthropology of*

Paul Ricœur. Ph.D. Dissertation. McGill University (Canada), 1972, VIII-263 p.

«Thesis Abstract.» *Dissertation Abstracts International* 34 (1973), No. 2. August, 859-A. Microfilm Order directly from the National Library of Canada at Ottawa.

II.B.10. WESOLOWSKY St. O., *Intersubjectivity and Communication in Recent Philosophy and Theology. A Study Undertaken in the Light of the Works of Paul Ricœur*. Ph.D. Dissertation. Princeton University, 1972, 382 p.

«Thesis Abstract.» *Dissertation Abstracts International* 33 (1973). No. 7, January, 3768-A. Order No. 72-73, 752.

1973

II.B.11. COX J. W., *An Analysis of Paul Ricœur's Philosophy of Will and Voluntary Action*. Ph.D. Dissertation. Vanderbilt University, 1973, 290 p.

«Thesis Abstract.» *Dissertation Abstracts International* 34 (1973), No. 6, November, 3462-2-3463-A. Order No. 73-25, 040.

II.B.12. DORNISCH L., *A Theological Interpretation of the Meaning of Symbol in the Theory of Paul Ricœur and Possible Implications for Contemporary Education*. Ph.D. Dissertation. Marquette University, 1973, 277 p.

«Thesis Abstract.» *Dissertation Abstracts International* 35 (1974), No. 2, August, 1211-A. Order No. 74-18, 224.

II.B.13. GERHART M., *The Question of 'Belief' in Recent Criticism. A Reexamination from the Perspective of Paul Ricœur's Hermeneutical Theory*. Ph.D. Dissertation. University of Chicago, Divinity School, 1973, 359 p.

1974

II.B.14. CIPOLLONE A. P., *Ethical Elements in the Philosophy of Paul Ricœur*. Ph.D. Dissertation. De Paul University, 1974, 190 p.

«Thesis Abstract.» *Dissertation Abstracts International* 35 (1974), No. 5, November, 3049-2-3050-A. Order No. 74-23, 649.

1975

II.B.15. BAILEY D. L., *The Modern Novel in the Presence of Myth* [on

P. Ricœur and Cl. Lévi-Strauss]. Ph.D. Dissertation. Purdue University, 1975, 198 p.

«Thesis Abstract.» *Dissertation Abstracts International* 35 (1975), No. 11, May, 7292-A-7293-A. Order No. 75-10, 849.

II.B.16. Melano Couch B., *Methodical Hermeneutics. The Theory of Interpretation according to Paul Ricœur*. Thèse de doctorat en sciences religieuses. Université de Strasbourg, Faculté de Théologie, 1975, xi-424 p.

II.B.17. Skousgaard St. A., *Self and Freedom. An Interpretation of the Essence, Existence, and Symbols of Human Freedom Based on the Philosophy of Paul Ricœur*. Ph.D. Dissertation. Tulane University, 1975, 236 p.

«Thesis Abstract.» *Dissertation Abstracts International* 36 (1976), No. 8, February, 5356-A-5357-A. Order No. 76-4004.

II.B.18. Smith E. D., *Aspects of Human Agency in the Phenomenology of Paul Ricœur*. Ph.D. Dissertation. Claremont Graduate School, 1975, 265 p.

«Thesis Abstract.» *Dissertation Abstracts International* 35 (1975), No. 12, June, 7967-A. Order No. 75-12, 755.

Authorized facsimile. Ann Arbor: University Microfilms International, 20 × 16, iv-258 p.

1976

II.B.19. Albano P. J., *Freedom, Truth and Hope. The Relationship of Philosophy and Religion in the Thought of Paul Ricœur*. Ph.D. Dissertation, Claremont Graduate School, 1976, 246 p.

«Thesis Abstract.» *Dissertation Abstracts International* 37 (1976), No. 5, November, 2954-B. Order No. 76-23, 914.

II.B.20. Fink P. E., *A Poetics of Christian Sacraments. A Dialogue with Paul Ricœur*. Ph.D. Dissertation. Emory University (Georgia), 1976, xvi-255 p.

«Thesis Abstract.» *Dissertation Abstracts International* 37 (1977), No. 12, June, 7806-A. Order No. 77-12, 147.

II.B.21. Leavitt D. A., *Will and the Unconscious. A Study in the Thought of Paul Ricœur*. Ph.D. Dissertation. St. Mary's Seminary and University, 1976.

II.B.22. Piscitelli E. J., *Language and Method in the Philosophy of Religion. An Interpretation of the Philosophies of Bernard Lonergan and Paul Ricœur*. Ph.D. Dissertation. Georgetown University, 1976.

1977

II.B.23. Johnston R. E. C., *From an Author-Oriented to a Text-Oriented Hermeneutic: Implications of Paul Ricœur's Hermeneutical Theory for the Interpretation of the New Testament. 2 Vol.* Ph.D. Dissertation in Religious Studies. Katholieke Universiteit te Leuven, Faculty of Theology, 1977, xxx-257 p., 82 p.

II.B.24. Sagan C. M., *The Role of the Personal Other in the Philosophy of Ricœur*. Ph.D. Dissertation. Fordham University, 1977, 409 p.

«Thesis Abstract.» *Dissertation Abstracts International* 38 (1977), No. 4. October, 2175-A-2176-A. Order No. 77-20, 277.

II.B.25. Sevensky R. L., *Towards a Philosophy of Evil. The Role of the Myth of the Fall in the Thought of Paul Tillich and Paul Ricœur*. Ph.D. Dissertation. Boston College, 1977, 306 p.

«Thesis Abstract.» *Dissertation Abstracts International* 38 (1977). No. 2, August, 850-A. Order No. 77-17, 606.

II.B.26. Strohm F. L., *Objectivity of Interpretation. The Hermeneutics of Hirsch and Ricœur*. Ph.D. Dissertation. University of Southern California, 1977.

«Thesis Abstract.» *Dissertation Abstracts International* 38 (1978), No. 10, April 6174-A.

Copies available from Micrographics Department, Doheny Library, USC, Los Angeles, CA 90007.

II.B.27. Woods J. P., *An Application of Paul Ricœur's Hermeneutic Phenomenology to the Symbols of Contemplative Union in Richard Rolle's 'The Fire of Love.'* Ph.D. Dissertation. De Paul University, 1977, 296 p.

«Thesis Abstract.» *Dissertation Abstracts International* 38 (1977), No. 1, July, 327-A. Order No. 77-13, 721.

1978

II.B.28. Kennedy A. L., *Historical Consciousness and its Mediation of Transcendence in the Thought of Paul Ricœur*. Ph.D. Dissertation. Boston University Graduate School, 1978.

«Thesis Abstract.» *Dissertation Abstracts International* 38 (1978), No. 12, June, 7380-A.

II.B.29. Nelson L. J., *Freedom and Embodiment in Paul Ricœur*. Ph.D. Dissertation. Saint Louis University, 1978, 190 p.

«Thesis Abstract.» *Dissertation Abstracts International* 40 (1979), No. 4, October, 2105-A.

Authorized facsimile. Ann Arbor-London: University Microfilms International, 1981, 21,5 × 16,5; IV-244 p.

1979

II.B.30. JOHNSON P. A., *A Hermeneutic Analysis of Human Speaking. An Examination and Extension of the Work on Language of Martin Heidegger, Paul Ricœur, and Hans-Georg Gadamer.* Ph.D. Dissertation. University of Toronto (Canada), 1979.

«Thesis Abstract.» *Dissertation Abstracts International* 40 (1980), No. 12, June, 6310-A-6311-A.

II.B.31. JUNG P. J. B. *Human Embodiment and Moral Character. A Revision of Stanley Hauerwas in the Light of Paul Ricœur's Philosophy of the Will.* Ph.D. Dissertation. Vanderbilt University, 1979, 288 p.

«Thesis Abstract.» *Dissertation Abstracts International* 40 (1979), No. 6, December, 3368-A.

II.B.32. KIM S. E., *Metaphor and Religious Truth. An Examination of Some Contemporary Theories of Metaphor with Special Attention to Paul Ricœur.* Ph.D. Dissertation. University of Pittsburgh, 1979, 198 p.

«Thesis Abstract.» *Dissertation Abstracts International* 40 (1980), July, No. 1, 292-A.

1980

II.B.33. KLEMM D. E., *Religious Understanding, Theological Hermeneutics, and the Thought of Paul Ricœur.* Ph.D. Dissertation. University of Iowa, 1980, 269 p.

«Thesis Abstract.» *Dissertation Abstracts International* 42 (1981), No. 1, July, 260-A.

II.B.34. LENSSEN M. C., *Myth and Philosophy. The Use of Myth in the Thought of Eliade, Schelling and Ricœur.* Ph.D. Dissertation. Northwestern University (Illinois), 1980, 296 p.

Authorized facsimile. Ann Arbor-London: University Microfilms International, 1983, 21 × 16, 296 p.

II.B.35. SIVERNS L. S., *Parable Interpretation from Julicher to Ricœur. A*

Critique and Alternative Proposal. Ph.D. Dissertation. McGill University (Canada), 1980.

«Thesis Abstract.» *Dissertation Abstracts International* 41 (1980), No. 3, September, 1106-A.

II.B.36. ZAIDAN C. Z., *Ricœur's Conception of Language and its implications for Foundational Theology. An Analytic Study of His Works on Language from 1959 to 1975.* S.T.D., Catholic University of America, 1980, 284 p.

«Thesis Abstract.» *Dissertation Abstracts International* 41 (1980), No. 2, August, 710-A. Order No. 8016806.

Authorized Facsimile. Ann Arbor-London: University Microfilms International, 1982, 20,5 × 15,5, 266 p.

1981

II.B.37. GARCIA L. M., *Between Responsibility and Hope. The Meaning of Man in Paul Ricœur's 'Philosophy of the Will' and Social-Political Writings.* 2 Vol. [with an outstanding bibliography]. Ph.D. Dissertation. Université Catholique de Louvain, Institut Supérieur de Philosophie, 1981, VIII-286-466 p. + (111) p.

II.B.38. GROTE P. J., *Simone Weil, Leo Strauss, and Paul Ricœur in the Conflict of Power and Wisdom in Plato's Republic.* Ph.D. Dissertation. University of Louisville, 1981, VI-105 p.

Authorized facsimile. Ann Arbor-London: University Microfilms International, 1983, 20 × 16, VI-105 p.

II.B.39. JOY M. M., *Towards a Philosophy of Imagination. A Study of Gilbert Durand and Paul Ricœur.* Ph.D. Dissertation. McGill University, 1981.

«Thesis Abstract.» *Religious Education* 78 (1983), Summer, 415.

«Thesis Abstract.» *Dissertation Abstracts International* 42 (1982) No. 10, April, 4476-A.

II.B.40. LOCK J. D., *Psychoanalytic Hermeneutics. An Application of Paul Ricœur's Philosophy to Freudian and Jungian Psychologies.* Ph.D. Dissertation. Emory University, 1981, 278 p.

Authorized facsimile. Ann Arbor-London: University Microfilms International, 1981, 20,5 × 16, XVI-278 p.

II.B.41. O'NEILL M. A., *Revealed Imagination. A Study of Paul Ricœur.* Ph.D. Dissertation. Vanderbilt University, 1981, 287 p.

«Thesis Abstract.» *Dissertation Abstracts International* 42 (1981), No. 10, April, 4490-A. Order No. DA 8206115.
«Thesis Abstract.» *Religious Education* 78 (1983), Summer, 417.

1982

II.B.42. SNIJDERS J., *The Early Works of Paul Ricœur*. Dissertatio ad lauream in facultate philosophiae apud pontificam universitatem S. Thomae in Urbe. Nijmegen, 1982, 228 p.

II.D. ESPAGNOL / SPANISH

1969

II.D.1. TREVIJANO ETCHEVERRIA P., *La dimensión horizontal y vertical de la esperanza en el pensamiento de Paul Ricœur*. Thèse de doctorat. Universitas Pontificia Gregoriana, Academia Alfonsiana, 1969.

III.E. ITALIEN / ITALIAN

1968

II.E.1. BUGNANO C., *Coszienza simbolica e totalizzazione storia nella filosofia di Paul Ricœur*. Thèse de doctorat. Université Catholique de Milan, 1968.

1972

II.E.2. ASCIUTTI L., *Volontà e corpo proprio nella fenomenologia di Paul Ricœur*. Thèse de doctorat en théologie morale. Universitas Lateranensis, Academia Alfonsiana, 1972.

Estratto della tesi. Francavilla al mare: Edizioni Paoline, 1973, 24 × 17, 61 p.

1975

II.E.3. VALENTINI A., *La dimensione etica-religiosa come principio unitario del pensiero di Paul Ricœur*. Thèse de doctorat. Universitas Pontificia Gregoriana, Facultas Philosophiae, 1975.

Excerpta. Trento: Scuole Graphiche Artigianelli, 1975, 24 × 17, 86 p.

1982

II.E.4. TONINI A., *L'impatto filosofico della speranza. Il pensiero di Paul Ricœur tra il 1947 e il 1957*. Thèse de doctorat en philosophie. Université de Firenze, 1982.

II.G. NÉERLANDAIS / DUTCH

1962

II.G.1. VANSINA D. Fr., *De filozofie van Paul Ricœur. Problematiek en dialektiek van zijn metode*. Thèse de doctorat. Katholieke Universiteit te Leuven, Hoger Instituut voor Wijsbegeerte, 1962, XVI-369 p.

1976

II.G.2. GEERTS A., *Een onderzoek naar enkele krachtlijnen in het ethisch denken van Paul Ricœur*. Thèse doctorale. Katholieke Universiteit te Leuven, Faculteit der Godgeleerdheid, 1976, XLVII-305 p.

ADDENDA / ADDENDUM

II.B. ENGLISH / ANGLAIS

II.B.43. '*Redemption through Suffering*': *The Task of Human Freedom in the Writings of A.N. Whitehead and Paul Ricœur and the Implications for a Christian Sateriology*. Ph.D. Dissertation. Fordham University, Theology Department, 1982-1983.

Authorized Facsimile. Ann Arbor-London: University Microfilms International.

ARTICLES

III.A. FRANÇAIS / FRENCH

1950

III.A.1. Spectator, «Ricœur en Sorbonne». *Foi-Éducation* 20 (1950), nº 12, juillet, 31-32.

1955

III.A.2. Anonyme, «En écoutant Paul Ricœur. Vraie et fausse paix». *Cité nouvelle*. Journal bimensuel 1955, nº 208, 26 mai, 1.

III.A.3. Althusser L., «Essais et propos. Sur l'objectivité de l'histoire (Lettre à Paul Ricœur)». *Revue de l'enseignement philosophique* 5 (1955), nº 4, avril-mai, 3-15.

III.A.4. Czarnecki J., «Chroniques. *L'histoire et la vérité*, selon Paul Ricœur». *Foi et vie* 53 (1955), nº 6, novembre-décembre, 548-555.

III.A.5. Ebersolt J., «Connaissance de l'histoire et conscience d'historien [principalement sur P. Ricœur]». *Foi-Éducation* 25 (1955), nº 33, octobre, 228-234.

III.A.6. Sarano J., «La réciprocité du pâtir et de l'agir [selon P. Ricœur dans *Le volontaire et l'involontaire*]». *Les études philosophiques* 10 (1955), nº 4, octobre-décembre, 726-729.

1956

III.A.7. Doz, A., «L'ontologie fondamentale et le problème de la culpabilité [discussion de la critique de P. Ricœur sur la conception heideggérienne de la culpabilité]». *Revue de métaphysique et de morale* 61 (1956), nº 2, avril-juin, 166-194.

1957

III.A.8. Malevez L., «La méthode du P. Teilhard de Chardin et la phénoménologie [traite aussi de la critique ricœurienne à l'égard du cosmologisme]». *Nouvelle revue théologique* 79 (1957), nº 6, juin, 579-599.

1960

III.A.9. Van Riet G., «Mythe et vérité [aussi sur P. Ricœur]». *Revue philosophique de Louvain* 58 (1960), février, 68-77.

1961

III.A.10. Callicles, «Un dangereux terroriste! [protestation contre la mise en garde de P. Ricœur dans les bureaux de police le 13 juin, de 6 heures du matin jusqu'au soir]». *Cité nouvelle* 1961, nº 341, 22 juin, 3.

III.A.11. Secretan Ph., «Paradoxe et conciliation dans la philosophie de Paul Ricœur». *Studia philosophica* 21 (1961), 187-198.

III.A.12. Tilliette X., «Réflexion et symbole. L'entreprise philosophique de Paul Ricœur [étude pénétrante couvrant toute la pensée de P. Ricœur]». *Archives de philosophie*. Recherches et documentation 37 (1961), nº 3-4, juillet-décembre, 574-588.

1962

III.A.13. Fessard G., «Image, symbole et historicité [sur la critique ricœurienne de l'interprétation historique du mythe adamique]». *Archivio de Filosofia* (Demitizzazione e immagine) 32 (1962), nº 1-2, 43-68.

III.A.14. Robert J.-D., «Descartes, créateur d'un nouveau style métaphysique. Réflexion sur l'introduction du primat de la subjectivité en philosophie première [traite de P. Ricœur]». *Revue philosophique de Louvain*, 60 (1962), août, 369-393.

1963

III.A.15. Barthel P., «L'interprétation 'symbolique' des représentations d'origine et de structure mythique, par P. Ricœur». *Interprétation du langage mythique et théologie biblique. Étude de quelques étapes de l'évolution du problème de l'interprétation des représentations d'origine et de structure mythiques de la foi chrétienne*. Leiden: E. J. Brill, 1963, 23 × 16, 286-345.

Réimpression anastasique en 1967.

III.A.16. WIDMER G., «Paul Ricœur et les intellectuels de Suisse romande. Rencontre d'universitaires protestants [compte rendu d'une conférence de P. RICŒUR sur l'enjeu de l'herméneutique pour les chrétiens, Vevey 1963]». *Réforme* 1963, nº 972, 2 novembre, 11.

1964

III.A.17. APOSTEL L., «Symbolisme et anthropologie philosophique: vers une herméneutique cybernétique [une critique de la réflexion ricœurienne sur le symbole et son interprétation]». *Cahiers internationaux de symbolisme* 2 (1964), nº 5, 7-31.

III.A.18. ROBBERECHTS L., «Quelques théories de la liberté. Autour de Jean Nabert [discute aussi la conception ricœurienne de la liberté]». *Revue philosophique de Louvain* 62 (1964), mai, 251-257.

III.A.19. VANSINA D. Fr., «Esquisse, orientation et signification de l'entreprise philosophique de Paul Ricœur (I-II)». *Revue de métaphysique et de morale* 69 (1964), nº 2, 179-108; nº 3, juillet-septembre, 305-321.

Traduction d'un texte à peu près identique à III.G.3.

1965

III.A.20. SEBAG L., «Le mythe: code et message [étude des mythes des Keresaus au moyen de la réflexion ricœurienne sur le structuralisme»]. *Les temps modernes* 20 (1965), nº 226, mars, 1607-1623.

1966

III.A.21. BLANCHET Ch., «L'entreprise philosophique de Paul Ricœur». *Cahiers de l'Institut de science économique appliquée* (Philosophie – Sciences sociales – Économie. Série M, 23) 1966, nº 172, avril, 179-190.

III.A.22. FRANCK R., «Deux interprétations de la méthode de Jean Nabert [l'une par P. RICŒUR l'autre par P. NAULIN]. *Revue philosophique de Louvain* 64 (1966), août, 416-435.

III.A.23. LACROIX J., «Un philosophe du sens: Paul Ricœur». *Pano-*

rama de la philosophie française contemporaine. Paris: Presses Universitaires de France, 1966, 18 × 14, 38-47.

Réimpression en 1968.

III.A.24. POHIER J. M., «Au nom du Père ... (I-II) [étude de fond autour de la problématique religieuse dans *De l'interprétation*]». *Esprit* 34 (1966), n° 3, mars 480-500; n° 4, avril, 947-970.

Repris dans *Au nom du Père ... Recherches théologiques et psychanalytiques* (Cogitatio fidei, 66). Paris: Les éditions du Cerf, 1972, 21,5 × 13,5, 15-62.

III.A.25. VIDIL J.-L., «Psychanalyse et foi chrétienne [rapport d'une conférence au Centre de Villemétrie en juin 1964 dont le texte est présenté par II.A.188]». *Réforme* 1966, n° 1095, 12 mars, 11.

1967

III.A.26. GRELOT P., «Réflexions sur le problème du péché originel (I-II) [plusieurs références à P. RICŒUR dont l'auteur rejoint en grande partie les analyses]». *Nouvelle revue théologique* 89 (1967), n° 4, avril, 337-375; n° 5, mai, 449-484.

III.A.27. JAVET P., «Imagination et réalité dans la philosophie de Paul Ricœur [exposé remarquable sur l'ensemble de la philosophie de P. RICŒUR, suivi d'une discussion]». *Revue de théologie et de philosophie* 17 (1967), n° 3, 145-158, 158-165.

III.A.28. ROBBERECHTS L., Le mythe d'Adam et le péché originel [fortement inspiré par la pensée de P. RICŒUR et J. NABERT]. Paris: Éditions universitaires, 1967, 21 × 16, 165 p.

III.A.29. ROBERT J.-M., «Le sort de la philosophie à l'heure des sciences de l'homme [traite de la défense de la philosophie par P. RICŒUR, M. MERLEAU-PONTY et d'autres]». *Revue des sciences philosophiques et théologiques* 41 (1967), n° 4, octobre, 573-615.

III.A.30. TROTIGNON P., «Les courants phénoménologiques [traite aussi de P. RICŒUR]». *Les philosophes français d'aujourd'hui* (Que sais-je?, 1279). Troisième édition. Paris: Presses Universitaires de France, 1967, 17,5 × 11,5, 81-88.

1968

III.A.31. Schillebeeckx E., «Le philosophe Paul Ricœur, docteur en théologie [discours d'admission de P. Ricœur au doctorat honoris causa en théologie à l'Université Catholique de Nimègue]». *Christianisme social* 76 (1968), nº 11-12, 639-645.

III.A.32. Secrétan H., «La pensée politique de Paul Ricœur [analyse déployée à l'aide des catégories du paradoxe et de la conciliation]». *Vérité et Pouvoir* (Mobiles), [Lausanne]. Éditions de l'âge d'homme, [1968], 21 × 13,5, 117-145.

III.A.33. Van Esbroeck M., «La philosophie herméneutique de Paul Ricœur». *Herméneutique, structuralisme et exégèse. Essai de logique kérygmatique* (L'athéisme interroge). [Paris]: Desclée, [1968], 21,5 × 13,5, 23-46.

Traduit en allemand par III.C.9.

1969

III.A.34. Dumas A., «L'herméneutique [sur G. Ebeling et P. Ricœur]». *Foi et Vie* 68 (1969), nº 5-6, décembre, 57-73.

III.A.35. Hervé A., «Un philosophe descend dans l'arène. Pourquoi Paul Ricœur a accepté de devenir doyen de la faculté de Nanterre?». *Réalités*, (l'Allemagne cousue d'or) 1969, nº 284, septembre, 30-33.

III.A.36. Sales M., «Un colloque sur le mythe de la peine [critique de l'exposé de P. Ricœur et de G. Fessard (II.A.212)]». *Archives de Philosophie*. Recherches et documentation 32 (1969), nº 4, octobre-décembre, 664-675.

1970

III.A.37. Anonyme, «L'élimination des libéraux [récit de la situation critique du doyen P. Ricœur à Nanterre]». *L'Express* 1970, nº 969, 2-8 février, 35.

III.A.38. Blondel J., «Paul Ricœur et 'Nanterre'». *Foi-Éducation* 40 (1970), nº 91, avril-juin, 6.

III.A.39. Dupuy B.-D., «Herméneutique [fortement nourri par la pensée de P. Ricœur]». *Encyclopaedia Universalis. VIII.* Paris: Encyclopaedia Universalis France, [1970], 30,5 × 20, 365-367.

III.A.40. Faust J.-J., «Le test de Nanterre [relation des derniers événements avant la démission du doyen P. Ricœur]». *L'Express* 1970, nº 974, 9-15 mars, 42-44.

III.A.41. Gaussen Fr., «M. Ricœur à Nanterre: un réformiste entre deux feus [la droite lui reproche son attitude libérale et non répressive, la gauche le critique pour son réformisme et sa politique de participation]». *Le monde* 27 (1970), nº 7792, 31 janvier, 8.

III.A.42. Gisel P., «Le conflit des interprétations [étude de l'herméneutique dans la pensée de P. Ricœur]». *Esprit* 38 (1970), nº 11, novembre, 776-784.

III.A.43. Guichard O., «La réponse de M. Olivier Guichard [ministre de l'Éducation nationale à la lettre de démission du doyen P. Ricœur]». *Le monde* 27 (1970), nº 7830, 18 mars, 16.

Reproduit partiellement dans *France-Soir* 1970, 18 mars, 7 et *Le Figaro* 144 (1970), nº 7933, 18 mars, 16.

III.A.44. L.N., «Nanterre: plaidoyer pour un doyen [P. Ricœur]». *Réforme* 1970, nº 1299, 7 février, 3.

III.A.45. Mauge R., «Nanterre. L'université ingouvernable [présentation et interprétation du trame des conflits à Nanterre]». *Paris Match* 1970, nº 1090, 28 mars, 94-99.

III.A.46. Padavani M., «Nanterre. La peur règne [à la suite de la situation anarchique le doyen P. Ricœur est obligé de demander à l'autorité «la transformation des voies du domaine universitaire en voies publiques»]». *L'Express* 1970, nº 973, 2-8 mars.

III.A.47. Van Riet G., «Paul Ricœur [concerne seulement 3 volumes de sa *Philosophie de la volonté*]». *Philosophie et religion* (Bibliothèque philosophique de Louvain, 23). Louvain-Paris, Publications universitaires de Louvain – Éditions Béatrice-Nauwelaerts, 1970, 24,5 × 16, 57-61.

1971

III.A.47a. Charron G. H., «Implications de la distinction de Benveniste entre linguistique de la langue et linguistique du discours [maintes références à P. Ricœur]». *Revue de l'Université d'Ottawa* 41 (1971), nº 2, avril-juin, 207-223.

III.A.48. MADEC G., «Notes sur l'intelligence augustinienne de la foi [sur le péché originel et le cercle herméneutique d'après P. RICŒUR]». *Revue des études augustiniennes* 17 (1971), nº 1-2, 119-142.

1972

III.A.49. FOREST A., «Le sacré fondamental [sur G. MARCEL, P. RICŒUR et M. HEIDEGGER]». *Teoresi* 27 (1972), nº 3-4, juillet-décembre, 147-174.

III.A.50. VANSINA Fr. D., «La problématique épochale de P. Ricœur et l'existentialisme (Résumé) [critique à l'égard de l'objection ricœurienne d'ontologisation de la faute par S. KIERKEGAARD, K. JASPERS et M. HEIDEGGER]». *Revue philosophique de Louvain* 70 (1972), novembre, 587-619, 636-637.

1973

III.A.51. MADISON G. Br., «Ricœur et la non-philosophie (À l'occasion du 60e anniversaire de Paul Ricœur) [étude perspicace de la pensée de P. RICŒUR]». *Laval théologique et philosophique* 29 (1973), nº 3, octobre, 227-241.

III.A.52. ROBERT J.-D., «Sagesse et illusions de Jean Piaget [l'auteur y confronte *Sagesse et illusion de la philosophie* par J. PIAGET avec *La sémantique de l'action* par P. RICŒUR (II.A.335)]». *Tijdschrift voor Filosofie* 35 (1973), nº 4, 867-909.

1974

III.A.53. CHAZAUD J., «La psychanalyse face aux phénoménologies. Quand Ricœur interprète Freud [exposé sympathique avec des réserves à l'égard de la lecture prospective]». *Les contestations actuelles de la psychanalyse* (Nouvelle Recherche). [Toulouse]: Privat, [1974], 24 × 18, 115-124.

III.A.54. GISEL P., «Paul Ricœur [une introduction à l'œuvre de P. RICŒUR et une évaluation par un théologien]». *Études théologiques et religieuses* 49 (1974), nº 1, 31-50.

Traduit en allemand par III.C.11.

III.A.55. OKONDA O.,«L'herméneutique chez Paul Ricœur. Instances et méthodes [sur les trois moments de l'herméneutique ricœurienne]». *Cahiers philosophiques africains* (Lubumbashi) 1974, nº 6, juillet-décembre, 33-61.

III.A.56. TSHIAMALENGA NTUMBA, «La philosophie de la faute dans la tradition Luba [comparée avec la conception ricœurienne à ce sujet]». *Cahiers des Religions Africaines* 8 (1974), nº 16, 167-186.

1975

III.A.57. ANONYME, «Ricœur Paul (1913-0000)». *Encyclopaedia universalis. XX.* Paris: Encyclopaedia Universalis, [1975], 30 × 21,5, 1658.

III.A.58. FONTAN P., «Histoire et philosophie. Présence du platonisme [plusieurs références à P. RICŒUR]». *Revue thomiste* 75 (1975), nº 1, janvier-mars, 108-118.

III.A.59. IKOR R., *Pour une fois écoute, mon enfant*. Paris: Albin Michel [1975], 20 × 14, 242-243, 262.

Récit de la vie des officiers français, prisonniers de guerre en Allemagne, par un auteur qui partageait longtemps la même chambre popote avec Paul Ricœur et six autres.

III.A.59a. SECRETAN Ph., «Herméneutique et vérité [inspiré par P. RICŒUR]. Hommage à Paul Ricœur, à l'occasion de son 60e anniversaire». *Exegesis. Problèmes de méthode et exercices de lecture* (Bibliothèque théologique). Travaux publiés sous la direction de Fr. BOVON et Gr. ROUILLER. Neuchâtel-Paris: Delachaux et Niestlé, 1975, 23 × 15,5, 169-178.

Traduit en anglais par III.B.73a.
Traduit en espagnol par III.D.25a.

1976

III.A.60. ALEXANDRE J., «Notes sur l'esprit des paraboles en réponse à P. Ricœur». *Études théologiques et religieuses* 51 (1976), nº 3, 367-372.

III.A.61. BLOCHER H., «L'herméneutique selon Paul Ricœur». *Hokhma.* Revue de réflexion théologique 1976, nº 3, 11-57.

III.A.62. CAPPE D., «Ricœur (Paul)». *La Grande Encyclopédie. Vol. 17* Paris: Larousse, 1976, 10448-10449.

III.A.63. Charles D., «Dire, entendre, parler. L'herméneutique et le langage selon Paul Ricœur». *Algemeen Nederlands Tijdschrift voor Wijsbegeerte* 68 (1976), nº 2, avril, 74-98.

III.A.64. Depoortere Ch., «Mal et libération. Une étude de l'œuvre de Paul Ricœur [excellent article couvrant presque toute la pensée ricœurienne]». *Studia Moralia* (Pontificia Universitas Lateranensis) 14 (1976), 337-385.

III.A.65. Gisel P., «Paul Ricœur ou le discours entre la parole et le langage». *Revue de théologie et de philosophie* 26 (1976), nº 2, 98-110.

Traduit en anglais par II.B.59.

III.A.66. Kemp P., «Réponse de Peter Kemp à Paul Ricœur [sur le langage de l'engagement]». *Bulletin de la Société française de Philosophie* 70 (1976), nº 2, 79-83.

III.A.67. Laplantine Fr., «Violence et mythologie (Première partie). Critique de la philosophie réflexive (Jean Nabert et Paul Ricœur) (Chapitres III et IV de la deuxième partie) [exposé et critique imprégnés de la pensée de P. Ricœur]». *Le philosophe et la violence* (Collection S.U.P. Le philosophe, 122). Paris: Presses Universitaires de France, [1976], 21 × 13,5, 31-85, 130-180.

III.A.68. Lassègue M., «L'œuvre de Ricœur [présentation de quelques thèmes majeurs]». *Cahiers Universitaires Catholiques* 1976, nº 2, novembre-décembre, 18-22.

1977

III.A.69. Greisch J., «Bulletin de la philosophie. La tradition herméneutique aujourd'hui: H.-G. Gadamer, P. Ricœur, G. Steiner». *Revue des sciences philosophiques et théologiques* 61 (1977), nº 2, avril, 289-300.

1978

III.A.70. Derrida J., «Le retrait de la métaphore [réponse à la critique de P. Ricœur dans *La métaphore vive* (huitième étude, § 3) à l'égard de la conception de J. Derrida sur la métaphore dans *Mythologie blanche*]». *Poésie* 1978, nº 7, 103-126.

III.A.71. Geffré Cl., «Crise de l'herméneutique et ses conséquences pour la théologie (suivie d'une discussion) [traite aussi de la conception ricœurienne de l'herméneutique]». *Revue des sciences religieuses* (Problèmes d'interprétation dans le champ du discours théologique. Conférences du C.E.R.I.T.) 52 (1978), nº 3-4, octobre, 268-296, 297-298.

III.A.72. Missac P., «Tropes, tics et trucs [contient de multiples références à *La métaphore vive* (I.A.11)]». *Critique* 34 (1978), nº 378, novembre, 1017-1033.

III.A.73. Parain-Vial J., «Paul Ricœur». *Tendances nouvelles de la philosophie*. [Paris], Le Centurion, [1978], 21 × 13,5, 219-221.

1979

III.A.74. Galland S., «*L'espérance maintenue. Chronique d'un homme du commun* [un pasteur traitant du mouvement social protestant référant maintes fois à P. Ricœur]. Préface du pasteur A. Nicolas. [Paris]: Le Centurion, 1979, 22 × 15, 61-62, 66-70, 76, 85, 131, 148, 152-153, 226-227.

Reproduit partiellement sous le titre «Paul Ricœur et la réflexion sur le marxisme» dans *Itineris. Cahiers socialistes chrétiens* (Itinéraires socialistes chrétiens). [Genève]: Labor et Fides, [1983], 22,5 × 15, 127-136.

III.A.75. Hottois G., L'inflation du langage dans la philosophie contemporaine (Université Libre de Bruxelles. Faculté de Philosophie et Lettres, 69) [traite aussi de P. Ricœur]. Préface de J. Ladrière. [Bruxelles]: Éd. de l'Université de Bruxelles, [1979], 24 × 16, 71-75.

III.A.76. Petit J.-L., «Pour une phénoménologie linguistique de l'action [étude critique de *La sémantique de l'action* (II.A.335)]». *Revue de métaphysique et de morale* 84 (1979), nº 3, juillet, 397-403.

1980

III.A.77. Bouchard G., «Sémiologie, sémantique et herméneutique selon Paul Ricœur». *Laval théologique et philosophique* 36 (1980), nº 3, octobre, 255-284.

III.A.78. LABBÉ Y., «Existence, histoire, discours. L'ontologie herméneutique [sur M. HEIDEGGER, H.-G. GADAMER et P. RICŒUR]». *Nouvelle revue théologique* 102 (1980), n° 6, novembre-décembre 801-834.

III.A.79. LÉONARD A., «Ricœur et l'idée d'une poétique de la volonté [critique les longs détours dans la philosophie ricœurienne]». *Pensée des hommes et foi en Jésus-Christ. Pour un discernement intellectuel* (Le Sycomore. Chrétiens aujourd'hui, 6). Paris-Namur: P. Lethielleux – Culture et Vérité, 1980, 22 × 14, 219-234.

III.A.80. VANSINA Fr. D., «Les grands problèmes éthiques de notre temps [amplement nourri par la pensée ricœurienne]». *Ethique et société. Actes de la 3e Semaine philosophique de Kinshasa* (Recherches philosophiques, 5). Kinshasa: Faculté de Théologie, 1980, 24 × 17, 7-16.

1981

III.A.81. GRONDIN J., «La conscience du travail de l'histoire et le problème de la vérité en herméneutique [mise en relation de H.-G. GADAMER et de P. RICŒUR]». *Archives de Philosophie* 44 (1981), n° 3, 435-453.

III.A.82. KAJ J., «Hans Urs von Balthasar, théologien post-critique [multiples références à P. RICŒUR]». *Concilium*, 1981, n° 161, 141-148.

III.A.83. ROBERT J.-D., «La 'coupure epistémologique' entre sciences de la nature et sciences de l'homme d'après Paul Ricœur [sur son article «Expliquer et comprendre» (II.A.336)]». *Revue des Questions Scientifiques* 152 (1981), n° 1, 111-113.

III.A.84. WELSCH P.-J., «Métaphores et jeux de langage [conforte P. RICŒUR de l'autorité de L. WITTGENSTEIN]». *Langage ordinaire et philosophie chez le 'second' Wittgenstein*. Séminaire de Philosophie du Langage 1979-1980 (Série Pédagogique de l'Institut de linguistique de Louvain, 10). Édité par J.-Fr. MALHERBE. Louvain-la-Neuve: Cabay, 1981, 23 × 13,5, 43-56.

1982

III.A.85. SAURET M.-J., «La foi comme limite de la psychanalyse. I. Paul Ricœur: la psychanalyse au service de la foi». *Croire? Approche psychanalytique de la croyance* (Sciences de l'homme) [Toulouse]: Privat, [1982], 24 × 16, 167-178.

III.A.86. VAN DE WIELE J., «P. Ricœur et M. Foucault. Le concept de discours». *Qu'est-ce que l'homme? Philosophie/Psychanalyse.* Hommage à Alphonse De Waelhens (1911-1981) (Publications des Facultés universitaires Saint-Louis, 27). Bruxelles: Facultés Universitaires Saint-Louis, 1982, 23 × 15,5, 205-226.

1983

III.A.87. BURGELIN Fr., «Compte rendu. *Être, essence et substance chez Platon et Aristote* (II.A.97)». *Bulletin du Centre Protestant d'Études et de Documentation* 1983, n° 281, mai, 167-168.

III.A.88. DUMOUCHEL P., «Paul Ricœur: la tension de la vérité». *Esprit* (Cinquantenaire. Des années 30 aux années 80), 1983, n° 1, janvier, 46-55.

III.A.89. HISASHIGÉ T., *Phénoménologie de la conscience de culpabilité. Essai de pathologie éthique* [livre où P. Ricœur est un interlocuteur important]. Présentation par P. RICŒUR. Tokyo: Les Presses de l'Université Senshu, 1983, 21,5 × 14,5, 35-189, 257-264 et passim.

III.A.90. NEUSCH M. et DE MONTREMY J.-M., «La synthèse Ricœur. 'Auditeur de la parole'. L'homme et son énigme». *La Croix.* Journal 1983, 26 mars, 16.

1984

III.A.91. GREISCH J., «Ricœur Paul, 1913- ». *Dictionnaire des philosophes. K.Z.* Édité sous la direction de D. HUISMAN, avec une préface de F. ALQUIÉ et une introduction de M. CONCHE. [Paris], Presses Universitaires de France, [1984], 25 × 16,5, 2223-2227.

III.B. ENGLISH / ANGLAIS

1957

III.B.1. JASPERS K., «Reply to my Critics [answer to P. RICŒUR's contribution «The Relation of Jaspers' Philosophy to Religion (II.B.8)»].» *The Philosophy of Karl Jaspers. A Critical Analysis and Evaluation* (Library of Living Philosophers). Edited by P.A. SCHILPP. New York: Tudor, 1957, 22 × 14,5, 778-781.

English translation of III.C.1.
Second and augmented edition in 1981: La Salle (Illinois): Open Court.

1960

III.B.2. SPIEGELBERG H., «Paul Ricœur (1913-0000).» *The Phenomenological Movement. A Historical Introduction. Vol. 2* (Phaenomenologica, 5-6). The Hague, M. Nijhoff, 1960, 24 × 15,5, 563-579.

Second edition in 1969.
Third and revised edition in 1982, with the collaboration of K. SCHUHMANN under the title «Paul Ricœur (born 1913)» (584-600) [hardback and student edition].

1966

III.B.3. IHDE D., «Some Parallels between Analysis and Phenomenology [among others on P. RICŒUR].» *Philosophy and Phenomenological Research* 27 (1966-1967), No. 4, June, 577-586.

Reprinted in *Sense and Significance* (Duquesne Studies. Philosophical Series, 31). Pittsburgh: Duquesne University Press, [1973], 23,5 × 15,5, 131-141.

1967

III.B.4. IHDE D., «Rationality and Myth [according to P. RICŒUR].» *The Journal of Thought* 2 (1967), No. 1, January, 10-18.

Reprinted in *Sense and Significance* (Duquesne Studies. Philosophical Series, 31). Pittsburgh: Duquesne University Press, [1973], 23,5 × 15,5, 107-116.

III.B.5. IHDE D., «The Secular City and the Existentialists [mostly referring to P. RICŒUR].» *The Andover Newton Quarterly* 7 (1967), No. 4, March, 180-189.

Reprinted in *Technics and Praxis. A Philosophy of Technology* (Boston Studies in the Philosophy of Science, 24. Synthese Library, 130). Dordrecht-Boston-London: D. Reidel, [1979], 23 × 16, 141-150.

III.B.6. IHDE D., «From Phenomenology to Hermeneutic [on P. RICŒUR's hermeneutics].» *Journal of Existentialism* 8 (1967-1968), No. 30, Winter, 111-132.

III.B.7. KOHÁK E. V., «Existence and the Phenomenological Epokhe [on P. RICŒUR's use of the epokhe].» *Journal of Existentialism* 8 (1967-1968), No. 29, Fall, 19-47.

1968

III.B.8. REAGAN Ch. E., «Ricœur's 'Diagnostic' Relation.» *International Philosopical Quarterly* 8 (1968), No. 4, December, 586-592.

III.B.9. STEWART D., «Paul Ricœur and the Phenomenological Movement.» *Philosophy Today* 12 (1968), 4/4, Winter, 227-235.

1969

III.B.10. FLEW A., «Two Views of Atheism [among other things on the article «Religion, Atheism and Faith» (II.B.31)].» *Inquiry* (Norway) 12 (1969), No. 4, 469-473.

III.B.11. HACKETT St. C., «Philosophical Objectivity and Existential Involvement in the Methodology of Paul Ricœur [contains a positive and negative critique of P. RICŒUR's use of the transcendental method].» *International Philosophical Quarterly* 9 (1969), No. 1, March, 11-39.

III.B.12. RASMUSSEN D. M., «Myth, Structure and Interpretation [among others on P. RICŒUR].» *The Origin of Cosmos and Man. Naissance du monde et de l'homme* (Missionalia, 18). Edited by M. DHAVANONY. Rome: Gregorian University Press, 1969, 24 × 17, 201-217.

III.B.13. RASMUSSEN D. M., «Ricœur: The Anthropological Necessity of a Special Language.» *Continuum* 7 (1969), No. 1, Winter-Spring, 120-130.

Reprinted in D. M. RASMUSSEN, *Symbol and Interpretation*. The Hague: M. Nijhoff, 1974, 38-51.

II.B.14. STEWART D., «Paul Ricœur's Phenomenology of Evil.» *International Philosophical Quarterly* 9 (1969), No. 4, December, 572-589.

1970

III.B.15. LAVERS A., «Man, Meaning and Subject. A Current Reappraisal [among others on P. RICŒUR].» *The Journal of the British Society for Phenomenology* 1 (1970), No. 3, October, 44-49.

III.B.16. SINYARD B., «Myth and Reflection. Some Comments on Ricœur's Phenomenological Analysis.» *Canadian Journal of Theology* 16 (1970), No. 1-2, 33-40.

III.B.17. STEWART D., «In Quest of Hope: Paul Ricœur and Jürgen Moltmann.» *Restoration Quarterly* (Texas) 13 (1970), No. 1, 31-52.

1971

III.B.18. BOURGEOIS P. L., «Hermeneutics of Symbols and Philosophical Reflection: Paul Ricœur.» *Philosophy Today* 15 (1971), No. 4/4, Winter, 231-241.

III.B.19. PHILLIPS D. Z., «Review [on the article «Religion, Atheism and Faith» (II.B.31)].» *The Philosophical Quarterly* 21 (1971), No. 82, January, 93.

III.B.20. THIE M.C., «The 'Broken' World of Myth: An Analysis [among others on P. RICŒUR].» *The New Scholasticism* 45 (1971), No. 1, Winter, 38-55.

III.B.21. TRACY D., *Paul Ricœur's Long Route to Ontology: An Attempt to Interpret His Interpretation Theory*. Paper presented at the Faculty Conference of the University of Chicago Divinity School, 1971 [mimeographed].

1972

III.B.22. BOURGEOIS P. L., «Paul Ricœur's Hermeneutical Phenomenology.» *Philosophy Today* 16 (1972), No. 1/4, Spring, 20-27.

III.B.23. GRATTON C., «Summary [of the article «The Hermeneutics of Symbols and Philosophical Reflection» (II.B.13)].» *Humanitas*. Journal of the Institute of Man 8 (1972), May, 264-266.

III.B.24. KIM J. J., «Belief or Anamnesis: Is a Rapprochement between History of Religions and Theology Possible? [based on P. RICŒUR's interpretation of symbols].» *The Journal of Religion* 52 (1972), No. 2, April, 150-169.

III.B.25. MITCHELL W. H., «Poetry: Language as Violence, an Analysis of the Symbolic Process in Poetry [among others on P. RICŒUR].» *Humanitas*. Journal of the Institute of Man (Symbolism and Human Development) 8 (1972), No. 2, May, 193-208.

III.B.26. MOHANTY J. N., «Paul Ricœur». *The Concept of Intentionality* (Modern Concepts of Philosophy, 15). St. Louis: Warren H. Green, 1972, 23,5 × 15,5, 143-148, and passim.

III.B.27. MUTO S., «Reading the Symbolic Text: Some Reflections on Interpretation [an excellent article on the ricœurian theory of symbol and interpretation].» *Humanitas*. Journal of the Institute of Man (Symbolism and Human Development) 8 (1972), No. 2, May, 169-191.

III.B.28. RASMUSSEN D. M., «From Problematics to Hermeneutics: Lonergan and Ricœur.» *Language, Truth and Meaning*. Papers from the International Lonergan Congress, 1970). Edited by Ph. MCSHANE. Dublin-London: Gill and MacMillan, 1972, 21,5 × 13,5, 236-271.

III.B.29. STEWART D., «The Christian and Politics: Reflections on Power in the Thought of Paul Ricœur.» *The Journal of Religion* 52 (1972), No. 1, January, 56-83.

III.B.30. SYNNESTVEDT J., «Objectivity and Subjectivity in Paul Ricœur.» *Kinesis* 4 (1972), No. 2, Spring, 63-78.

III.B.31. ZUIDEMA S. V., «Original Affirmation and Theological Eschatology in Paul Ricœur's Thought, Expecially in his

Histoire et Vérité.» *Communication and Confrontation. A Philosophical Appraisal and Critique of Modern Society and Contemporary Thought*. Assen-Kampen: Royal Van Gorcum-J.H. Kok, 1972, 24 × 16, 280-308.

English translation of III.G.5.

1973

III.B.32. Arcaya J., «Two Languages of Man [many references to «Language and Creativity» (II.B.40)].» *Journal of Phenomenological Psychology* 4 (1973). No. 1, Fall, 315-329.

III.B.33. Doran R.M., «Paul Ricœur: toward the Restoration of Meaning.» *Anglican Theological Review* (Illinois) 55 (1973), No. 4, October, 443-458.

III.B.34. Kockelmans J.J., «On Myth and Its Relationship to Hermeneutics [mainly on P. Ricœur's opinion in this matter].» *Cultural Hermeneutics* 1 (1973-1974), No. 1, April, 47-86.

III.B.35. Magliola R., «Parisian Structuralism Confronts Phenomenology: The Ongoing Debate [on P. Ricœur, R. Barthes and T. Todorov].» *Language and Style* 6 (1973), No. 4, Fall, 237-248.

III.B.36. Pettit P., «French Philosophy [among others on P. Ricœur].» *The Cambridge Review* 94 (1973), No. 2214, June 8, 178-180.

1974

III.B.37. Kockelmans J.J., «Reflections on Ricœur's Conception of Creativity in Language [on P. Ricœur's article «Creativity in Language» (II.B.40)].» *Language and Language Disturbances* (The 5th Lexington Conference on Pure and Applied Phenomenology, 1972). Edited by E.W. Straus. Pittsburgh: Duquesne University Press, 1974, 22 × 14,5, 72-80.

III.B.38. Morgan J.H., «Religious Myth and Symbol: Convergence of Philosophy and Anthropology [among others on P. Ricœur].» *Philosophy Today* 18 (1974), No. 1, Spring, 68-84.

III.B.39. Stewart D., «Language and/et langage [on French contemporary philosophers of language as J. Derrida, P. Ricœur et al.].» *Philosophy Today* 18 (1974), No. 2, Summer, 87-105.

1975

III.B.40. Alexander R. G., «Paul Ricœur: Which Direction Is He Taking?» *Dialog*. A Journal of Theology (Right, Wrong and the Difference) 14 (1975), No. 1, Winter, 56-61.

III.B.41. Beshai J. A., «Is Psychology a Hermeneutic Science? [mostly on P. Ricœur's hermeneutics].» *Journal of Phenomenological Psychology* 5 (1975), No. 2, Spring, 425-439.

III.B.42. Bourgeois P. L., «Phenomenology and the Sciences of Language [on P. Ricœur's philosophy of language].» *Research in Phenomenology* 1 (1971), 119-136.

Reprinted in P. L. Bourgeois, *Extension of Ricœur's Hermeneutic*. The Hague: M. Nijhoff, 1975, 24 × 16, 113-127.

III.B.43. Cahill P. J., «An Amerindian search: Propaidic to the study of religion in transition [use of P. Ricœur's method of sympathetic re-enactment].» *Studies in Religion. Sciences religieuses* 5 (1975-1976), No. 3, 286-299.

III.B.44. Dornisch L., «Symbolic Systems and the Interpretation of Scripture: An Introduction to the Work of Paul Ricœur.» *Semeia*. An Experimental Journal for Biblical Criticism 1975, No. 4, 1-21.

Translated in italian by III.E.30.

III.B.45. Edie J., «Identity and Metaphor: A Phenomenological Theory of Polysemy [referring to P. Ricœur's views in this matter].» *Journal of the British Society for Phenomenology* (Philosophy in a Technological Age) 6 (1975), No. 1, January, 32-41.

III.B.46. Gerhart M., «Paul Ricœur's Hermeneutical Theory as Resource for Theological Reflection.» *The Thomist* 39 (1975), No. 3, July, 496-527.

III.B.47. Hutchison J. A.. «Two Questions to Paul Ricœur [on the use of P. Ricœur's symbolism and interpretation as a speech act].» *Philosophy of Religion and Theology: Proceeding 1975* (Reprinted Papers for the Section on Philosophy and Theology). Compiled by J. McClendon. American Academy, 1975, 23,5 × 15,5, 19-23.

III.B.48. Stewart D., «Transcendence and the Categorical Imperative [among others on P. Ricœur].» *Rice University Studies* 61 (1975), No. 3, Summer, 87-96.

III.B.49. Tracy D., *Blessed Rage for Order. The New Pluralism in Theology* [inspired by P. Ricœur's hermeneutical theory].» New York: The Seabury Press, [1975], 24 × 16,5, 271 p.

III.B.50. Wells H., «Theology and Christian Philosophy: Their Relation in the Thought of Paul Ricœur.» *Studies in Religion/ Sciences religieuses* (Toronto) 5 (1975), No. 1, 45-56.

1976

III.B.51. Alexander L., «Ricœur's Symbolism of Evil and Cross-cultural Comparison: The Representation of Evil in Maya Indian Culture.» *Journal of the American Academy of Religion* 44 (1976), No. 4, December, 704-714.

III.B.52. Dornisch L., «An Introduction to Paul Ricœur.» *Theology Digest* 24 (1976), No. 2, Summer, 147-153.

III.B.53. Gerhart M., «Paul Ricœur's Notion of 'Diagnostics': its Function in Literary Interpretation.» *The Journal of Religion* 56 (1976), No. 2, April, 137-156.

III.B.54. McCown J., «Phenomenology and Symbolics of Guilt [on P. Ricœur].» *The Southern Journal of Philosophy* 14 (1976), No. 3, Fall, 293-302.

III.B.55. Simon M., «Does History Need Hermeneutics? [comment on «History and Hermeneutics» (II.B.63).» *The Journal of Philosophy* 73 (1976), No. 19, November 4, 695-697.

1977

III.B.56. Cipollone A. P., «Religious Language and Ricœur's Theory of Metaphor.» *Philosophy Today* (A Presentation on *The Rule of Metaphor* by Paul Ricœur) 21 (1977). Supplement to No. 4/4, 458-467.

Reprinted as brochure in 1983.

III.B.57. DILLISTONE Fr. W., «The Essence and the Core [among others on P. RICŒUR].» *Andover Newton Quarterly* 17 (1977), No. 4, March, 290-302.

III.B.58. GERHART M., «The Extents and Limits of Metaphor: Reply to Gary Madison.» *Philosophy Today* (A Presentation of *The Rule of Metaphor* by Paul Ricœur) 21 (1977), Supplement to 4/4, Winter, 431-436.

Reprinted as brochure in 1983.

III.B.59. GISEL P., «Paul Ricœur: Discourse between Speech and Language.» *Philosophy Today* (A Presentation of *The Rule of Metaphor* by Paul Ricœur) 21 (1977), Supplement to 4/4, Winter, 446-456.

Reprinted as brochure in 1983.
Translation of III.A.59.

III.B.60. HOHLER Th. P., «Seeing and Saying: Phenomenology's Contention [among others on P. RICŒUR].» *Philosophy Today* 21 (1977), No. 4/4, Winter, 327-346.

III.B.61. KIRKLAND Fr. M., «Gadamer and Ricœur: The Paradigm of the Text.» *Graduate Faculty Philosophy Journal* 6 (1977), No. 1, Winter, 131-144.

III.B.62. LECHNER R., «The Interpretation of Paul Ricœur. The Rule of the Metaphor [introductory notes to the present issue].» *Philosophy Today* (A Presentation of *The Rule of Metaphor* by Paul Ricœur) 21 (1977), Supplement to No. 4/4, Winter, 409, 410-411.

Reprinted as a brochure in 1983.

III.B.63. MADISON G.-Br., «Reflections on Paul Ricœur's Philosophy of Metaphor.» *Philosophy Today* (A Presentation of *The Rule of Metaphor by* Paul Ricœur) 21 (1977), Supplement to 4/4, Winter, 424-430.

Reprinted as a brochure in 1983.

III.B.64. PELLAUER D., «A 'Response on Paul Ricœur's Philosophy of Metaphor'.» *Philosophy Today* (A Presentation of *The Rule of Metaphor* by Paul Ricœur) 21 (1977), Supplement to 4/4, Winter, 437-445.

Reprinted as a brochure in 1983.

III.B.65. PETERS T., «Sola Scriptura and the Second Naivete [many references to P. RICŒUR].» *Dialog*. A Journal of Theology (Lutheran Identity) 16 (1977), No. 4, Fall, 268-280.

III.B.66. RASCHKE C. A., «Hermeneutics as Historical Process: Discourse, Text and the Revolution of Symbols [on P. RICŒUR].» *Journal of the American Academy of Religion* 45 (1977), March, 74 [full text available].

III.B.67. SEEBOHM Th. M., «The Problem of Hermeneutics in Recent Anglo-American Literature: Part II. [largely on P. RICŒUR's hermeneutics].» *Philosophy and Rhetoric* 10 (1977), No. 4, Fall, 263-275.

III.B.68. SMITHERAM V., «Sartre and Ricœur on Freedom and Choice.» *Philosophy Research Archives* 3 (1977), No. 2, April 1, 34 p.

1978

III.B.69. BROWN J. F., «Culture, Truth and Hermeneutics [report on a dialogue between P. RICŒUR and H.-G. GADAMER on «The Conflict of Interpretations» (II.B.106) at Northwestern University]». *America*. National Catholic Weekly Review 138 (1978), No. 3, January 28, 54-57.

III.B.70. CIPOLLONE A. P., «Symbol in the Philosophy of Ricœur.» *The New Scholasticism* 52 (1978), No. 2, Spring, 149-167.

III.B.71. CIPOLLONE A. P., «Concrete Human Freedom: Ricœur on Sartre.» *The Iliff Review* (Special Issue. Paul Ricœur's Philosophy) 35 (1978), No. 3, Fall, 37-47.

III.B.72. KLEIN T., «Ricœur and Husserl.» *The Iliff Review* (Special Issue. Paul Ricœur's Philosophy) 35 (1978), No. 3, Fall, 27-36.

III.B.72a. PETIT T.-L., «Reunion in Philosophy: Phenomenology and Analytic Philosophy [review of «La sémantique de l'action» (II.A.335)].» *Phenomenology Information Bulletin* 2 (1978), No. 2, October, 3-11.

III.B.73. RASCHKE C., «Paul Ricœur and Religious Language: From *Lebensform* to Work of Discourse.» *The Iliff Review* (Special Issue. Paul Ricœur's Philosophy) 35 (1978), No. 3, Fall, 59-64.

III.B.73a. SECRETAN Ph., «Hermeneutics and Truth [inspired by P. RIcœur]. Presented to Paul Ricœur on the occasion of his 60th birthday.» *Exegesis. Problems of Method and Exercises in Reading (Genesis 33 and Luke 15)* (Pittsburgh Theological Monograph Series, 21). Edited by Fr. Bovon and Gr. Rouiller and translated by D.J. Miller. Pittsburgh: Pickwick Press, 1978, 21,5 × 14, 249-264.

English translation of III.A.59a.

III.B.74. Seeburger Fr. F., «Ricœur on Heidegger.» *The Iliff Review* (Special Issue. Paul Ricœur's Philosophy) 35 (1978), No. 3, Fall, 49-57.

III.B.75. Surber J. P., «Introduction [to special issue on P. Ricœur].» *The Iliff Review* (Special Issue. Paul Ricœur's Philosophy) 35 (1978), No. 3, Fall, 3.

III.B.76. Surber J. P., «Ricœur and the Dialectics of Interpretation [on the dialogue between Kant and Hegel as it appears in P. Ricœur's thought].» *The Iliff Review* (Special Issue. Paul Ricœur's Philosophy) 35 (1978), No. 3, Fall, 13-26.

1979

III.B.77. Carr D., «Interpretation and Self-Evidence [on interpretation according to H.-G. Gadamer, P. Ricœur and E. Husserl].» *The Teleologies in Husserlian Phenomenology. The Irreducible Element in Man. Part III. 'Telos' as the Pivotal Factor of Contextual Phenomenology* (Analecta Husserliana, 9). Edited by A.-T. Tymieniecka. Dordrecht-Boston-London: D. Reidel Publishing Company, [1979], 23 × 16,5, 133-147.

III.B.78. Crossan J.D., «Paradox Gives Rise to Metaphor: Paul Ricœur's Hermeneutics and the Parables of Jesus [followed by a response from P. Ricœur].» *Biblical Research* (Symposium: Paul Ricœur and Biblical Hermeneutics) 24-25 (1979-1980), 20-37, 71-76.

III.B.79. Gerhart M., «Imagination and History in Ricœur's Interpretation Theory.» *Philosophy Today* 23 (1979), No. 1/4, Spring, 51-68.

III.B.80. Lacocque A., «Job and the Symbolism of Evil [according to P. Ricœur, followed by a response from P. Ricœur].»

Biblical Research (Symposium: Paul Ricœur and Biblical Hermeneutics) 24-25 (1979-1980), 7-19, 70-71.

III.B.81. Montague G. T., «Hermeneutics and Teaching of Scripture [based on the hermeneutics of P. Ricœur].» *Catholic Biblical Quarterly* 41 (1979), nº 1, 1-17.

III.B.82. Mudge L. S., «Paul Ricœur on Biblical Interpretation [followed by a response from P. Ricœur].» *Biblical Research* (Symposium: Paul Ricœur on Biblical Hermeneutics) 24-25 (1979-1980), 38-69, 76-80.

Reprinted as introduction in P. Ricœur's publication (I.B.14).

III.B.83. Olson A. M., «The question of Method: Jaspers and Ricœur.» *Transcendence and Hermeneutics. An Interpretation of the Philosophy of Karl Jaspers* (Studies in Philosophy and Religion, 2). The Hague-Boston-London: M. Nijhoff, 1979, 24,5 × 16,5, 156-169.

III.B.84. Reese J. M., «Can Paul Ricœur's Method Contribute to Interpreting the Book of Wisdom?» *La Sagesse de l'Ancien Testament* (Bibliotheca Ephemeridum Theologicarum Lovanientium, LI). Édité par M. Gilbert. Gembloux-Leuven: J. Duculot – University Press, [1979], 24,5 × 16, 384-396.

III.B.85. Sutphin St. T., «Options in Contemporary Theology [also on the phenomenological theology of P. Ricœur].» Washington (DC): University Press of America, 1979.

III.B.86. Titelman P., «Some Implications of Ricœur's Conception of Hermeneutics for Phenomenological Psychology.» *Duquesne Studies in Phenomenological Psychology. III.* Edited by A. Giorgi, R. Knowles and D. L. Smith. Pittsburgh: Duquesne University Press, 1979, 22,5 × 15, 182-192.

III.B.87. Walhout C. P., «On Symbolic Meanings: Augustine and Ricœur.» *Renascence. Essays on Values in Literature* 31 (1979), No. 2, 115-127.

III.B.88. Winter G., «A Proposal for a Political Ethics [also on P. Ricœur].» *The Review of Religious Research* 21 (1979), No. 1, Fall, 87-107.

1980

III.B.89. BLEICHER B., «Ricœur's phenomenological hermeneutic. Ricœur's theory of interpretation. Conclusions: Ricœur and the hermeneutic dispute.» *Contemporary hermeneutics. Hermeneutics as method, philosophy and critique*. London-Boston-Henley: Routledge and Kegan Paul, [1980], 22,5 × 15, 217-256.

III.B.90. GRAY B. J., «Towards Better Ways of Reading the Bible [on the complementarity of the methods of F. TORRANCE and P. RICŒUR].» *Scottish Journal of Theology* 33 (1980), No. 4, 301-315.

III.B.91. IHDE D., «Interpreting Hermeneutics: Origins, Developments and Prospects [on M. HEIDEGGER and P. RICŒUR].» *Man and World* 13 (1980), No. 3-4, 325-343.

III.B.92. KURZWEIL E., «IV. Paul Ricœur. Hermeneutics and Structuralism [biographical introduction and excellent study].» *The Age of Structuralism. Lévi-Strauss to Foucault*. New York: Columbia University Press, 1980, 23,5 × 16, 78-112.

III.B.93. OLSON A. M., «Myth, Symbol and Metaphorical Truth [mainly on P. RICŒUR's metaphorical truth and hermeneutics].» *Myth, Symbol and Reality* (Boston University Studies in Philosophy and Religion, 1). Edited by A. M. OLSON. Notre Dame and London: University of Notre Dame Press, 1980, 23,5 × 16, 99-125.

III.B.94. PETERSEN N. R., «Literary Criticism in Biblical Studies [makes use of P. RICŒUR's method in *Symbolism of Evil*].» *Orientation by Disorientation. Studies in Literary Criticism and Biblical Literary Criticism.* Presented in honor of W. A. Beardslee (Pittsburgh Theological Monograph Series, 35). Edited by R. A. SPENCER. Pittsburgh: The Pickwick Press, 1980, 21,5 × 14, 25-50.

III.B.95. PISCITELLI E. J., «Paul Ricœur's Philosophy of Religious Symbol: A Critique and Dialectical Transposition.» *Ultimate Reality and Meaning: Interdisciplinary Studies in the Philosophy of Understanding* 3 (1980), No. 4, 275-313.

III.B.96. SKOUSGAARD St., «Revisiting Fundamental Ontology: Ricœur vs. Heidegger.» *Philosophical Perspectives*. Essays in Honor of Edward Goodwin Ballard (Tulane Studies in Philosophy, 29). Edited by R. C. Whitmore. New Orleans (Louisiana): Tulane University Press, 1980, 119-132.

1981

III.B.97. Dornisch L., «The Book of Job and Ricœur's Hermeneutics [introduction to this special Issue].» *Semeia* (The Book of Job and Ricœur's Hermeneutics) 1981, No. 19, 3-21.

III.B.98. Lacocque A., «Apocalyptic Symbolism: A Ricœurian Hermeneutical Approach.» *Biblical Research* (Symposium: Apocalyptic Symbolism and Social Reality) 26 (1981), 6-15.

III.B.99. Lowe W. J., «Cosmos and Covenant [on P. Ricœur's interpretation of Job in *The Symbolism of Evil*].» *Semeia* (The Book Job and Ricœur's Hermeneutics) 1981, No. 19, 107-111.

III.B.100. Lowe W. J., «The Coherence of Paul Ricœur.» *The Journal of Religion* 61 (1981), No. 4, 384-402.

III.B.101. McGuire T., «Interpretive Sociology and Paul Ricœur.» *Human Studies*. A Journal for Philosophy and the Social Sciences 4 (1981), No. 2, April-June, 179-200.

III.B.102. Pellauer D., «The Problem of Religious Language and the Complexity of Religious Discourse [mainly inspired by P. Ricœur].» *Dialog*. A Journal of Theology 20 (1981), No. 2, Spring, 112-116.

III.B.103. Pellauer D., «Paul Ricœur on the Specificity of Religious Language.» *The Journal of Religion* 61 (1981), No. 3, 264-284.

III.B.104. Pellauer D., «Reading Ricœur Reading Job [followed by discussion-papers presented by Fr. F. Bolton, D. R. Buckey, R. D. Dunn and A. M. Olson.» *Semeia* (The Book of Job and Ricœur's Hermeneutics) 1981, No. 19, 73-83, 8-103, 113-119.

III.B.105. Smitheram V., «Man, Mediation and Conflict in Ricœur's *Fallible Man*.» *Philosophy Today* 25 (1981), No. 4, Winter, 357-369.

III.B.106. Sweeney R., «Discussion: Metaphor and Feeling. Ricœur's article: The Metaphorical Process as Cognition, Imagination and Feeling (II.B.85).» *Phenomenology Information Bulletin* 3 (1981), October, 68-74.

III.B.107. WINQUIST Ch. E., «The Epistemology of Darkness: Preliminary Reflections [based on P. RICŒUR's interpretation of S. Freud].» *Journal of the American Academy of Religion* 49 (1981), No. 1, March, 23-34.

1982

III.B.108. ALBANO P. J., «Ricœur's Contribution to Fundamental Theology.» *The Thomist* 46 (1982), No. 4, October, 573-592.

III.B.109. BROZ L., «Symbols, Culture and Mythopoetic Thought [among others on P. RICŒUR].» *Communio Viatorum* (Praha) 25 (1982), No. 4, 181-202.

III.B.110. KLEMM D. E., «'This is my Body': Hermeneutics and Eucharistic Language [inspired by P. RICŒUR's hermeneutical theory].» *Anglican Theological Review* 64 (1982) No. 3, 293-310.

III.B.111. KOENIG Th. R., «Ricœur's Interpretation of the Relation between Phenomenological Philosophy and Psychoanalysis.» *Journal of Phenomenological Psychology* (Pittsburgh) 13 (1982), No. 2, Fall, 115-142.

III.B.112. MASON R., «Paul Ricœur's Theory of Interpretation: Some Implications for Critical Inquiry in Art Education.» *Journal of Aesthetic Education* 16 (1982), Winter, 71-80.

III.B.113. O'DONNELL J. G., «The Influence of Freud's Hermeneutic of Suspicion on the Writing of Juan Segundo [via P. RICŒUR's interpretation of S. Freud].» *Journal of Psychology and Theology* 10 (1982), 28-34.

III.B.114. PEREPPADAM J., «The Contributions of Paul Ricœur to Biblical Hermeneutics.» *Jeevadhara. The Word of God.* A Journal of Christian Interpretation (Indian Biblical Hermeneutics) 12 (1982), No. 68, March-April, 156-163.

III.B.115. PETERS T., «Hermeneutics and Homiletics [mainly inspired by P. RICŒUR's interpretation theory].» *Dialog.* A Journal of Theology 21 (1982), Spring, 121-129.

III.B.116. Sakuma A., «On the Power of Metaphor. A Critical Study of Paul Ricœur's Theory.» *Kiyō*. Bulletin of the Faculty of Arts of the Aoyama gakuin University (Japan) 1982, No. 24, 109-123.

1983

III.B.117. Dauenhauer B. P., «Ricœur's Metaphor Theory and Some of its Consequences.» *Southern Journal of Philosophy* 12 (1983), Spring, 1-12.

III.B.118. Hiraga M., «Metaphor and Poetry: Problems in a Hermeneutic Theory of Metaphor.» *Proceedings of the XIIIth International Congress of Linguists*. Tokyo, 1983, 1082-1085.

III.B.119. Jung Pr. B., «Sanctification: An Interpretation in the Light of Embodiment [based on P. Ricœur's philosophy of will].» *Journal of Religious Ethics* 11 (1983), Spring, 75-95.

III.B.120. Lundin R., «Metaphor in the Modern Critical Arena [among others on P. Ricœur;. *Christianity and Literature* 33 (1983), No. 1, Fall, 19-35.

III.B.121. Schwartz S., «Hermeneutics and the Productive Imagination: Paul Ricœur in the 1970s [excellent article].» *The Journal of Religion* 63 (1983), No. 3, July, 290-300.

III.B.122. Sweeney R., «Value and Ideology [on phenomenological axiology mainly according to P. Ricœur].» *Foundations of Morality, Human Rights and the Human Sciences*. Phenomenology in a Foundational Dialogue with the Human Sciences (Analecta Husserliana, XV). Edited by A.-T. Tymieniecka and C. O. Schrag. Dordrecht-Boston-London: D. Reidel Publishing Company, [1983], 23 × 16, 387-401.

III.B.123. Van Den Hengel J., «Faith and Ideology in the Philosophy of Paul Ricœur.» *Église et théologie*. A Review of the Faculty of Theology, Saint Paul University, Ottawa (Theology and Culture. Théologie et culture) 14 (1983), No. 1, 63-89.

III.B.124. Wetherbee Phelps L., «Possibilities for a Post-Critical Rhetoric: A Parasitical Preface 6 [to the articles on P. Ricœur in this issue of *Pre/Text*].» *Pre/Text* (Ricœur and Rhetoric).

An Inter-Disciplinary Journal of Rhetoric 4 (1983); Nos. 3-4, Fall-Winter, 201-213.

III.B.125. SWEENEY R.D. and WETHERBEE PHELPS L., «Rhetorical Themes in the Work of Paul Ricœur: A Bibliographical Introduction.» *Pre/Text* (Ricœur and Rhetoric) 4 (1983), Nos. 3-4, Fall-Winter, 215-223.

III.B.126. DELOACH B., «On First Looking into Ricœur's *Interpretation Theory*: A Beginner's Guide.» *Pre/Text* (Ricœur and Rhetoric) 4 (1983), Nos 3-4, Fall-Winter, 225-236.

III.B.127. REAGAN Ch., «Hermeneutics and the Semantics of Action [in P. RICŒUR's works].» *Pre/Text* (Ricœur and Rhetoric) 4 (1983), Nos. 3-4, Fall-Winter, 239-255.

III.B.128. SWEARINGEN C.J., «Between Intention and Inscription: Toward a Dialectical Rhetoric [in P. RICŒUR's work].» *Pre/Text* (Ricœur and Rhetoric) 4 (1983), Nos. 3-4, Fall-Winter, 257-271.

III.B.129. GERHART M., «Genre as Praxis: An Inquiry [in P. RICŒUR's work].» *Pre/Text* (Ricœur and Rhetoric) 4 (1983), Nos. 3-4, Fall-Winter, 273-288.

III.B.130. CHARMÉ St., «Paul Ricœur as Teacher: A Reminiscence.» *Pre/Text* (Ricœur and Rhetoric) 4 (1983), Nos. 3-4, Fall-Winter, 289-294.

III.B.131. FOSTER St. W., «Deconstructing a Text on North Africa: RICŒUR and Post-Structuralism.» *Pre/Text* (Ricœur and Rhetoric) 4 (1983), Nos. 3-4, Fall-Winter, 295-315.

III.B.132. LAWLOR L., «Event and Repeatibility: Ricœur and Derrida in Debate.» *Pre/Text* (Ricœur and Rhetoric) 4 (1983), Nos. 3-4, Fall-Winter, 317-334.

1984

III.B.133. KEMP P., «Review Essay. *Michel Foucault. Beyond Structuralism and Hermeneutics* by H.L. Dreyfus and P. Rabinow [offers a critique from P. RICŒUR's views].» *History and Theory*. Studies in the Philosophy of History 23 (1984), No. 1, 84-105.

III.C. ALLEMAND / GERMAN

1957

III.C.1. JASPERS K., «Antwort [de K. JASPERS à la contribution de P. RICŒUR «Philosophie und Religion bei Karl Jaspers» (II.C.3)]». *Karl Jaspers* (Philosophen des 20. Jahrhunderts). Édité par P.A. SCHILPP. Stuttgart: Kohlhammer, [1957], 22 × 14,5, 776-779.

Traduit en anglais par III.B.1.

1964

III.C.2. WALDENFELS B., «Philosophie und Nicht-Philosophie. Zur gegenwärtigen französischen Philosophie [expose aussi la philosophie de P. RICŒUR]». *Philosophische Rundschau* 12 (1964), nº 1-2, 48-58.

1968

III.C.3. WYSS D., *Strukturen der Moral. Untersuchungen zur Anthropologie und Genealogie moralischer Verhaltensweisen* [plusieurs références à P. RICŒUR]. Göttingen: Vandenhoeck und Ruprecht, [1968], 23 × 16, 14, 30-32, 34, 56, 91-92.

1970

III.C.4. KEMP P., «Phänomenologie und Hermeneutik in der Philosophie Paul Ricœurs». *Zeitschrift für Theologie und Kirche* (Tübingen) 67 (1970), nº 3, septembre, 335-347.

1971

III.C.5. HOLENSTEIN H., «Passive Genesis: eine Begriffsanalytische Studie [sur la genèse passive chez E. HUSSERL, M. MERLEAU-PONTY et P. RICŒUR]». *Tijdschrift voor Filosofie* 33 (1971), nº 1, mars, 112-153.

III.C.6. SCHIWY G., *Neue Aspekte des Strukturalismus* [discute aussi la conception ricœurienne]». München: Kösel Verlag, [1971], 22 × 14, 106-109, 130-131, 184-187.

1972

III.C.7. DUMASY A., «Erkenntnistheorie und strukturale Methodologie. Paul Ricœur». *Restloses Erkennen. Die Diskussion über den Strukturalismus des Claude Lévi-Strauss in Frankreich* (Soziologische Schriften, 8). Berlin: Duncker und Humblot, [1972], 23 × 16, 153-168.

III.C.8. MAINBERGER G., «Die Freiheit und das Böse. Diakronische und synchronische Lektüre der Werke von Paul Ricœur». *Freiburger Zeitschrift für Philosophie und Theologie* 19 (1972), nº 2-3, 410-430.

III.C.9. VAN ESBROECK M., «Die hermeneutische Philosophie von Paul Ricœur». *Hermeneutik, Strukturalismus und Exegese*. Traduction *de Herméneutique, structuralisme et exégèse* par K. BERGNER. München: Kösel Verlag, 1972, 22 × 13,5, 27-47.

Traduction allemande de III.A.33.

1973

III.C.10. LEICK R., «Die Wahrheit der Existenz. Versuch über Paul Ricœur». *Stimmen der Zeit* (Freiburg-im-Breisgau) 98 (1973), Heft 10, octobre, 695-709.

Repris sous le titre «Einleitung. Paul Ricœur und die Wahrheit der Existenz [comme introduction à *Geschichte und Wahrheit*]». *Geschichte und Wahrheit*. München: List, 1974, 20,5 × 13, 9-36.

1974

III.C.11. GISEL P., «Paul Ricœur. Eine Einführung in sein Denken». *Metapher. Zur Hermeneutik religiöser Sprache* (Evangelische Theologie. Sonderheft). München: Kaiser Verlag, [1974], 22,5 × 15, 5-23.

Traduction allemande de III.A.54.

1975

III.C.12. HONNEFELDER L., «Zur Philosophie der Schuld [surtout chez P. RICŒUR]». *Theologische Quartalschrift* (Schuld und Sünde in einer säkularisierten Welt) 155 (1975), nº 1, 31-48.

III.C.13. STOCK K., «Kerygma als Thema der Philosophie [dans la pensée ricœurienne]». *Evangelische Theologie* (Zur Gottesfrage) 35 (1975), n° 3, mai-juin, 275-281.

1976

III.C.14. Bollnow O. Fr., «Paul Ricœur und die Probleme der Hermeneutik. I-II.» *Zeitschrift für philosophische Forschung* 30 (1976), n° 2, avril-juin, 167-189, n° 3, juillet-septembre, 389-412.

1977

III.C.15. Diemer A., «Die Hermeneutik in der Phänomenologie. E. Husserl-M. Heidegger-P. Ricœur-A. Diemer». *Elementarkurs Philosophie. Hermeneutik*. Düsseldorf-Wien: Econ Verlag, [1977], 20 × 14, 84-92.

1978

III.C.16. Fredi De Quervain P., «Paul Ricœur: Die Auseindersetzung mit Freud». *Psychoanalyse und dialektische Theologie. Zum Freud-Verständnis bei K. Barth, E. Thurmysen und P. Ricœur* (Jahrbuch der Psychoanalyse. Beiheft n° 3). Bern-Stuttgart-Wien: Verlag Hans Huber, [1978], 21 × 12,5, 47-66.

III.C.17. Hertsch Kl.-P., «Rezension. *Metapher. Zur religiöser Sprache* [sur les articles II.C.16 et II.C.17]». *Theologische Literaturzeitung* (Leipzig) 103 (1978), n° 6, juin, 445-447.

III.C.18. Schelling W. A., «Ueber Motive in der Hermeneutik von Paul Ricœur». *Sprache, Bedeutung und Wunsch. Beiträge zur psychologischen Hermeneutik* (Erfahrung und Denken, 53) [tout le livre d'ailleurs est amplement nourri par la pensée ricœurienne]. Berlin: Duncker und Humblot, [1978], 23,5 × 16, 96-126, et passim.

III.C.19. Stock K., «Philosophie 'in dieser Zwischenzeit' [étude mettant *Hermeneutik und Psychoanalyse* (I.C.7) dans le contexte de l'entreprise herméneutique de P. Ricœur]». *Evangelische Theologie* (Gotteslehre in der Philosophie) 38 (1978), n° 1, janvier-février, 84-91.

1979

III.C.20. Braunschweiger H., «Auf den Weg zu einer poetischen Homelitik. Einige Aspekte der Hermeneutik Ricœurs als Impuls für die Homelitik». *Evangelische Theologie* (Praktische Theologie) 39 (1979), n° 2, mars-avril, 127-143.

1981

III.C.21. Schelling W. A., «Zwischen Anthropologie, Hermeneutik und Psychoanalyse: über Paul Ricœur». *Reformatio* 30 (1981), n° 3, mars, 154-162.

1982

III.C.22. Spiegelberg H., «Aus der Diskussion. Zu Paul Ricœurs 'Phénoménologie du vouloir et approche par le langage ordinaire'». *Pfänder-Studien* (Phaenomenologica, 84). Édité par H. Spiegelberg et E. Avé-Lallemant. The Hague-Boston-London: Martinus Nijhoff, 1982, 24,5 × 16,5, 102-106.

1983

III.C.23. Waldenfels B., «Paul Ricœur: Umwege der Deutung [étude de valeur couvrant toute la philosophie de P. Ricœur]». *Phänomenologie in Frankreich*. [Frankfurt am Main]: Suhrkamp Verlag, [1983], 20,5 × 13, 226-335.

III.D. ESPAGNOL / SPANISH

1970

III.D.1. García Canclini N., «El tiempo en Ricœur: contecimiento y estructura». *Cuadernos de Filosofía* (Buenos Aires) 10 (1970), n° 13, janvier-juin, 49-61.

1971

III.D.2. Santos M., «La 'repetición' filosófica del mito. Introducción al pensamiento de Paul Ricœur». *Stromata* (Argentina) 27 (1971), nº 3/4, juillet-décembre, 495-513.

1972

III.D.3. Pintor-Ramos A., «Símbolo, hermenéutica y reflexión en Paul Ricœur». *La Ciudad de Dios* (El Escorial) 185 (1972), nº 3, juillet-septembre, 463-495.

III.D.4. Trevijano Etcheverria P., «La dimensión horizontal de la esperanza en al pensamiento de Paul Ricœur». *Scriptorium Victoriense* 19 (1972), janvier-avril, 5-34.

III.D.5. Trevijano Etcheverria P., «La dimensión vertical de la esperanza en al pensamiento de Paul Ricœur». *Scriptorium Victoriense* 19 (1972), mai-août, 185-215.

Ces deux articles ont été reproduits comme tiré à part sous le titre *La dimensión horizontal y vertical de la esperanza en el pensamiento de Paul Ricœur*. Roma, S.N., 1973, 61 p.

1973

III.D.6. López Martín A., «El estructuralismo linguistico [aussi sur P. Ricœur]». *Revista di Filosofia de la Universidad de Costa Rica* 11 (1973), nº 32, 3-11.

III.D.7. Maristany Del Rayo J., «Paul Ricœur y la muerte de la Universidad». *Antropológica* 1973, nº 1, 85-113.

III.D.8. Ortega Ortiz J. M., «Paul Ricœur. Hermenéutica y ontología». *Antropológica* 1973, nº 1, 137-149.

III.D.9. Wallton R. J., «Cultura, existencia y logica trascendental: apofantica formal en la fenomenolgía [sur P. Ricœur]». *ITA Humanidades* 9 (1973), 41-60.

1975

III.D.10. Díaz C. et Maceiras M., *Introdución al personalismo actual* [sur E. Mounier, J. Lacroix, M. Nédoncelle et P. Ricœur]. Madrid: Gredos, 1975, 246 p.

III.D.11. Lahud M., «A semiologia segundo Granger [traite aussi de P. Ricœur]». *Discurso* 5 (1975), 105-131.

III.D.12. PINTOR-RAMOS A., «Paul Ricœur y el estructuralismo». *Pensamiento* 31 (1975), nº 122, avril-juin, 95-123.

III.D.13. SAZBON J., *Mito e historia en la antropología estructural* [aussi sur Cl. LÉVI-STRAUSS et la critique de P. RICŒUR]. Buenos Aires: Nuova Vision, 1975, 95 p.

1976

III.D.14. GRANDA D., «Símbolo y razon en el pensamiento de Paul Ricœur». *Revista de la Universidad Católica* (Quito) 4 (1976), nº 13, 109-128.

III.D.15. LUCAS HERNÁNDEZ J.S., *Antropologías del siglo XX* [sur B.F. SKINNER, S. FREUD, P. RICŒUR et d'autres]. Salamanca: Sígueme, 1976, 277 p.

III.D.16. MACEIRAS FAFÍAN M., «Ricœur, Paul». *Diccionario di filosofía contemporánea*. Sous la direction de M.A. QUINTANILLA. Salamanca: Sígueme, 1976.
Traduit en italien par III.E.35.

III.D.17. MACEIRAS FAFÍAN M., «La antropología hermenéutica de P. Ricœur». *Antropologías del siglo XX* (Hermeneia, 5). Dirigé par J. DE SAHAGÚN LUCAS. Salamanca: Sígueme, 1976, 21,5 × 13, 125-148.

III.D.18. MACEIRAS FAFÍAN M., «Paul Ricœur: una ontología militante». *Pensamiento* 32 (1976), nº 126, avril-juin, 131-156.

III.D.19. MELANO COUCH B., «Liberación de la palabra [sur l'herméneutique de P. RICŒUR]». *Cuadernos de teología* (Buenos Aires) 4 (1976), nº 2, 116-123.

III.D.20. POLAINO-LORENTE A., «Fenomenología de la comunicación humana y su aplicación a la comunidad pedagógica [chez P. RICŒUR, G. MARCEL et d'autres]». *Bordón* (Madrid) 28 (1976), 213, 215-224.

III.D.21. UNA JUAREZ O., «En la base de la revisión: la hermenéutica [chez H.-G. GADAMER, P. RICŒUR et d'autres]». *Religión y Cultura* (Madrid) 22 (1976), nº 90, 69-77.

1977

III.D.22. MOLNAR Th., «La filosofía en desorden [sur P. RICŒUR, M. HEIDEGGER et d'autres]». *Mikael* (Paraná) 5 (1977), nº 14, 47-57.

III.D.23. OLMEDO A., «Cómo es posible hoy el amor al prójimo? [selon G. GUTIÉRREZ, A. PAOLI et P. RICŒUR]». *Proyección* (Granada) 24 (1977), nº 106, 183-190.

III.D.24. PINTOR-RAMOS A., «Arqueología y teleología del sujeto. Hitos de la filosofía reflexiva de P. Ricœur (I-II)». *La Ciudad de Dios* (El Escorial) 190 (1977), nº 2, mai-août, 223-277; 191 (1978), nº 2, mai-août, 247-297.

III.D.25. RUBIO ÁNGULO J., «Paul Ricœur y la filosofía latinoamericana». *Revista Javeriana* 90 (1977), nº 439, 73-80.

III.D.25a. SECRETAN Ph., «Hermenéutica y verdad». *Exégesis. Problemas de método y ejercicios de lectura.* Édité par Fr. BOVON et Gr. ROUILLER et traduit par J.S. CROATTO. Buenos Aires: La Aurora, [1978], 22 × 15,5, 000-218.

Traduction espagnole de III.A.59a.

1978

III.D.26. RINCÓN GONZALÉZ A., «Lenguaje religioso y ciencias del lengüaje [sur P. RICŒUR et J. MACQUARRIE]». *Theologica Xaveriana* (Columbia) 28 (1978), nº 3, 395-311.

III.D.27. BLOCHER H., «La hermenéutica segun Paul Ricœur». *Boletín teológico. Fraternidad Teológica Latinoamericana* (México) 1978, nº 1, 1-55.

III.D.28. CERIOTTO C.L., «Aproximación a Paul Ricœur. Hermenéutica-Latencia-Reflexión». *Philosophia* (Argentina) 1978, nº 40, 1-21.

III.D.29. GARCÍA CANCLINI N., «Lingüística y psicoanálysis en la filosofía de Paul Ricœur». *Escritos de filosofía* (Lenguaje) (Argentina) 1 (1978), nº 1, 103-112.

III.D.30. NOEMI J., «Exégesis y dogma: A propósito del 'pecado original' [selon P. RICŒUR]». *Teología Vida* (Chile) 19 (1978), nº 4, 299-304.

III.D.31. Oruzco S. L. E., «Ciencia-ideología desde la relación Feuerbach-Marx. A propósito del texte de Paul Ricœur 'Ciencia-ideología' (II.D.13)». *Cuadernos di Filosofía y Letras* (Bogotá) 1 (1978), nº 1, 27-48.

1979

III.D.32. Pintor Ramos A., «Paul Ricœur, fenomenólogo». *Cuadernos Salmantinos de Filosofía* (Salamanca) 6 (1979), 135-156.

III.D.33. Véase, «Ricœur, Paul». *Diccionario de Filosofía. Vol. IV.* Édité par J. Ferrater Mora. [Madrid]: Alianza Editorial, 1979, 23,5 × 16, 2870-2872.
Réédité en 1980.

1980

III.D.34. Huarte J., «Apuntes para una antropología del lenguaje bíblico [traitant de P. Ricœur]». *La Ciencia tomista* (Salamanca) 107 (1980), nº 352, 403-431.

III.D.35. Prieto R. M., «El problema del mal en la obra de Paul Ricœur (Summary)». *Filosofia oggi* 3 (1980), nº 3, 381-407, 476.

III.D.36. Scannone J. C., «Simbolismo religioso y pensamiento filósofico según Paul Ricœur». *Stromata* (Argentina) 36 (1980), nº 3-4, 215-226.

III.D.37. Schlesener A. H., «Ricœur: Fenomenología e hermenéutica». *Textos SEAF* (Curitiba) 1 (1980), nº 2, mai-décembre, 16-23.

1981

III.D.38. Peñalver Simó M., «La justificación de la hermenéutica en la filosofía de la voluntad de Paul Ricœur». *Aporía* 3 (1981), nº 12, 73-81.

II.E. ITALIEN / ITALIAN

1960

III.E.1. Renzi E., «Criticismo, fenomenologia e problema della relazione interpersonale secondo Ricœur». *Archivio di Filosofia* (Tempo e intenzionalità) 30 (1960), nº 1, 89-97.

III.E.2. Renzi E., «Ricœur e l'*Einfühlung* husserliana». *Il Verri* 1960, nº 4, 131-138.

1966

III.E.3. Paci E., «Psicanalisi e fenomenologia [sur P. Ricœur]». *Aut Aut* 1966, nº 92, mars, 7-20.

1968

III.E.4. Laniso A., «Linguaggio simbolico e filosofia dell'indagine di Paolo Ricœur». *Giornale di Metafisica* 23 (1968), nº 2-3, 208-218.

III.E.5. Veca S., «Un articulo di Ricœur sulla linguistica [sur l'article «La structure, le mot et l'événement» (II.A.214)]». *Aut Aut* 1968, nº 105-106, mai-juillet, 192-195.

1969

III.E.6. Morra G., «Ricœur, Paul». *Enciclopedia Filosofica. Vol. V* [Firenze]: G. C. Sansoni, [1969], 28 × 20, 755-756.

III.E.7. Patrola V., «L'antropologia di Paul Ricœur». *L'uomo nel problematicismo di Ugo Spirito*. L'Aquila: L. V. Japadre, 1969, 24 × 16,5, 83-107.

1971

III.E.8. Obertello L., «Filosofia e interpretazione chez [P. Ricœur]». *Filosofia* 22 (1971), nº 1, janvier 97-110.

III.E.9. Mondin B., «La filosofia del simbolismo religioso di Paul Ricœur». *Aquinas* 14 (1971), nº 1, 34-48.

1972

III.E.10. Andreoni C., «Paul Ricœur. I: La demistificazione del Dio etico. II: Il superamento del Dio etico». *Ethica* 11 (1972), nº 2, 127-149, nº 3, 173-198.

III.E.11. Cristaldi M., «La testimonianza della maschere. Note sulla critica ermeneutica di Paul Ricœur». *Archivio di Filosofia* (Informazione e testimonianza) 42 (1972), nº 3, 67-85.

III.E.12. GUERRERA BREZZI Fr., «Filosofia e religione in Paul Ricœur». *Sacra Doctrina* 17 (1972), juillet-septembre, 431-472.

III.E.13. GUZZO A., «Gli 'Entretiens' di Cambridge su l'Azione. Settembre 1972 [traite aussi de l'analyse linguistique chez P. RICŒUR)». *Filosofia* 24 (1972), nº 2, avril, 177-200.

III.E.14. MARTON Fr., «L'interpretazione nel pensiero di Paul Ricœur». *Esegesi ed ermeneutica.* Atti della XXI Settimana Biblica, Roma 1972. Brescia: Paideia Editrice, 1972, 97-107.

1973

III.E.15. DENTICO A. L., «Simbolo e interpretazione in Paul Ricœur». *Saggi e ricerche di filosofia.* Édité par A. LAMACCHIA. Lecce: Edizioni Mibella, 1973, 21 × 15, 85-111.

III.E.16. FORNI G., «Paul Ricœur». *Fenomenologia. Brentano, Husserl, Scheler, Hartmann, Fink, Landgrebe, Merleau-Ponty, Ricœur,* Milano: Marzorati, 1973, 23,5 × 16,5, 50-52.

III.E.17. FORNOVILLE Th., «L'uomo peccatore. Libertà e fallibilità. La visione di Paul Ricœur». *Studia Moralia* (Pontificia Universitas Lateranensis), 11 (1973), 77-103.

1974

III.E.18. CRISTALDI M., «Tempo e linguaggio in Paul Ricœur». *La sfida semiologica* (Filosofia e problemi d'oggi, 38). Roma: Armando Armando, 1974, 22 × 19, 13-95.

III.E.19. DINI S., «Religione e fede in Paul Ricœur». *Testimonianze* 17 (1974), nº 170, décembre, 764-776.

III.E.20. GUERRERA BREZZI Fr., «Finitudine e situazione in P. Ricœur». *L'etica della situazione* (Esperienze, 24). Édité par P. PIOVANI. Napoli: Guida Editore, 1974, 335-368.

III.E.21. PETTERLINI A., «La simbolica del sacro in Paul Ricœur». *Filosofia e antropologia. Ricerche metodologiche.* Verona: Fiorini, 1974, 21 × 14,5, 99-149.

III.E.22. PROPATI G., «Un'interpretazione dell'esistenza: la fenomenologia di Paul Ricœur». *Rassegna di teologia* 15 (1974), nº 5, septembre-octobre, 348-360.

1975

III.E.23. FORNOVILLE Th., «L'uomo peccatore. II: approccio filosofico della colpa. La visione di Paul Ricœur». *Studia Moralia* (Pontificia Universitas Lateranensis) 13 (1975), 213-239.

III.E.24. JERVOLINO D., «L'ermeneutica della coscienza storica e i limiti dell'ontologia ermeneutica [traite aussi de l'herméneutique de P. RICŒUR]». *Storiagrafia ed Ermeneutica*. Par les soins du Centro di Studi Filosofici di Gallarate. Padova: Gregoriana, 1975, 24 × 17, 165-172.

III.E.25. PROPATI G., «La visione etica di Paul Ricœur». *Sapienza*. Rivista internazionale di Filosofia e di Teologia (Il problema della fondazione della Morale) 28 (1975), nº 3, juillet-septembre, 393-397.

III.E.26. PITTALUGA A., «Il problema del male nel pensiero di Paul Ricœur». *Proteus*. Rivista di Filosofia 6 (1975), nº 17-18, mai-décembre, 45-109.

1976

III.E.27. RIGOBELLO A., «Paul Ricœur e il problema dell'interpretazione». *La filosofia dal' 45 ad oggi* (Saggi, 65). Édité par V. VERRA. Torino: Edizioni Rai Radiotelevisione Italiana, 1976, 21,5 × 15, 211-223.

1977

III.E.28. SINI C., «Paul Ricœur e la sfida semiologica». *Verri* 1977, nº 7, 19-33.

1978

III.E.29. ARCOLEO S., «Metafisica ed ontologie in Platone nella interpretazione di P. Ricœur». *Metafisica e ontologie*. Atti del XXII Convegno di assistenti universitari di filosofia (Padova 1977). Padova: Gregoriana, 1978, 57-66.

III.E.30. Dornisch L., «I sistemi simbolici e l'interpretazione della scrittura: introduzione all'opera di Paul Ricœur». *Ermeneutica biblica. Linguaggio e simbolo nelle parabole di Gesù.* [Brescia]: Morcelliana, [1978], 23 × 15, 7-27.

Traduction italienne de III.B.44.

1979

III.E.31. Barale F., «Ricœur e la psicoanalisi». *Gli argonauti* 1 (1979), n° 2, 155-159.

III.E.32. Grampa G., «Introduzione. Critica delle ideologie, scienze umane e ermeneutica, [largement nourri par la pensée ricœurienne]». *Ideologia e poetica. Marxismo e ermeneutica per il linguaggio religioso* (Scienze filosofiche, 25). Milano: Vita e Pensiero. Publicazioni della Università Cattolica del Sacro Cuore, 1979, 21,5 × 16, 3-15.

III.E.33. Grampa G., «Ricœur: poetica e linguaggio religioso». *Ideologia e poetica. Marxismo e ermeneutica per il linguaggio religioso* (Scienze filosofiche, 25). Milano: Vita e Pensiero. Publicazioni della Università Cattolica del Sacro Cuore, 1979, 21,5 × 16, 245-303.

III.E.34. Jervolino D., «Note sull'ermeneutica di Paul Ricœur (I)». *Il tetto* 16 (1979), n° 96, octobre-décembre, 620-633.

III.E.35. Maceiras Fafían M., «Ricœur, Paul». *Dizionario di filosofia contemporanea.* Édition italienne par les soins de M. Martini. [Assisi]: [Cittadella Editrice], [1979], 25 × 16, 491-493.

Traduction italienne de III.D.16.

III.E.36. Mondin B., «Ermeneutica filosofica ed ermeneutica biblica [l'auteur se rallie surtout aux vues de P. Ricœur]». *Bibbia e Oriente* 21 (1979), n° 2, 115-128.

1980

III.E.37. Büchli E., «Metafora e verità secondo Paul Ricœur». *Comunicazioni sociali* (Milano) 1980, n° 2, 55-63.

III.E.38. Cazzullo A., «Paul Ricœur e la metafora». *Semiotica ed ermeneutica. Whitehead, Gadamer, Ricœur, Foucault* (Quaderni de «L'uomo, un segno»). Milano: Edizioni Dov'è la tigre, 1980, 24 × 17, 63-80.

III.E.39. HEERING H., «Paul Ricœur». *Filosofi del XX Secolo*. Traduction *de Filosofen van de 20e eeuw* (1972) par A. POMPEI. Roma: A. Armando, 1980, 21,5 × 13,5, 157-167.

Traduction de III.G.12.

III.E.40. JERVOLINO D., «Note sull'ermeneutica di Paul Ricœur (II)». *Il tetto* 17 (1980), n° 97, janvier-février, 16-29.

III.E.41. NEBULONI R., «Nabert e Ricœur. La filosofia riflessiva dall'analisi coscienziale all'ermeneutica filosofica». *Rivista di Filosofia neo-scolastica* 72 (1980), n° 1, janvier-mars, 80-107.

III.E.42. ROSSI O., «Per un'analisi dell'ontologia di Paul Ricœur». *Aquinas* 23 (1980), n° 2-3, 439-466.

1981

III.E.43. ANONYME, «Ricœur, Paul». *Enciclopedia Garzanti di filosofia e epistemologia, logica formale, etc.* [Milano]: [Garzanti Editore], [1981], 19 × 12,5, 794.

III.E.44. BACCARINI E., «Paul Ricœur» (1913). Fenomenologia ed ermeneutica». *La fenomenologia. Filosofia come vocazione* (Nuova Universale Studium, 41). Roma: Edizioni Studium, [1981], 16,5 × 11,5, 114-119.

III.E.45. CAMARDI G., «Fenomenologia e filosofia della storia nel pensiero di Paul Ricœur». *Linguaggio e stile*. Atti del Congresso internazionale di Fenomenologia: Linguaggio, sogno, opera d'arte (Catania – Vulcano, 1977). Vol. I (2 parties). Édité par les soins de M. CRISTALDI. Catania: Università degli studi di Latania, 1981, 201-207.

III.E.46. JERVOLINO D., «Ricœur e la metafora». *Linguaggio: Scienza-Filosofia-Teologia*. Par les soins du Centro di Studi Filosofici di Gallarate. Padova: Gregoriana, 1981, 24 × 17, 129-139.

III.E.47. MIGLIASSO S., «Dal simbole al linguaggio simbolico. L'interesse di una svolta nella teoria ermeneutica di Paul Ricœur per un ermeneutica biblica creativa». *Rivista biblica* 29 (1981), n° 2, avril-juin, 187-203.

III.E.48. Rocci G., «Simbolo e inconscio in Paul Ricœur». *Linguaggio e stile.* Atti del Congresso internazionale di Fenomenologia: Linguagio, sogno, opera d'arte (Catania – Vulcano, 1977). Vol. I (2 parties). Édité par les soins de M. Cristaldi. Catania: Università degli studi di Catania, 1981, 229-286.

1982

III.E.49. Cazzullo A., «L'aperto dell'interpretazione. Paul Ricœur e la referenza sdoppiata». *L'uomo, un segno.* Rivista di filosofia e cultura (Milano) 1982, nº 2, 21-29.

III.E.50. Cazzullo A., «Paul Ricœur e l'ermeneutica oggi». *Cultura e scuola* (Roma) 1982, nº 81, 136-143.

III.E.51. Ferraris M., «Metafora, proprio, figurato. Da Loos a Derrida [traite aussi de la conception ricœurienne]». *Rivista di Estetica* (L'ornamento) 22 (1982), nº 12, 60-73.

III.E.52. Franza M. Cl., «Introduzione. Il clima filosofico in Francia dalla crisi della generazione sartriana allo structuralismo: De Maurice Merleau-Ponty a Paul Ricœur. L'evoluzione del concetto di ermeneutica nella produzione ricœuriana [introduction à *Fenomenologia e tempo*]». *Fenomenologia e tempo* (Nuovi Saggi, 84). Édité par les soins de M. Cl. Franza. [Roma]: Edizioni dell'Ateneo, [1982], 21 × 15, 7-8, 11-14, 14-17.

1984

III.E.53. Jervolino D., «Ricœur e la scoperta del *récit*». *Criterio* (Nuova serie filosofica) 2 (1984), nº 2, été, 37-47.

III.F. PORTUGAIS / PORTUGUESE

1977

III.F.1. De Sousa Texeira J., «Paul Ricœur e a problematica do mal». *Didaskalia.* Revista da Faculdade de Teologia de Lisboa 7 (1977), nº 1, 43-129.

III.F.2. Peruzzolo A. C., «O jago e a fantasia [selon P. Ricœur,

M. FOUCAULT et H. MARCUSE]». *Vozes* (Petrópolis) 71 (1977), nº 5, 524-527.

1982

III.F.3. SUMARES M., «A teoria ricœuriana da metafora e o discurso filosófico». *Revista portuguesa de filosofia* (Actas do I Congresso Luso-Brasileiro de Filosofia) 38 (1982), nº 2, 182-191.

III.G. NÉERLANDAIS / DUTCH

1958

III.G.1. KOCKELMANS A., «Realisme-idealisme en Husserls phaenomenologie (Survey) [maintes références aux études ricœuriennes sur E. HUSSERL]». *Tijdschrift voor Philosophie 20* (1958), nº 3, septembre, 395-441, 441-442.

1961

III.G.2. WYLLEMAN A., «P. Ricœur: eindigheid en schuld. De grenzen van een ethische wereldbeschouwing [étude pénétrante de *Philosophie de la volonté* (3 vol.)]». *Tijdschrift voor Philosophie* 23 (1961), nº 3, septembre, 527-546.

1963

III.G.3. VANSINA D. Fr., «Schets, oriëntatie en betekenis van Paul Ricœurs wijsgerige onderneming (Summary)». *Tijdschrift voor filosofie* 25 (1963), nº 1, mars, 109-178, 178-182.

Publié en français par III.A.19.

1965

III.G.4. PEPERZAK Ad., «Symboliek van het kwaad [réflexion amplement inspirée par la symbolique ricœurienne du mal et par son interprétation philosophique]». *Mens en medemens* 1965, nº 62, 11-33.

Reproduit dans *Gronden en grenzen*. Haarlem: J.H. Gottmer, [1966], 24 × 16, 236-255.

III.G.5. ZUIDEMA S.U., «Oorspronkelijke affirmatie en theologische eschatologie in Paul Ricœur's denken, speciaal in zijn 'Histoire et vérité'». *Philosophia Reformata* 30 (1965), n° 2-4, 113-116.

Traduit en anglais par III.B.31.

1966

III.G.6. VANSINA D. Fr., «Het heil in de filosofie van Paul Ricœur (Summary)». *Bijdragen* (Over verlossing) 27 (1966), n° 4, octobre-décembre, 485-508, 508-510.

1968

III.G.7. IJSSELING S., «Paul Ricœur en Sigmund Freud. Enige opmerkingen over hermeneutiek en psychoanalyse (Résumé)». *Tijdschrift voor Filosofie* 30 (1968), n° 4, décembre, 695-713, 713-714.

III.G.8. STRUYKER BOUDIER C. E. M., «Paul Ricœur, doctor honoris causa [à l'Université de Nimègue, aperçu de sa pensée]». *Raam* 1968, n° 47, septembre, 55-71.

III.G.9. STRUYKER BOUDIER C. E. M., «Paul Ricœurs pleidooi voor revolutie [bref aperçu de sa philosophie et de sa pensée politique]». *De nieuwe linie* 23 (1968), n° 1176, 12 octobre, 16.

III.G.10. VANSINA D. Fr., «Paul Ricœur. Tekens van menszijn en de Kunst ze te leren». *De bazuin* 52 (1968), n° 4, 27 octobre, 1-2.

1970

III.G.11. VAN DEN BULCKE J., «Het taalbegrip van de structurele linguistiek en zijn vooropstellingen (Zusammenfassung) [discute amplement la réflexion ricœurienne sur le structuralisme]». *Tijdschrift voor Filosofie* 32 (1970), n° 4, décembre, 615-650, 650.

1971

III.G.12. HEERING H. J. «Paul Ricœur. Vernieuwer van de fenomenologie». *Intermediair* 7 (1971), n° 42, octobre, 5-9.

Reproduit sous le titre «Paul Ricœur» dans *Filosofen van de 20e eeuw*. Sous la rédaction de C. P. BERTELS et E. J. PETERSMA avec une introduction de C. A. VAN PEURSEN. Assen-Amsterdam-Brussel: Van Gorcum-Intermediair, [1972], 23 × 14,5, 141-150.

Dans la septième édition de 1981 l'article sur Ricœur n'a pas été retenu.

Traduit en italien par III.E.39.

III.G.13. Heering H. J., «Paul Ricœur als godsdienstwijsgeer». *Nederlands Theologisch Tijdschrift* 25 (1971), n° 4, octobre, 437-453.

III.G.14. Heering H. J., «Ricœur, Levinas, Dumas. Wijsgerig-theologische ontmoetingen in Parijs». *Wending* 26 (1971), n° 8, octobre, 470-481.

III.G.15. Heering H. J., «Paul Ricœur - ter introductie». *Amersfoortse Stemmen* 52 (1971), n° 6, novembre, 211-219.

III.G.16. Vansina Fr., «Geloof, ethiek en politiek [largement inspiré par la pensée de P. Ricœur]». *Kultuurleven* (De zoekende mens) 38 (1971), n° 3, mars-avril, 212-222.

1972

III.G.17. Dijkman J. H., «De wijsgerige en wetenschappelijke mogelijkheidsvoorwaarden voor een verantwoord theologisch taalgebruik in het denken van Paul Ricœur». *Vox theologica*. Interacademiaal theologisch tijdschrift 42 (1972), n° 1, janvier, 40-53.

III.G.18. Heering H. J., «Het denken van Paul Ricœur». *Amersfoortse Stemmen* 53 (1972), n° 1, 31-33.

1973

III.G.19. Bakker R., «Paul Ricœur». *Het anonieme denken. Foucault en het structuralisme*. Baarn: Het Wereldvenster, 1973, 21 × 13, 162-166, 125-126.

III.G.20. Van Bergen J., «'Het symbool geeft te denken': een studie in Ricœur (Summary)». *Tijdschrift voor Theologie* 13 (1973), n° 2, avril-juin, 167-188, 188-189.

1974

III.G.21. Van Leeuwen Th. M., «De herovering van het symbool [dans la pensée ricœurienne]». *Wending* 28 (1974), n° 12, février, 676-687.

1976

III.G.22. Boonen J., «Erfzonde of mysterie van het kwaad [surtout sur P. Ricœur]». *Collationes.* Vlaams Tijdschrift voor Theologie en Pastoraal 1976, n° 3, octobre, 289-311.

III.G.23. Griffioen S., «De strijd om het centrum. Enkele lijnen en motieven in het denken van Paul Ricœur. Verslag van de diskussie met Dr. Griffioen». *Vrede met de rede? Over het vraagstuk van rede en religie, van autonomie en heil* (Bijdragen tot de filosofie, 7). Assen-Amsterdam: Van Gorcum, 1976, 24 × 15,5, 37-60, 61-62.

1977

III.G.24. Van Ouwerkerk C. A. J., «'In andermans boeken is het duister lezen'. De psycholoog als mede-lezer [sur P. Ricœur]». *God, goed en kwaad.* Feestbundel H. J. Heering. Édité par H. J. Adriaanse. 's-Gravenhage: Boekencentrum, 1977, 21 × 12, 187-205.

1978

III.G.25. Geerts A., «Het fundament van de ethiek en de opbouw van de ethische intentie volgens Paul Ricœur (Summary)». *Tijdschrift voor Filosofie* 40 (1978), n° 2, juin, 270-305, 305-306.

III.G.26. Van Leeuwen Th. M., «Waarom de mythe? De cultuurfilosofie van Paul Ricœur». *Mededelingen Woodbrookers Barchem* 52 (1978), 4-14.

III.G.27. Van Ouwerkerk C. A. J., «'Metaforisch proces' en de samenhang tussen religieuze en esthetische ervaring [traite aussi de la conception ricœurienne de la métaphore]». *Nederlands Theologisch Tijdschrift* 32 (1978), n° 3, juillet, 231-259.

1982

III.G.28. Van Luijk H., «Eredoctoraat voor Paul Ricœur. Hulde voor wijsgerige bescheidenheid». *Elseviers Magazine* 1982, 20 novembre, 157-160.

III.H. POLONAIS / POLISH

1971

III.H.1. Bienkowska E., «Tragédie et mythe dans la philosophie de Paul Ricœur [en polonais]». *Tworczosc* 27 (1971), n° 4, 88-99.

1975

III.H.2. Bienkowska E., «Filozofia i hermeneutyka w mysli Parola Ricœura». *Teksty* 23 (1975), 69-86.

III.I. JAPONAIS / JAPANESE

III.I.1. Hisashigé T., «Paul Ricœur ni okeru 'kashitsu' no gainen [Une étude sur le concept 'faute' chez Paul Ricœur]». *Senshū jinbun ronshū* [Recueil des études des Lettres de l'Université Senshu] 1968, n° 1, février, 59-83.

1968

III.I.2. Shimizu M., «Paul Ricœur». *Gendai France Tetsugaku* [Philosophie française de nos jours]. Yūkonsha: H. Omodaka, 1968, 339-360.

1969

III.I.3. Kumé H., «Shinwa to kaishaku. Paul Ricœur no kaishaku-gaku o megutte [Mythe et interprétation. Autour de l'herméneutique de Paul Ricœur]». *Hitotsubashi Ronsō* [Bulletin de l'Université de Hitotsubashi] 1969, n° 61-62, février, 13-32.

1970

III.I.4. Anonyme, «Nanterre no kiken na kake [Un pari dangereux à Nanterre]». *Nippon dokusho shinbun* 1970, n° 1540, 6 avril.

III.I.5. Kumé H., «Shōchō toshite no kotoba to sono kaishaku [Parole comme symbole et son interprétation suivant l'herméneutique de Paul Ricœur]». *20 seiki bungaku* [Littérature du XXe siècle] 1 (1970), n° 10, janvier, 70-87.

III.I.6. KUMÉ H., «Paul Ricœur no Freud hihan. Shōchōron to shūkyōron o megutte [La critique de Freud par Paul Ricœur. Autour de la symbolique et de la discussion de la religion]». *Tōhōgakuen kenkyū kiyō* [Bulletin de Tōhōgakuen] 1970, nº 12, septembre, 56-70.

1971

III.I.7. KUMÉ H., «'Chichi' no fuzai [L'absence du 'Père']». *Gendai bungaku* [Littérature contemporaine] 1971, nº 4, 49-60.

III.I.8. OGAWA O., «Paul Ricœur to Karl Jaspers. Sentaku no mondai ni tsuite [Karl Jaspers et Paul Ricœur. Sur le problème du choix]». *Études de langue et de littérature françaises*, 1971, nº 19, octobre, 55-56.

1972

III.I.9. KUMÉ H., «Shinwa no gengo to shinkō no gengo. Ricœur no Bultmann hihan [Le discours du mythe et le discours de la foi. La critique de Bultmann par Ricœur]». *Hitotsubashi ronsō* [Bulletin de l'Université de Hitotsubashi] 1972, nº 67, janvier, 40-57.

III.I.10. KUMÉ H., «Tekusuto no kaishaku to kōzō bunseki [L'interprétation et l'analyse structurelle du texte]». *France techō* [Cahier France] 1972, nº 1, octobre, 63-77.

1973

III.I.11. ŌSHIMA S., «Eliade to Ricœur ni okeru genshōgaku to yūron [La phénoménologie et l'ontologie chez Eliade et Ricœur]». *Risō* [Idéal] 1973, nº 487, décembre, 42-53.

1974

III.I.12. SHIMIZU M., «Paul Ricœur no gengoron [Théorie du langage de Paul Ricœur]». *Musashi daigaku jinbun gakkai zasshi* [Bulletin de la Société des Lettres de l'Université Musashi] 1974, nº 5, 63-88.

1975

III.I.13. HISASHIGÉ T., «France no daigaku kaikaku ni okeru daigakujin. Paul Ricœur no baai [Un universitaire dans la réforme universitaire de France. Le cas de Paul Ricœur]». *Senshū jinbun ronshū* 1975, nº 15, juin, 71-94.

1976

III.I.14. Kumé H., «Freud to Ricœur. Freud no tetsugakuteki kaishaku [Freud et Ricœur. L'interprétation philosophique de Freud]». *Gendai Shisō* [Pensée contemporaine] 1976, mai, 192-209.

III.I.15. Kumé H., «Shōchō no kaishakugaku. Paul Ricœur [L'herméneutique du symbole. Paul Ricœur]». *Gendai shisō* [Pensée contemporaine] 1976, octobre, 108-115.

1977

III.I.16. Hisashigé T., «Aku to shinwa. P. Ricœur no Adamu shinwa kaishaku [Mal et mythe. L'interprétation du mythe d'Adam par P. Ricœur]». *Jitsuzonshugi* [Existentialisme] 1977, nº 81, juillet, 34-42.

III.I.17. Kumé H., «Tekusuto kaishaku ni okeru 'sokaku' no kinō. Ricœur to Gadamer no deai [La fonction de la 'distanciation' dans l'interprétation. La rencontre de Ricœur avec Gadamer]». *Hitotsubashi ronsō* [Bulletin de l'Université de Hitotsubashi] 1977, nº 77, février, 176-192.

III.I.18. Kumé H., «P. Ricœur no rainichi ni yosete [À l'occasion de la visite de P. Ricœur au Japon]». *Nippon dokusho shinbun* 1977, nº 1926, 10 octobre, nº 1927, 17 octobre.

III.I.19. Kumé H., «Paul Ricœur». *Hon no hiroba* 1977, nº 233, novembre, 4-5.

III.I.20. Masia J., «Metafā to ningen. Paul Ricœur no tetsugaku ni tsuite [Métaphore et homme. De la philosophie de Paul Ricœur]». *Sophia* 1977, nº 26, juillet, 115-129.

III.I.21. Sakabé M., «Paul Ricœur shi no koto [Sur Monsieur Paul Ricœur]». *Kyōyōgakubuhō* [Nouvelle de la Faculté de Culture de l'Université de Tokyo] 1977, nº 237, 5 décembre, 1.

1978

III.I.22. Ikenaga K., «Kigo to imi. Paul Ricœur no kaishakugaku o megutte [Signe et sens. Autour de l'herméneutique de Paul Ricœur]». *Ōsaka daigaku Kyōyōbu kenkyū shūroku* [Recueil des études du Département des arts libéraux de l'Université d'Ōsaka] 1978, nº 26, mars, 3-18.

III.I.23. Shimizu M., «Shōchō kaishaku no mondai. Freud to Ricœur [Le problème de l'interprétation du symbole. Freud et Ricœur]». *Shisō* [Pensée] 1978, nº 644, février, 16-32.

III.I.24. Tajima S., «Tetsugaku to gengo [Philosophie et langage] [Présentation de la traduction d'une conférence de P. Ricœur à Tokyo]». *Shisō* [Pensée] 1978, nº 643, janvier, 32-53.

III.I.25. Tajima S., «Futatsu no gengoron. Ricœur et Lévi-Strauss [Deux théories de langage. Ricœur et Lévi-Strauss]». *Gengo* [Langage] 1978, février, 92-93.

III.I.26. Tanigawa A., «Kōzōshugi to kaishakugaku. Paul Ricœur no kaishakugaku kenkyū [Structuralisme et herméneutique. Une étude sur l'herméneutique de Paul Ricœur]». *Shisō* [Pensée] 1978, nº 643, janvier, 54-67.

1979

III.I.27. Hisashigé T., «'Hansei' gainen no tenkai. Marcel to Ricœur [Une conversion du concept 'réflexion'. Marcel et Ricœur]». *Senshū jinbun ronshū* 1979, nº 23, mai, 1-24.

III.I.28. Kumé H., «P. Ricœur ni okeru Platon [Platon et P. Ricœur]». *Gendai shisō* [Pensée contemporaine] 1979, janvier, 135-145.

III.I.29. Kumé H., «Kaishakugaku no kadai to tenkai. Texte riron o kijiku to shite [La tâche et le développement de l'herméneutique. La théorie du texte de P. Ricœur]». *Shisō* [Pensée] 1979, nº 659, mai, 1-20.

III.I.30. Kumé H., «Texte to wa nanika [Qu'est-ce qu'un texte. L'interprétation du texte selon P. Ricœur]». *Gendai shisō* [Pensée contemporaine] 1979, août, 56-73.

III.I.31. Kumé H., «Gengo no sonzairon e no michi. Heidegger to

Ricœur [La voie à l'ontologie du langage. Heidegger et Ricœur]». *Gendai shisō* 1979, septembre, 51-67.

1981

III.I.32. Katō T., «Ricœur no kaishakugaku teki genshōgaku no kōsō [Le plan de la phénoménologie herméneutique de Ricœur]». *Tōhoku daigaku kyōyōbu kiyō* [Bulletin du Département des arts libéraux de l'Université Tōhoku] 1981, n° 33, février, 220-239.

III.I.33. Kumé H., «Muishi no gengoteki kozo ni tsuite. Lacan to Ricœur [Sur la structure langagière de l'inconscient. Lacan et Ricœur]». *Gendai shisō* 1981, janvier, 58-70.

III.I.34. Kumé H., «In'yu no sōzōsei [La créativité de la métaphore selon P. Ricœur]». *Gendai shisō* 1981, mai, 60-71.

1982

III.I.35. Sakuma A., «Metafā no kenkyū. Oto to imi no kakawari kara [Une étude sur la métaphore. Par rapport au son et au sens]». *Ronshū*. (Cours de maîtrise et de doctorat). Bulletin de la Section des Littératures anglaise et américaine de l'Université Aoyama gakuin 1982, n° 6, 109-123.

1983

III.I.36. Hiraga M., «P. Ricœur no metafā ron no mondaiten. Tension Theory o megutte [Problèmes de la théorie de la métaphore chez P. Ricœur. Autour de 'Tension Theory']». *Kigōgaku kenkyū* [Studia Semiotica]. Édité par la Société de Sémiologie au Japon. Hokuto Shuppân, 1983, 123-136.

III.I.37. Kumé H., «P. Ricœur no seisho kaishakugaku [L'herméneutique biblique de P. Ricœur]». *Fukuin to sekai* [L'Évangile et le Monde] 1983, novembre, 36-41.

III.I.38. Matsushima T., «Keiken to kaishaku. P. Ricœur ni sokushite [Expérience et interprétation d'après P. Ricœur]» *Rinrigaku nenpō* [Annuaire d'éthique] 1983, n° 32, 145-159.

III.I.39. Teramoto T., «Gengo no fukami. P. Ricœur no in'yu riron [La profondeur du langage. La théorie de la métaphore chez P. Ricœur]». *Derek* 1983, n° 3, décembre, 16-33.

1984

III.I.40. KUMÉ H., «In'yu to sai. Derrida, Heidegger. Ricœur [Métaphore et différence. Derrida, Heidegger, Ricœur]». *Shisō* [Pensée] 1984, nº 718, avril, 55-74.

III.J. DANOIS / DANISH

1971

III.J.1. KEMP P., «Symbol og fortolkning [d'après P. RICŒUR]». *Nye Franske Filosoffer 1940-1970*. København: Vintens Vorlag, 1971, 19 × 15,5, 50-58.

Réédité en 1977.

A peu de chose près traduit en suédois par III.P.2.

1973

III.J.2. KRAUSE-JENSEN E., *Den Franske strukturalisme. Pa sporet af en teori for de humane videnskaber* [traite aussi de P. RICŒUR]. København: Berlingske Forlag, 1973, 19 × 11, 143-148.

III.J.3. KEMP P., «Fortolkningernes konflikt». «Den moderne hermeneutik [d'après P. RICŒUR]». *Filosofiske Portraetter*. København: Vintens Forlag, 1973, 18,5 × 11,5, 116-123, 123-132.

Originairement publié comme chroniques dans *Politiken* 1970, 26 janvier, 1973, 23 mai.

1981

III.J.4. KEMP P., «Kritik af strukturalismen: Ricœur». *Doden og Maskinen* [La mort et la machine]. København: Rhodos, 1981, 20,5 × 12,3, 79-81.

III.L. GREC / GREEK

1980

III.L.1. BOUGAS T., «Psychanalyse et philosophie. L'anthropologie freudienne et la problématique du moi (Résumé en allemand) [traite aussi de P. Ricœur]». *Filosofia* (Grèce), 10-11 (1980-1981), 148-191.

III.M. ROUMAIN / RUMANIAN

1978

III.M.1. Gulian C. I., «L'herméneutique de Paul Ricœur et le structuralisme [en Roumain]». *Revista de Filozofie* (Bucharest) 25 (1978), n° 2, mars-avril 199-206.

III.N. HÉBREU / HEBREW

1980

III.N.1. Golomb J., «De la phénoménologie à l'herméneutique: la méthode d'interprétation de Paul Ricœur (Summary) [en hébreu]». *Iyyun* 29 (1980), n° 1-2, 22-36.

III.O. LITUANIEN / LITHUANIAN

1982

III.O.1. Sverdiolas A., «Le chemin de Paul Ricœur [en lituanien]». *Problemos* (Vilnius, URSS) 1982, n° 28, 93-99.

III.P. SUÉDOIS / SWEDISH

1977

III.P.1. Engdahl A., Kittang H. et Holmgren O., *Hermeneutik* [traite aussi de P. Ricœur]. Stockholm: Raben och Sjögren, 1977, 21 × 13,3, 43-48, 127-134.

1979

III.P.2. KEMP P., «Symbol och tolkning [d'après P. RICŒUR]». *Språk och Existens. Nogle moderna franska filosofer*. Stockholm: Liber, 1979, 21 × 12, 124-141.

Traduction suédoise quasi intégrale de III.J.1 et de l'introduction à I.J.2.

ADDENDA

III.A. FRANÇAIS / FRENCH

III.A.92. KEARNY R., *Poétique du possible. Phénoménologie herméneutique de la figuration* (Bibliothèque des Archives de Philosophie. Nouvelle série, 44) [fortement inspiré par la réflexion de P. RICŒUR auquel d'ailleurs le livre est dédié]. Paris: Beauchesne, [1984], 21,5 × 13,3, 91-101, 179-204.

III.A.93. NEUSCH M., «Ricœur Paul». *Dictionnaire des religions*. Publié sous la direction de P. POUPARD. [Paris]: Presses Universitaires de France, [1984], 24,5 × 16, 1450-1452.

III.B. ENGLISH / ANGLAIS

III.B.134. WALLULIS J., «Philosophical Hermeneutics and the Conflict of Ontologies [mainly on H.-G. GADAMER and P. RICŒUR].» *International Philosophical Quarterly* 24 (1984), No. 3, September, 282-301.

III.D. ESPAGNOL / SPANISH

1982

III.D.39. MACEÍRAS FAFÍAN M., «Hermenéutica y reflexión [chez H.-G. GADAMER et P. RICŒUR]». *Aporía* 4 (1982), nº 14-16, 35-52.

III.E. ITALIEN / ITALIAN

III.E.53. GARULLI E., «Mondo della vita e problemi dell'interpretazione (Ricœur-Gadamer)». *Itinerari di filosofia ermeneutica*. [Urbino]: Quattro Venti, [1984], 21 × 14, 99-116.

IV. COMPTES RENDUS ET NOTES / REVIEWS AND NOTICES

IV.A. FRANÇAIS / FRENCH

Karl Jaspers et la philosophie de l'existence (I.A.1.)

1947

IV.A.1. Roy J.-H., «Note. *Karl Jaspers et la philosophie de l'existence*». *Les temps modernes* 3 (1947), nº 26, novembre, 955-960.

1948

IV.A.2. Ayraud P., «Chronique philosophique. *Jaspers et la philosophie de l'existence* [et quatre autres livres]». *Témoignages* (Yonne) 1948, nº 17, 298-302.

IV.A.3. Galot J., «Compte rendu. *Jaspers et la philosophie de l'existence*». *Nouvelle revue théologique* 70 (1948), nº 8, septembre-octobre, 885.

IV.A.4. Wahl J., «Karl Jaspers en France. *Karl Jaspers et la philosophie de l'existence* [compte rendu pénétrant]». *Critique* 4 (1948), nº 24, juin, 522-530.

1951

IV.A.5. Geiger L.-B., «Bulletin de philosophie. La philosophie existentielle. Jaspers. *Jaspers et la philosophie de l'existence* [compte rendu]». *Revue des sciences philosophiques et théologiques* 35 (1951), nº 1, janvier, 90-91.

Gabriel Marcel et Karl Jaspers (I.A.2.)

1948

IV.A.6. Bois J., «Quo vadis, philosophia? En marge du livre de Paul

Ricœur sur 'Gabriel Marcel et Karl Jaspers'». *Foi-Éducation* 18 (1948), nº 4, août, 39-41.

IV.A.7. TROISFONTAINES R., «Compte rendu. *Gabriel Marcel et Karl Jaspers*». *Nouvelle revue théologique* 70 (1948), nº 8, septembre-octobre, 885-886.

1949

IV.A.8. DUFRENNE M., «Compte rendu. *Gabriel Marcel et Karl Jaspers* [exposé franc, mais sympathique]». *Esprit* 17 (1949), nº 156, juin, 903-905.

IV.A.9. LÉONARD A., «Bulletin de philosophie de la religion. *G. Marcel et K. Jaspers*». *Revue des sciences philosophiques et théologiques* 37 (1953), nº 1, janvier, 122-123.

1957

IV.A.10. BRÉHIER É., «Revue critique. *G. Marcel et Karl Jaspers*». *Revue philosophique de la France et de l'Étranger* 82 (1957), 76-77.

LE VOLONTAIRE ET L'INVOLONTAIRE (I.A.3.)

1950

IV.A.11. LACROIX J., «Philosophie de la volonté [compte rendu de *Le volontaire et l'involontaire*]». *Le monde* 7 (1950), nº 1837, 21 décembre, 9.

Reproduit dans *Christianisme social* 59 (1951), nº 3, mars, 246-249.

1951

IV.A.12. COLIN P., «Bulletin de philosophie. Réflexion et mystère [sur *Le volontaire et l'involontaire*]». *La vie intellectuelle* (Paris) 19 (1951), décembre, 113-121.

IV.A.13. DE WAELHENS A., «Une philosophie de la volonté [sur *Le volontaire et l'involontaire*]». *Revue philosophique de Louvain* 49 (1951), août, 415-437.

IV.A.14. NÉDONCELLE M., «Compte rendu. *Le volontaire et l'invo-*

lontaire». *Revue des sciences religieuses* 25 (1951), n° 3, juillet, 331-332.

1952

IV.A.15. Brisbois Ed., «Compte rendu. *Le volontaire et l'involontaire*». *Nouvelle revue théologique* 74 (1952), n° 3, mars, 320-321.

1953

IV.A.16. Anonyme, «Note critique. *Le volontaire et l'involontaire*». *Revue de métaphysique et de morale* 58 (1953), n° 4, octobre-décembre, 441-443.

1954

IV.A.17. Burloud A., «Compte rendu. *Le volontaire et l'involontaire*». *Revue philosophique de la France et de l'Étranger* 79 (1954), 284-285.

IV.A.18. Geiger L.-B., «Bulletin de philosophie. *Le volontaire et l'involontaire* [compte rendu]». *Revue des sciences philosophiques et théologiques* 38 (1954), n° 2, avril, 296-297.

1955

IV.A.19. Philibert M., «Paul Ricœur: *La philosophie de la Volonté* [compte rendu de *Le volontaire et l'involontaire*]». *Esprit* (Valeur et limites de la nation) 23 (1955), n° 3, mars, 488-493.

1956

IV.A.20. Duméry H., «Un philosophe de la volonté: Paul Ricœur [sur *Le volontaire et l'involontaire* et *Idées directrices pour une phénoménologie*]». *Regards sur la philosophie contemporaine.* Préface de J. Lacroix. Tournai-Paris: Casterman, 1956, 21,5 × 15, 147-151.

1961

IV.A.21. Burgelin H., «Études critiques. La philosophie de la volonté [sur *Le volontaire et l'involontaire*]». *Revue de théologie et de philosophie* 11 (1961), n° 2, 150-154.

1963

IV.A.22. Javet P., «La philosophie de la volonté [sur *Le volontaire et l'involontaire*]». *Bulletin du Centre Protestant d'Études* (Genève), 15 (1963), n° 6, octobre, 5-6.

1964

IV.A.23. Jacob A., «Compte rendu. *Le volontaire et l'involontaire*». *Les études philosophiques* 19 (1964), n° 3, 483.

1966

IV.A.24. Jacob A., «Paul Ricœur: une philosophie pratique d'inspiration phénoménologique [compte rendu de *Le volontaire et l'involontaire*]». *Critique* (1966), n° 171-172, août-septembre, 749-758.

Histoire et vérité (I.A.5.)

1955

IV.A.25. Dumas J.-L., «Paul Ricœur, *Histoire et vérité* [compte rendu]». *Les études philosophiques* 10 (1955), n° 3, juillet-septembre, 528-529.

IV.A.26. Gilbert J., «Compte rendu. *Histoire et vérité*». *Nouvelle revue théologique* 77 (1955), n° 10, décembre, 1118-1119.

IV.A.27. Grojeanne P., «Histoire et Vérité. Paul Ricœur [compte rendu]». *Foi-Éducation* 25 (1955), n° 33, octobre, 245-247.

IV.A.28. Muglioni J., «L'histoire et la vérité [comprend un compte rendu de *Histoire et vérité*]». *Revue socialiste* 1955, n° 90, octobre, 312-321.

IV.A.29. Tilliette X., «Revue de livre. *Histoire et vérité*». *Études* 286 (1955), septembre, 264.

IV.A.30. Vax L., «Note. *Histoire et vérité*». *Critique* 1955, n° 100-101, septembre-octobre, 924-926.

1956

IV.A.31. MADAULE J., «Vues actuelles sur l'histoire [aussi sur *Histoire et vérité*]». *Esprit* 24 (1956), nº 235, 277-285.

IV.A.32. WIDMER G., «Compte rendu. *Histoire et vérité*». *Revue de théologie et de philosophie* 6 (1956), 156-157.

1957

IV.A.33. THONNARD F.-J., «Compte rendu. *Histoire et vérité*». *Revue des études augustiniennes* 3 (1957), nº 4, 599.

1959

IV.A.34. ANONYME, «Note critique. *Histoire et vérité*». *Revue de métaphysique et de morale* 64 (1959), nº 2, avril-juin, 245.

1966

IV.A.35. MONTAGNES B., «Bulletin de philosophie. *Histoire et vérité* [note]». *Revue des sciences philosophiques et théologiques* 50 (1966), nº 2, avril, 258.

FINITUDE ET CULPABILITÉ (I.A.6.-I.A.7.)

1960

IV.A.36. BURGELIN P., «L'homme et la faute [compte rendu de *L'homme faillible* et de *La symbolique du mal*]». *Réforme*. Hebdomadaire protestant 16 (1960), nº 819, 26 novembre, 20.

IV.A.37. DOUCY L., «L'enseignement de Paul Ricœur sur le mal [sur *L'homme faillible* et *La symbolique du mal*]». *Foi-Éducation* 30 (1960), nº 53, novembre-décembre, 127-134.

IV.A.38. LACROIX J., «La philosophie. *L'homme faillible* [compte rendu]». *Le monde* (17), 1960, nº 4905, 24 octobre, 9.

1961

IV.A.39. BRUN J., «Essai. *Finitude et culpabilité*». *Esprit* 29 (1961), nº 10, octobre, 502-507.

IV.A.40. Burgelin P., «Études critiques. La philosophie de la volonté [sur *Finitude et culpabilité*]». *Revue de théologie et de philosophie* 11 (1961), n° 2, 154-163.

IV.A.41. De Lavalette H., «Compte rendu. *Finitude et culpabilité*». *Études* 319 (1961), n° 3, mars, 427.

IV.A.42. Des Places É., «Bulletin de la philosophie religieuse des Grecs. *La symbolique du mal* [compte rendu]». *Recherches de science religieuse* 49 (1961), n° 1, janvier-mars, 137-138.

IV.A.43. De Waelhens A., «Pensée mythique et philosophie du mal [sur *L'homme faillible* et *La symbolique du mal*]». *Revue philosophique de Louvain* 59 (1961), mai, 315-347.

IV.A.45. Dreyfus D., «Philosophie. Finitude et culpabilité [sur *L'homme faillible* et *La symbolique du mal*]». *Mercure de France* 72 (1961), n° 1172, avril, 737-744.

IV.A.45. Jacob A., «Paul Ricœur: une philosophie pratique d'inspiration phénoménologique [compte rendu de *Finitude et culpabilité*]». *Critique* 17 (1961), n° 171-172, août-septembre, 758-764.

IV.A.46. Sarano J., «Compte rendu. *Finitude et culpabilité* (2 vol.)». *Les études philosophiques* 16 (1961), n° 2, avril-juin, 270-271.

IV.A.47. Vander Gucht R., «Finitude et culpabilité de l'homme [compte rendu de *Finitude et Culpabilité* (2 vol.)]». *La revue nouvelle* 33 (1961), n° 3, 15 mars, 294-306.

1962

IV.A.48. Czarnecki J., «Finitude et culpabilité d'après Paul Ricœur [compte rendu]». *Christianisme social* 70 (1962), n° 1-2, janvier-février, 85-92.

IV.A.49. Florival É., «Compte rendu. *Finitude et culpabilité*». *Revue bénédictine* 72 (1962), 193-195.

IV.A.50. Montagnes B., «Bulletin de philosophie. *Finitude et culpabilité* [compte rendu]». *Revue des sciences philosophiques et théologiques* 46 (1962), n° 4, octobre, 715-716.

1963

IV.A.51. Javet P., «La philosophie de la volonté [sur *Finitude et culpabilité*]». *Bulletin du Centre Protestant d'Études* (Genève) 15 (1963), n° 6, octobre, 6-13.

IV.A.52. Ruyssen Th., «La notion de culpabilité. À propos d'un livre récent [compte rendu de *Finitude et culpabilité*]». *Revue philosophique de la France et de l'Étranger* 153 (1963), n° 1, janvier-mars, 85-100.

1966

IV.A.53. Dumont C., «Compte rendu. *Finitude et culpabilité* [appréciation assez négative]». *Nouvelle revue théologique* 88 (1966), n° 8, septembre-octobre, 884-885.

1967

IV.A.54. Fialkowski A., «Paul Ricœur et l'herméneutique des mythes [sur *L'homme faillible* et *La symbolique du mal*]». *Esprit* 35 (1967), n° 7-8, juillet-août, 73-89.

De l'interprétation. Essai sur Freud (I.A.8.)

1965

IV.A.55. Beirnaert L., «Un essai sur Freud [compte rendu positif de *De l'interprétation*]». *Études* 323 (1965), n° 7, juillet-août, 49-52.

IV.A.56. De Waelhens A., «La force du langage et le langage de la force [sur *De l'interprétation*]». *Revue philosophique de Louvain* 63 (1965), novembre, 591-612.

IV.A.57. Lacroix J., «Désir et langage [compte rendu de *De l'interprétation*]». *Le monde* 22 (1965), n° 6343, 6 et 7 juin, 13.

IV.A.58. Robert M., «Remarques sur l'exégèse de Freud [compte rendu assez négatif de *De l'interprétation*]». *Les temps modernes* 21 (1965), octobre, 664-681.

IV.A.59. Schérer R., «L'homme du soupçon et l'homme de foi [sur *De l'interprétation*] [essai judicieux, critique mais sympathique]». *Critique* 21 (1965), n° 223, décembre, 1052-1067.

IV.A.60. SECRETAN Ph., «L'interprétation selon M. Paul Ricœur [sur *De l'interprétation*]». *Studia philosophica* 25 (1965), 182-188.

IV.A.61. TAUXE H.-Ch., «L'œuvre de Freud dans la pensée moderne. À propos de l'ouvrage de Paul Ricœur: *De l'interprétation. Essai sur Freud*». *La revue réformée* 16 (1965), n° 64, 25-32.

1966

IV.A.62. BERTHERAT Y., «Sur une lecture de Freud [compte rendu de *De l'interprétation*]». *Esprit* 34 (1966), n° 3, mars 466-479.

IV.A.63. ELLENBERGER H., «Herméneutique et psychanalyse. À propos du livre de M. Paul Ricœur [*De l'interprétation*]». *Dialogue*, Canadian Philosophical Review 5 (1966), n° 2, septembre, 256-266.

IV.A.64. JULIEN Ph., «P. Ricœur à la rencontre de S. Freud [compte rendu de *De l'interprétation*]». *Archives de Philosophie* 29 (1966), n° 4, octobre-décembre, 620-626.

IV.A.65. SCHÉRER R., «Compte rendu. *De l'interprétation*». *Journal de psychologie normale et pathologique* 63 (1966), n° 1, janvier-mars, 119-121.

IV.A.66. SCHLEMMER A., «Réflexion sur l'interprétation [compte rendu de *De l'interprétation* où l'auteur prend la défense de P. RICŒUR contre la critique hargneuse de M. TORT]». *Les cahiers de la méthode naturelle* 37 (1966), juillet, 1-11.

IV.A.67. THIRY A., «Freud et l'interprétation [compte rendu de *De l'interprétation*]». *Nouvelle revue théologique* 88 (1966), n° 10, décembre, 1083-1087.

IV.A.68. TORT M., «De l'interprétation ou la machine herméneutique [un long texte éreintant sur *De l'interprétation*]». *Les temps modernes* 21 (1966), n° 237, février, 1461-1493; n° 238, mars, 1629-1652.

Traduit en espagnol par IV.D.8.

IV.A.69. VALABREGA J.-P., «'Comment survivre à Freud?' Contribution à l'histoire du mouvement psychanalytique français contemporain [texte dénigrant où l'auteur croit devoir accuser P. Ricœur de plagiat dans son livre *De l'interprétation*]». *Critique* 22 (1968), nº 224, janvier, 68-78.

1967

IV.A.70. Chazaud J., «*De l'interprétation* [étude à la fois critique et positive]». *Revue française de psychanalyse* 31 (1967), nº 3, mai-juin, 499-503.

IV.A.71. Czarnecki J., «L'Interprétation selon P. Ricœur [compte rendu de *De l'interprétation*]». *Christianisme social* 75 (1967), nº 5-8, 439-447.

Entretiens Paul Ricœur — Gabriel Marcel (I.A.9.)

1969

IV.A.72. Sales M., «Compte rendu. *Entretiens Paul Ricœur – Gabriel Marcel*». *Archives de Philosophie* 32 (1969), nº 4, octobre-décembre, 692-694.

Le conflit des interprétations (I.A.10.)

1969

IV.A.73. Brès Y., «Le règne des herméneutiques ou 'Un long détour ...' [compte rendu de *Le conflit des interprétations*]». *Revue philosophique de la France et de l'Étranger* 94 (1969), nº 3-4, juillet-décembre, 425-429.

1970

IV.A.74. Burgelin Fr., «Compte rendu. *Le conflit des interprétations*». *Bulletin du Centre Protestant d'Études et de Documentation* 1970, nº 152, juillet-août, 437-438.

IV.A.75. Clémens É., «Volonté d'interprétation [*sur Le conflit des interprétations*]». *Critique* 26 (1970), nº 277, juin, 546-555.

IV.A.76. Corvez M., «Chronique de philosophie. *Le conflit des interprétations* [compte rendu lucide et critique]». *Revue thomiste* 70 (1970) nº 4, octobre-novembre, 651-654.

IV.A.77. LACROIX J., «Philosophie. *Le conflit des interprétations* [compte rendu]». *Le monde* 27 (1970), nº 7846, 5-6 avril, 15.

IV.A.78. LASCAULT G., «Analyse. *Le conflit des interprétations*». *Revue d'Esthétique* 23 (1970), nº 2, avril-juin, 216.

IV.A.79. MARGOLIN J. Cl., «Compte rendu. *Le conflit des interprétations*». *Les études philosophiques* 1970, nº 2, avril-juin, 247-248.

IV.A.80. TILLIETTE X., «Revue de livre. *Le conflit des interprétations*». *Études* 1970, octobre, 457.

IV.A.81. WATTÉ P., «Mélanges Ricœur [compte rendu de *Le conflit des interprétations*]». *Revue nouvelle* 52 (1970), nº 7-8, juillet-août, 104-105.

1971

IV.A.82. BERNARD-MAÎTRE H., «L'herméneutique de Paul Ricœur [compte rendu de *Le conflit des interprétations*]» *Revue des sciences* 92 (1971), nº 61-62, janvier-juin, 105-106.

IV.A.83. BLOCHER H., «Paul Ricœur dans le conflit des interprétations [compte rendu de *Le conflit des interprétations*]». *Ichtus* 1971, nº 10, février, 24-27.

IV.A.84. HÉBERT R., «Compte rendu. *Le conflit des interprétations*». *Dialogue* (Canada) 10 (1971), nº 1, mars, 179-181.

IV.A.85. VINCENT G., «Compte rendu. *Le conflit des interprétations*». *Revue d'histoire et de philosophie religieuses* 51 (1971), nº 2, 222-225.

1972

IV.A.86. SCHÉRER R., «Compte rendu. *Le conflit des interprétations*». *Journal de psychologie normale et pathologique* 69 (1972), nº 3, juillet-septembre, 345-347.

LA MÉTAPHORE VIVE (I.A.11.)

1975

IV.A.87. BURGELIN Fr., «Compte rendu. *La métaphore vive*». *Bulletin du Centre Protestant d'Études et de Documentation* 1975, n° 206, décembre, 500.

IV.A.88. Lacroix J., «Métaphore [compte rendu de *La métaphore vive*]». *Le monde* 32 (1975), n° 9574, 2 et 3 novembre, 15.

1976

IV.A.89. Brisson L., «*La métaphore vive* de Paul Ricœur [étude pénétrante et positive]». *Dialogue* (Canada) 15 (1976); n° 1, mars, 133-147.

IV.A.90. Gilbert P., «Compte rendu. *La métaphore vive*». *Nouvelle revue théologique* 108 (1976), n° 3, mars, 265-266.

IV.A.91. Petit M. da P., «Note critique. *La métaphore vive*». *Revue de métaphysique et de morale* 81 (1976), n° 2, avril-juin, 271-276.

IV.A.92. Reix A., «Compte rendu. *La métaphore vive*». *Revue philosophique de la France et de l'Étranger* 101 (1976), 108-109.

IV.A.93. Vincent G., «*La métaphore vive* de Paul Ricœur [compte rendu]». *Revue d'histoire et de philosophie religieuses* 56 (1976), n° 4, 567-581.

Traduit en anglais par IV.B.79.

1977

IV.A.94. Gans E., «Esthétique de la métaphore [sur *La métaphore vive*]». *Poésie* 1977, n° 1, 58-74.

IV.A.95. Greisch J., «Bulletin de philosophie. La traduction herméneutique aujourd'hui: H.-G. Gadamer, P. Ricœur, G. Steiner. La chasse à la métaphore vive [étude sur *La métaphore vive*]». *Revue des sciences philosophiques et théologiques* 61 (1977), 291-296.

IV.A.96. Lucier P., «Paul Ricœur, *La métaphore vive* [compte rendu]». *Science et Esprit* (Montréal) 29 (1977), n° 1, janvier-avril, 120-122.

TEMPS ET RÉCIT I (I.A.12.)

1983

IV.A.97. CORDELLIER Ch., «Paul Ricœur: *Temps et Récit* (Tome I) [compte rendu]». *La Nouvelle Revue Française*, 1983, nº 365, juin, 131-134.

IV.A.98. ERIBON D., «Les belles histoires des Oncles Paul [sur Paul VEYNE, *Les Grecs ont-ils cru à leurs mythes* et Paul RICŒUR, *Temps et récit*. Tome I.]». *Libération*. Journal 1983, 9 mars, 32.

IV.A.99. LAVEGGI L., «Paul Ricœur: le temps mode d'emploi [sur *Temps et récit*. I]». *Le quotidien de Paris*. Journal 1983, nº 1104, 14 juin, 31.

IV.A.99a. MIGUELEZ R., «Compte rendu. *Temps et récit*». *Canadian Philosophical Review. Revue Canadienne de Comptes Rendus en Philosophie* 3 (1983), nº 6, décembre, 299-304.

1984

IV.A.100. BURGELIN Fr., «Compte rendu. *Temps et récit. Tome I.*». *Bulletin du Centre Protestant d'Études et de Documentation* 1984, nº 287, janvier, 12-13.

IV.A.101. STICKER H. J., «Écriture et temps (P. Ricœur) [sur *Temps et récit. I*]. *Esprit* 1984, nº 1, janvier, 173-179.

IV.B. ENGLISH / ANGLAIS

HISTORY AND TRUTH (I.B.1.)

1965

IV.B.1. KELBLEY Ch. D., «Translator's introduction [to *History and Truth* putting this book into the context of P. RICŒUR's philosophy].» *History and Truth* (Northwestern University Studies in Phenomenology and Existential Philosophy).

Evanston (Illinois): Northwestern University Press, 1965, 24 × 15,5, XI-XXI.

1966

IV.B.2. IGGERS G. G., «Book Review. *History and Truth.*» *The American Historial Review* 72 (1966-1967), No. 1, October, 118.

1967

IV.B.3. BOAS G., «Review Essay. *History and Truth* [a perspicacious review].» *History and Theory.* Studies in the Philosophy of History 6 (1967), No. 2, 265-270.

IV.B.4. DALY M., «Review. *History and Truth.*» *Philosophical Studies* (Ireland) 16 (1967), 369-371.

IV.B.5. WILLARD D., «Book Note. *History and Truth.*» *The Personalist* 48 (1967), No. 3, Summer, July, 412.

1968

IV.B.6. TAYLOR Ch., «Book Review. *History and Truth.*» *The Journal of Philosophy* 65 (1968), No. 13, June, 401-403.

1971

IV.B.7. DUPRÉ L., «Review Article. *History and Truth.*» *The New Scholasticism* 45 (1971), No. 1, Winter, 147-149.

FALLIBLE MAN (I.B.2.)

1961

IV.B.8. PONCELET A., «Feature Book Review. *L'homme faillible.*» *International Philosophical Quarterly* 1 (1961), No. 4, December, 713-718.

1965

IV.B.9. KELBLEY Ch., «Translator's Introduction [to *Fallible Man* putting this book into the broader context of P. RICŒUR's

Philosophy].» *Fallible Man.* [Chicago: Henry Regnery], [1965], 21 × 14,5, IX-XV.

IV.B.10. P. S., «Summary and Comment. *Fallible Man.*» *The Review of Metaphysics* 19 (1965), No. 2, December, 382.

1966

IV.B.11. STINNETTE C. R., «Critical Review. *Fallible Man.*» *The Journal of Religion* 46 (1966), No. 1, January, 60-61.

FREEDOM AND NATURE (I.B.3.)

1966

IV.B.13. KOHÁK E. V., «Translator's Introduction: The Philosophy of Paul Ricœur [putting *Freedom and Nature* into the whole of P. RICŒUR's philosophy].» *Freedom and Nature. The Voluntary and the Involuntary* (Northwestern University Studies in Phenomenology and Existential Philosophy). [Evanston (Illinois)]: Northwestern University Press, 1966, 23,5 × 16,5, XI-XXXVIII.

1967

IV.B.14. EPSTEIN F., «Beyond Determinism and Irrationalism. Reflections on a Work of Paul Ricœur [on *Freedom and Nature*].» *Philosophy Today* 11 (1967), No. 1/4, Spring, 38-46.

IV.B.15. WILLARD D., «Book Note. *Freedom and Nature.*» *The Personalist* 48 (1967), No. 3, Summer, July, 411-412.

1968

IV.B.16. CREEGAN R. F., «Review. *Freedom and Nature.*» *Philosophy and Phenomenological Research* 28 (1968), No. 4, June, 608-610.

IV.B.17. DALY J., «Review. *Freedom and Nature.*» *Philosophical Studies* (Ireland) 17 (1968), 325-328.

IV.B.18. EMBREE L., «Book Review. *Freedom and Nature.*» *Social Research* 35 (1968), No. 3, Autumn, 565-570.

IV.B.19. HARTMANN Kl., «Phenomenology, Ontology and Metaphysics [on *Freedom and Nature*].» *The Review of Metaphysics* 22 (1968), No. 1, September, 85-112.

IV.B.20. MEDINA A., «Book Review. *Freedom and Nature.*» *The New Scholasticism* 42 (1968), No. 1, Winter, 155-159.

1969

IV.B.21. EHMAN R. R., «Book Review. *Freedom and Nature.*» *Man and World* 2 (1969), No. 2, May, 310-318.

HUSSERL. AN ANALYSIS OF HIS PHENOMENOLOGY (I.B.4.)

1967

IV.B.22. BALLARD E. G., «Translator's Foreword [to *Husserl. An Analysis of His Phenomenology* presenting the content of the book].» *Husserl. An Analysis of His Phenomenology* (Northwestern University Studies in Phenomenology and Existential Philosophy). Evanston (Illinois): Northwestern University Press, 1967, 23,5 × 16,5, XIII-XX.

1968

IV.B.23. EDIE J. M., «Book Review. *Husserl: An Analysis of His Phenomenology.*» *The Journal of Philosophy* 65 (1968), No. 13, June 27, 403-409.

1971

IV.B.24. DALY J., «Review. *Husserl. An Analysis of His Phenomenology.*» *Philosophical Studies* (Ireland) 20 (1971), 310-312.

IV.B.25. DUPRÉ L., «Review Article. *Husserl. An Analysis of His Phenomenology.*» *The New Scholasticism* 45 (1971), No. 1, Winter, 149-152.

THE SYMBOLISM OF EVIL (I.B.5.)

1961

IV.B.26. PONCELET A., «Feature Book Review. *La symbolique du mal.*»

International Philosophical Quarterly 1 (1961), No. 4, December, 718-724.

1967

IV.B.27. Hick J., «Review. *The Symbolism of Evil.*» *Theology Today* 24 (1967-1968), No. 4, January, 521-522.

IV.B.28. Keen S., «Sin, Guilt and Such [review of *The Symbolism of Evil*].» *The Christian Century* 84 (1967), No. 32, August 9, 1023.

1968

IV.B.29. Collins J., «Annual Review of Philosophy 1967 [among other books on *The Symbolism of Evil*].» *Cross Currents* 18 (1968), No. 2, Spring, 187.

IV.B.30. Stack G. J., «Man and the Symbols of Evil [review of *The Symbolism of Evil*].» *Man and World* 1 (1968), No. 4, November, 626-635.

IV.B.31. Wright J. H., «Book Review. *The Symbolism of Evil.*» *Theological Studies* 29 (1968), No. 2, June, 363-365.

1969

IV.B.32. E. A. R., «Summary and Comment. *The Symbolism of Evil.*» *The Review of Metaphysics* 22 (1969), No. 4, June, 763-764.

IV.B.33. Fisher A. L., «Book Note. *The Symbolism of Evil.*» *The Modern Schoolman* 47 (1969-1970), November, 142-143.

1972

IV.B.34. Ryan M., «Book Review. *The Symbolism of Evil.*» *Dialogue* (Canada) 11 (1972), No. 4, December, 666-668.

Freud and Philosophy (I.B.6.)

1970

IV.B.35. Warnock M., «Signs and Symbols [Book Review of *Freud and Philosophy*].» *New Society* 16 (1970), No. 412, August 20, 335-336.

1971

IV.B.36. Gargiulo G. J., «A Modern Dialogue with Freud [insightful review of *Freud and Philosophy*].» *The Psychoanalytic Review* 58 (1971), No. 2, 295-301.

IV.B.37. Lichtenstein H., «Communication note on *Freud and Philosophy*.» *Philosophy and Phenomenological Research* 32 (1971-1972), September-June, 412-413.

IV.B.38. Llamson B. S., «Book Review. *Freud and Philosophy* [judicious review].» *Thought*. A Review of Culture and Idea 46 (1971), No. 183, Winter, 628-632.

IV.B.39. Vivas E., «Review Article. *Freud and Philosophy* [valuable article].» *The Journal of Value Inquiry* 5 (1971), No. 4, 310-314.

1972

IV.B.40. Grolnick S. A., «Book Review. *Freud and Philosophy* [perspicacious review].» *The Psychoanalytic Quarterly* 41 (1972), No. 3, July, 436-443.

IV.B.41. Ihde D., «Briefer Book Review. *Freud and Philosophy*.» *International Philosophical Quarterly* 12 (1972), No. 1, March, 138-139.

IV.B.42. Moloney R., «Review. *Freud and Philosophy*». *The Heythrop Journal* 13 (1972), No. 1, January, 82-83.

IV.B.43. Pettit Ph., «Critical Notice. *Freud and Philosophy*.» *Philosophical Studies* (Ireland) 21 (1972), 236-243.

IV.B.44. Reider N., «Book Review. *Freud and Philosophy* [both critical and praising review].» *Journal of the History of the Behavioral Sciences* 8 (1972), No. 1, January, 142-144.

IV.B.45. Slaughter J. W., «Book Review. *Freud and Philosophy*.» *International Journal for Philosophy of Religion* 3 (1972), No. 1, Spring, 56-58.

1973

IV.B.46. Stack G. J., «Book Review. *Freud and Philosophy*.» *The Modern Schoolman* 50 (1973), No. 3, March, 318-322.

1974

IV.B.47. Wilkinson W., «Book Review. *Freud and Philosophy.*» *The Philosophy Forum* 14 (1974), 195-196.

1975

IV.B.48. Scott Ch. E., «Ricœur's Freud [excellent review on *Freud and Philosophy*].» *Anglican Theological Review* 57 (1975), No. 4, October, 467-479.

1978

IV.B.49. Harney M., «Psychoanalysis and Hermeneutics [mainly on *Freud and Philosophy*].» *The Journal of the British Society for Phenomenology* (Psychoanalysis and Language) 9 (1978), No. 2, May, 71-81.

IV.B.50. Lowe W. J., «Book Review. *Freud and Philosophy.*» *Religious Studies Review* 4 (1978), No. 4, October, 246-247.

1983

IV.B.51. Duckwort A. M., «Book Review. *Freud and Philosophy.*» *English Language Notes* 20 (1983), 52.

The Conflict of Interpretations (I.B.8.)

1971

IV.B.52. Capuzzi Fr. A., «Hermeneutics and the Symbol [review of *Le conflit des interprétations*].» *Research in Phenomenology* 1 (1971), 157-161.

1974

IV.B.53. Ihde D., «Editor's Introduction [to the essays of *The Conflict of Interpretations* putting this book into the context of P. Ricœur's philosophy].» *The Conflict of Interpretations. Essays in Hermeneutics* (Northwestern University Studies in Phenomenology and Existential Philosophy). Evanston (Illinois): Northwestern University Press, 1974, 23,5 × 16, IX-XXV.

1975

IV.B.54. Wilson N., «Book Review. *Le conflit des interprétations.*» *Phenomenological Sociology. Newsletter* (Oklahoma) 3 (1975), No. 2, February, 6-7.

1976

IV.B.55. Levin D. M., «Book Review. *The Conflict of Interpretations* [valuable contribution].» *The Philosophical Review* 85 (1976), No. 2, April, 267-270.

1977

IV.B.56. Kuzminski A., «The Philosopher's Burden [review of *The Conflict of Interpretations*].» *Salmagundi* 1977, No. 36, 124-132.

Political and Social Essays (I.B.9.)

1974

IV.B.57. Stewart D. and Bien J., «Editors' Introduction [to *Political and Social Essays* presenting the content of these essays].» *Political and Social Essays*. Athens: Ohio University Press, [1974], 22,5 × 14,5, 1-19.

1975

IV.B.58. Cipollone A. P., «The Christian and Society: A Review Essay [on *Political and Social Essays*].» *The Iliff Review* 32 (1975), No. 3, Fall, 56-61.

1977

IV.B.59. Stoltzfus A. G., «Book Review. *Political and Social Essays.*» *Christian Scholar's Review* 7 (1977), No. 2-3, 275-276.

IV.B.60. Sweeney R. D., «Book Review. *Political and Social Essays.*» *The Thomist* 41 (1977), No. 2, April, 297-298.

1978

IV.B.61. Dallmayr Fr. R., «Book Review. *Political and Social Es-*

says.» *Phenomenology and Social Science. Newsletter* 6 (1978), No. 3, Summer, 4-7.

1979

IV.B.62. LAWRENCE Fr., «Ricœur's '*Political and Social Essays*' [Review Essay].» *The Journal of Religion* 59 (1979), No. 2, April, 224-230.

INTERPRETATION THEORY (I.B.10.)

1977

IV.B.63. MANCHESTER P., «Book Notice. *Interpretation Theory.*» *Journal of the American Academy of Religion* 45 (1977), No. 3, September, 395-396.

IV.B.64. MCFADDEN G., «Review. *Interpretation Theory* [insightful review].» *The Journal of Aesthetics and Art Criticism* (Critical Interpretation) 36 (1977-1978), No. 3, Spring, 365-367.

1978

IV.B.65. BERTMAN M. A., «Book Review. *Interpretation Theory.*» *Journal of Aesthetic Education* 12 (1978), No. 4, October, 118-121.

IV.B.66. KLEIN T., Book Review. *Interpretation Theory.*» *The Southwestern Journal of Philosophy* (The Proceedings of the 38th Annual Meeting of the Southwestern Philosophical Society, Texas, November 1977) 9 (1978), No. 1, Spring, 149-152.

IV.B.67. MAGLIOLA R., «Brief Review [of *Interpretation Theory*].» *Phenomenology Information Bulletin* 2 (1978), October, 25-26.

IV.B.68. PALMER R. E., «Shorter Review. *Interpretation Theory.*» *Philosophy and Literature* 2 (1978), No. 1, Spring, 135-136.

IV.B.69. SEEBOHM Th., «Book Review. Paul Ricœur, *Interpretation Theory: Discourse and the Surplus of Meaning* [depth study].» *The Graduate Faculty Philosophy Journal* 7 (1978), No. 2, Winter, 257-270.

IV.B.70. STACK G. J., «Book Review [on *Interpretation Theory*].» *Philo-*

sophy and Phenomenological Research 39 (1978), No. 2, December, 290-292.

1979

IV.B.71. B.W., «Summary and Comment. *Interpretation Theory.*» *The Review of Metaphysics* 33 (1979), No. 1, September, 198-200.

IV.B.72. Wertz S. K., «Book Review. *Interpretation Theory.*» *Philosophy and Rhetoric* 12 (1979), No. 1, Winter, 65-69.

IV.B.73. Wilshire Br., «Summary and Comment. *Interpretation Theory.*» *The Review of Metaphysics* 33 (1979), No. 1, September, 198-200.

The Rule of the Metaphor (I.B.11.)

1975

IV.B.74. Steiner G., «Metaphors on the Move [review on *La métaphore vive*].» *The Times Literary Supplement* 1975, No. 3829, August 1, 879.

1976

IV.B.75. Gerhart M., «Review Essay.» *La métaphore vive* [penetrating contribution].» *Religious Studies Review* 2 (1976), No. 1, January 23-30.

IV.B.76. Reagan Ch. E., «Briefer Book Review. *La métaphore vive* [depth contribution].» *International Philosophical Quarterly* 16 (1976), No. 4, December, 359-362.

1977

IV.B.77. Crosman I., «The Status of Metaphoric Discourse: Paul Ricœur: *La métaphore vive* [Book Review].» *The Romanic Review* (New York) 68 (1977), No. 3, May, 207-216.

IV.B.78. Sweeney G., «Book Review. *La métaphore vive.*» *The Thomist* 41 (1977), No. 2, April, 301-305.

IV.B.79. Vincent G., «Paul Ricœur's 'Living Metaphor' [review of *La métaphore vive*].» *Philosophy Today* (A Presentation of *The*

Rule of Metaphor by Paul Ricœur) 21 (1977), Supplement to No. 4/4, Winter, 412-423.

English translation of IV.A.93.

Reprinted as a brochure in 1983.

1978

IV.B.80. Magliola R., «Brief Review [of *The Rule of Metaphor*].» *Phenomenology Information Bulletin* 2 (1978), October, 26-28.

IV.B.81. Mooij J. J. A., «Review. *The Rule of Metaphor* [substantial review].» *Journal of Aesthetics and Art Criticism* 37 (1978-1979, No. 4, Summer, 496-498.

1979

IV.B.82. Barnouw J., «Summary and Comment. *The Rule of Metaphor.*» *The Review of Metaphysics* 33 (1979), No. 1, September, 200-204.

IV.B.83. Lamarque P., «Book Review [on *The Rule of Metaphor*]». *Philosophical Quarterly* (Scotland), 29 (1979), April, 188-190.

IV.B.84. Murchland B., «Shorter Review. *The Rule of Metaphor.*» *Philosophy and Literature* 3 (1979), No. 1, Spring, 124-125.

1980

IV.B.85. Hall H., «Book Review. *The Rule of Metaphor.*» *The Philosophical Review* 89 (1980), No. 1, January, 117-121.

IV.B.86. Lacapra D., «Who Rules Metaphor? [on *The Rule of Metaphor*].» *Diacritics*. A Review on Contemporary Criticism 1980, Winter, 15-28.

IV.B.87. Osborn M., «Book Review. *The Rule of Metaphor.*» *Philosophy and Rhetoric* 13 (1980), No. 3, Summer, 208-210.

Main Trends in Philosophy (I.B.13.)

1980

IV.B.88. Hyland Dr. A., «Summary and Comment. *Main Trends in*

Philosophy.» *The Review of Metaphysics* 34 (1980), No. 1, September, 157-158.

IV.B.89. SCUKA R. F., «Book Notice. *Main Trends in Philosophy.*» *Journal of the American Academy of Religion* 48 (1980), No. 2, June, 301-304.

1981

IV.B.90. HUNTER R. B., «Review. *Main Trends in Philosophy.*» *Philosophy and Phenomenological Research* 42 (1981-1982), September-June, 621-622.

IV.B.91. STACK G., «Book Review. *Main Trends in Philosophy.*» *The Journal of Value Inquiry* 15 (1981), No. 4, 329-332.

ESSAYS ON BIBLICAL INTERPRETATION (I.B.14.)

1980

IV.B.92. MUDGE L. S., «Paul Ricœur on Biblical Interpretation [penetrating introduction to *Essays on Biblical Interpretation* expounding the background and the significance of the essays].» Philadelphia: Fortress Press, [1980], 21,5 × 15, 1-45.

1982

IV.B.93. CARROLL R. P., «Review. *Essays on Biblical Interpretation.*» *Religious Studies* 18 (1982), No. 2, June, 270-273.

IV.B.94. REESE J. M., «Book Review. *Essays on Biblical Interpretation.*» *Catholic Biblical Quarterly* 44 (1982), No. 1, January, 158-159.

1983

IV.B.95. KLEMM D. E., «Book Notice. *Essays on Biblical Interpretation.*» *Journal of American Academy of Religion 51* (1983), No. 4, December, 717-718.

HERMENEUTICS AND THE HUMAN SCIENCES (I.B.16.)

1981

IV.B.96. THOMPSON J. B., «Editor's introduction [to *Hermeneutics and the Human Sciences* offering a biographical note, a survey of his philosophy and a presentation of the essays].» *Hermeneutics and the Human Sciences. Essays on Language, Action and Interpretation.* Cambridge-London-New York-New Rochelle-Melbourne-Sydney: Cambridge University Press; Paris: Éditions de la Maison des Sciences de l'Homme, [1981], 23 × 15,5, 1-26.

1982

IV.B.97. ATACK M., «Book Review. *Hermeneutics and the Human Sciences.*» *Journal of European Studies* 12 (1982), No. 46, 152-154.

IV.B.98. BOURGEOIS P. L., «Summary and Comment. *Hermeneutics and the Human Sciences.*» *The Review of Metaphysics* 36 (1982-1983), No. 1, September, 186-188.

1983

IV.B.98a. HYDE M. J., «Book Review. *Hermeneutics and the Human Sciences.*» *Philosophy and Rhetoric* 16 (1983), No. 4, 272-275.

IV.B.99. MCCULLAGH C. B., «Book Review. *Hermeneutics and the Human Sciences.*» *Australasian Journal of Philosophy* 61 (1983), No. 2, June, 211-213.

IV.B.100. PAPPIN J., «Book Review. *Hermeneutics and the Human Sciences.*» *The Heythrop Journal* 24 (1983), No. 2, April, 178-182.

IV.B.101. REGIER W. G., «Review. *Hermeneutics and the Human Sciences.*» *MLN – Modern Language Notes* (Comparative literature. Special Issue) 98 (1983), No. 5, December, 1312-1315.

IV.B.102. WYSCHOGROD E., «Review article. From being to meaning. Toward a phenomenological hermeneutics [on *Hermeneutics and the Human Sciences*].» *Semiotica* 44 (1983), No. 3/4, 371-382.

IV.C. ALLEMAND / GERMAN

KARL JASPERS ET LA PHILOSOPHIE DE L'EXISTENCE (I.A.1.)

1951

IV.C.1. KOPPER J., «Buchbesprechung. *Karl Jaspers et la philosophie de l'existence*». *Philosophischer Literaturanzeiger* 3 (1951), 72-75.

GABRIEL MARCEL ET KARL JASPERS (I.A.2.)

1951

IV.C.2. KOPPER J., «Buchbesprechung. *Gabriel Marcel et Karl Jaspers.*» *Philosophischer Literaturanzeiger* 3 (1951), 75-76.

GESPRÄCHE (I.C.2.)

1974

IV.C.3. PLATZECK E.-W., «Buchbesprechung. *P. Ricœur und G. Marcel. Gespräche.*» *Wissenschaft und Weisheit* 37 (1974), n° 2/3, 229-230.

LE VOLONTAIRE ET L'INVOLONTAIRE (I.A.3.)

1952

IV.C.4. KOPPER J., «Buchbesprechung. *Le volontaire et l'involontaire* [compte rendu substantiel].» *Philosophischer Literaturanzeiger* 4 (1952), 79-84.

FINITUDE ET CULPABILITÉ (I.A.6.-I.A.7.)
DIE FEHLBARKEIT DES MENSCHEN (I.C.3.)
SYMBOLIK DES BÖSEN (I.C.4.)

1962

IV.C.5. KERN W., «Buchbesprechung. *Finitude et Culpabilité*». *Scholastik*. Vierteljahresschrift für Theologie und Philosophie 37 (1962), n° 1, 160.

1964

IV.C.6. Van Peursen C. A., «Philosophen der Kontingenz [contient aussi un compte rendu de *Finitude et culpabilité*]». *Philosophische Rundschau* 12 (1964), n° 1-2, 7-12.

1973

IV.C.7. Rütsche J., «Buchbesprechung. *Die Fehlbarkeit des Menschen. Symbolik des Bösen*». *Philosophisches Jahrbuch* 80 (1973), n° 2, 415-422.

Geschichte und Wahrheit (I.C.6.)

1975

IV.C.8. Riefstahl H., «Buchbesprechung. *Geschichte und Wahrheit*». *Philosophischer Literaturanzeiger* 28 (1975), 65-68.

De l'interprétation (I.A.8.)
Die Interpretation (I.C.1.)

1967

IV.C.9. Lang H., «Buchbesprechung. *De l'interprétation*». *Psyche.* Zeitschrift für Psychoanalyse und ihre Anwendungen 21 (1967), n° 6, juin, 468-470.

1971

IV.C.10. Rütsche J., «Freud in der Französischen Philosophie. Bericht und Kommentar zu P. Ricœur [*Die Interpretation. Versuch über Freud*]». *Philosophisches Jahrbuch* 78 (1971), n° 2, 401-422.

Le conflit des interprétations (I.A.10.)
Hermeneutik und Strukturalismus (I.C.5.)

1971

IV.C.11. Riefstahl H., «Buchbesprechung. *Le Conflit des Interpréta-*

tions». *Zeitschrift für philosophische Forschung* 25 (1971), 631-637.

1974

IV.C.12. Friederich Ch., «Buchbesprechung. *Hermeneutik und Strukturalismus*». *Zeitschrift für Religions- und Geistesgeschichte* 26 (1974), n° 1, 88-89.

IV.C.13. Landolt St., «Buchbesprechung. *Hermeneutik und Strukturalismus*». *Conceptus* 8 (1974), n° 25, 109-110.

IV.C.14. Mainberger G. K., «Buchbesprechung. *Hermeneutik und Strukturalismus*. Reflexive Ich-Philosophie als Matrix der Antiphilosophien». *Philosophisches Jahrbuch* 81 (1974), 436-438.

1975

IV.C.15. Stock K., «Kerygma als Thema der Philosophie [sur *Hermeneutik und Strukturalismus* du point de vue théologique]». *Evangelische Theologie* (Zur Gottesfrage) 35 (1975), No. 3, 275-281.

1976

IV.C.16. Beck K., «Buchbesprechung. *Hermeneutik und Strukturalismus*». *Zeitschrift für philosophische Forschung* 30 (1976), janvier-mars, 159-162.

La métaphore vive (I.A.11.)

1976

IV.C.17. Fellinger R. et Villwach J., «Die Metapher als Ereignis. Zu Paul Ricœurs *La métaphore vive*». *Germanisch-Romanische Monatschrift* 26 (1976), n° 3-4, 451-466.

1980

IV.C.18. Weinrich H., «Buchbesprechung. *La métaphore vive*». *Philosophische Rundschau* 27 (1980), n° 3-4, 240-243.

IV.D. ESPAGNOL / SPANISH

Karl Jaspers et la philosophie de l'existence (I.A.1.)

1948

IV.D.1. Virasoro M. A., «Reseñas y critica bibliográfica. *Karl Jaspers et la philosophie de l'existence* [compte rendu substantiel]». *Cuadernos de filosofía* (Buenos Aires) 1948, nº 1, 65-72.

1949

IV.D.2. F. J. C., «Reseñas bibliográficas. *Jaspers et la philosophie de l'existence* [compte rendu]». *Ciencia y Fe* 5 (1949), nº 19, juillet-septembre, 88-89.

Le volontaire et l'involontaire (I.A.3.)

1954

IV.D.3. Mindán M., «Recensión. *Le volontaire et l'involontaire*». *Revista de Filosofía* (Madrid) 13 (1954), 340-344.

Finitude et culpabilité (I.A.6.-I.A.7.)
Finitud y culpabilidad (I.D.1.)

1965

IV.D.4. Waldenfels B., «Finitud y culpabilidad [compte rendu de *Finitude et culpabilité*]». *Documentación Crítica Iberoamericana de Filosofía y Ciencias Afines* (Sevilla) 2 (1965), 63-73.

1969

IV.D.5. Aranguren J. L. L., «Prólogo a la edición española [de *Finitud y culpabilidad* évoquant brièvement la signification philosophique du livre]». *Finitud y culpabilidad* (Ensayistas de Hoy, 63). [Madrid]: Taurus, [1969], 21 × 13,5, 9-11.

De l'interprétation (I.A.8.)
Freud: una interpretacion de la cultura (I.D.2.)

1966

IV.D.6. Anonyme, «Boletines bibliográficos. *De l'interprétation* [compte rendu]». *Stromata* 22 (1966), janvier-décembre, 167-168.

1972

IV.D.7. Marchant P., «Sócrates o Sade: una apuesta filosófica [sur *Freud: una interpretación de la cultura*]». *Diálogos* (Puerto Rico) 8 (1972), nº 22, avril, 107-137.

1977

IV.D.8. Tort M., *La interpretación o la máquina hermenéutica* [compte rendu de *De l'interprétation*]. Traduction de *De l'interprétation ou la machine herméneutique*. Buenos Aires: Nueva Visión, 1977, 110 p.

Traduction de IV.A.68.

La métaphore vive (I.A.11.)
La metáfora viva (I.D.7.)

1978

IV.D.9. Kant Cl., «Paul Ricœur: una obra magistral sobre la metáfora [sur *La métaphore vive*]». *Megafón* (Argentina) 4 (1978), nº 8, 27-40.

1980

IV.D.9a. Maceiras Fafían M., «Recensión. *La metáfora viva*». *Aporía* (Madrid) 3 (1980-1981), nº 12, 131-133.

El lenguaje de la fe (I.D.6.)

1978

IV.D.10. Melano Couch B., «Introducción [à *El lenguaje de la fe* esquissant brièvement le curriculum vitae et la méthode de P. Ricœur et présentant judicieusement les textes traduits]». *El lenguaje de la fe*. [Buenos Aires]: Megapolis (La Aurora), [1978], 19,5 × 12, 5-12.

Texto, testimonio y narración (I.D.10.)

1983

IV.D.11. Undurraga U., «Prólogo [à *Texto, testimonio y narración* situant les essais dans le contexte de la philosophie ricœurienne]». *Texto, testimonio y narración* (Club de lectores de filosofia y letras, 7). [Santiago de Chile]: Andrés Bello, [1983], 18 × 11,5, 5-8.

Educación y política (I.D.11.)

1984

IV.D.12. Begué M.-Fr., «Presentación [des textes de *Educación y política*]». *Educación y política. De la Historia Personal a la Comunión de Libertades*. [Buenos Aires]: Editorial Docencia, [1984], 20 × 14, 9-17.

IV.E. ITALIEN / ITALIAN

Histoire et vérité (I.A.5.)

1956

IV.E.1. Cristaldi M., «Recensione. *Histoire et vérité*». *Humanitas* [Brescia] 11 (1956), 776-779.

1966

IV.E.2. Anonyme, «Recensione. *Histoire et vérité*». *Dialogo* (Palermo) 3 (1966), 210.

1967

IV.E.3. Riggio P., «Storia e verità in Paul Ricœur [compte rendu de

Histoire et vérité]». *Dialogo* (Palermo) 4 (1967), nº 1, mai-juin, 179-190.

FINITUDE ET CULPABILITÉ (I.A.6.-I.A.7.)
FINITUDINE E COLPA (I.E.2.)

1960

IV.E.4. RENZI E., «Paul Ricœur, una fenomenologia della finitezza e del male [compte rendu de *Finitude et culpabilité* (2 vol.)]». *Il Pensiero* 5 (1960), nº 3, septembre-décembre, 360-371.

1970

IV.E.4a. MELCHIORRE V., «Introduzione all'edizione italiana [de *Finitude et culpabilité*]. Il metodo fenomenologico di Paul Ricœur [situant le livre dans une ample étude de toute la pensée ricœurienne]». *Finitudine e colpa* (Collectione di testi e di studi. Filosofia e metodologia). Bologna: Il Mulino, 1970, 21 × 13,5, 7-51.

1971

IV.E.5. D'AGOSTINO F., «Schedario. *Finitudine e colpa* [compte rendu]». *Rivista internazionale di filosofia del diritto* 48 (1971), nº 2-3, avril-septembre, 396-397.

1981

IV.E.6. SANSONETTI G., «La 'simbolica del male' nel pensiero di Paul Ricœur [sur *La symbolique du mal*]». *Rivista di Teologia morale* 13 (1981), nº 51, 393-405.

DE L'INTERPRÉTATION (I.A.8.)
DELLA INTERPRETAZIONE. SAGGIO SU FREUD (I.E.1.)

1966

IV.E.7. JERVIS G., «Note su alcuni libri di psicanalisi [contient un compte rendu de *De l'interprétation*]». *Quaderni Piacentini* 28 (1966), septembre, 98-108.

1967

IV.E.8. Renzi E., «Freud e Ricœur [sur *Della interpretazione. Saggio su Freud*]». *Aut Aut* 1967, nº 98, mars, 7-51.

1968

IV.E.9. Ricardi F., «Una interpretazione di Freud [compte rendu de *De l'interprétation*]». *Psicoterapia e Scienze Umane*, 1968, nº 1, janvier-mars, 8-13.

1970

IV.E.10. Gajano A., «Psicanalisi e fenomenologia nel saggio su Freud di P. Ricœur [compte rendu de fond]». *Giornale critico della filosofia italiana* (Firenze) 49 (1970), nº 3, juillet-septembre, 406-432.

1972

IV.E.11. Crispini Fr., «Paul Ricœur e la semantica dell'uomo [essai critique sur *Della Interpretatione*]». *Logos* (Napoli) 1 (1972), nº 1, 41-72.

L'ermeneutica del sublime (I.E.3.)

1972

IV.E.12. Cristaldi M., «Introduzione [à *L'ermeneutica del sublime* situant et éclairant amplement les textes traduits]». *L'ermeneutica del sublime. Saggi per una critica dell'illusione* (Filosofia e tempo presente, 1). Messina: A. M. Sortino, [1972], 23 × 16, 7-89.

La sfida semiologica (I.E.4.)

1974

IV.E.13. Di Marcoberardino Iannotto D., «Recensione. *La sfida semiologica*». *Proteus* (Roma) 5 (1974), nº 14-15, 150-153.

Il conflitto delle interpretazione (I.E.5.)

1977

IV.E.14. Rigobello A., «Prefazione [à *Il conflitto delle interpretazioni* situant le livre dans le contexte de la philosophie ricœurienne]». *Il conflitto delle interpretazioni* (Di fronte e attraverso, 20). Milano: Jaca Book, [1977], 22,5 × 15, 7-16.

IV.E.15. Ventura P., «Schedario. *Il conflitto delle interpretazioni* [compte rendu]». *Rivista internazionale di filosofia del diritto* 54 (1977), nº 4, octobre-décembre, 946-947.

1978

IV.E.16. G. G., «Recensione. *Il conflitto delle interpretazioni*». *Sistematica* (Milano) 11 (1978), nº 3, 76-80.

1983

IV.E.16a. Rossi R., «Recensione. *Il conflitto delle interpretazioni*». *Filosofia oggi* 6 (1983), nº 2, 246-251.

Ermeneutica filosofica ed ermeneutica biblica (I.E.6.)

1977

IV.E.17. Bovon Fr., «Premessa [à *Ermeneutica filosofica ed ermeneutica biblica* présentant les textes traduits]». *Ermeneutica filosofica ed ermeneutica biblica* (Studi biblici, 43). Brescia: Paideia Editrice, 1977, 21 × 14, 9-11.

Ermeneutica biblica (I.E.7.)

1979

IV.E.18. Testa G., «Operis judicium. *Ermeneutica biblica* [compte rendu]». *Divus Thomas* (Piacenza) 82 (1979), 285-286.

DIRE DIO (I.E.8.)

1978

IV.E.19. GRAMPA G., «Dire Dio: poetica e linguaggio religioso in Paul Ricœur (Editoriale) [introduction à *Dire Dio* présentant, commentant et situant amplement et judicieusement les textes traduits]». *Dire Dio. Per un'ermeneutica del linguaggio religioso* (Giornale di teologia, 113). [Brescia]: Queriniana, [1978], 19 × 12, 5-40.

STUDI DI FENOMENOLOGIA (I.E.9.)

1979

IV.E.20. LIBERTI C., «Introduzione [à *Studi di fenomenologia* présentant et situant largement les textes traduits]». *Studi di fenomenologia* (Filosofia e tempo presente, 5). Messina: A.M. Sortino, [1979], 23,5 × 16,5, 1-71.

TRADIZIONE O ALTERNATIVA (I.E.10.)

1980

IV.E.21. GRAMPA G., «Per un'ermeneutica del concetto di ideologia [note introductive à *Tradizione o alternativa* présentant les textes traduits]». *Tradizione o alternativa. Tre saggi su ideologia e utopia* (Le scienze umane). [Brescia]: Morcelliana, [1980], 25 × 15,5, 7-35.

1981

IV.E.22. PETRELLI M., «Schedario. *Tradizione o alternativa* [compte rendu]». *Rivista internazionale di filosofia del diritto* 58 (1981), nº 1, janvier-mars, 216-217.

IV.E.23. PENATI G., «Recensione. *Tradizione o alternativa*». *Rivista di Filosofia Neo-Scolastica* 73 (1981), nº 1, 225-226.

La métaphore vive (I.A.11.)
La metafora viva (I.E.11.)

1975

IV.E.24. Anonyme, «Recensione. *La métaphore vive*». *Rassegna di Letteratura Tomistica* (Roma) 11 (1975), 181-182.

1977

IV.E.25. Rossi F., «Analisi d'opera. *La métaphore vive*». *Rivista di Filosofia Neo-scolastica* 69 (1977), nº 3, juillet-septembre, 537-541.

IV.E.26. Bertuletti A., «Metafora e discorso filosofico. Saggio su '*La métaphore vive*' de Ricœur (Summary) [essai de fond]». *Teologia.* Rivista della facoltà teologica dell'Italia settentrionale 1977, nº 3, septembre, 231-261, 261.

1981

IV.E.27. Grampa G., «Introduzione [à *La metafora viva* situant le livre dans le développement de la philosophie ricœurienne]». *La metafora viva. Dalla retorica alla poetica per un linguaggio di rivelazione* (Di fronte e attraverso, 69). [Milano]: Jaca Book, [1981], 23 × 15, ix-xxvi.

1982

IV.E.28. Zaltieri C., «Per un'ermeneutica della metafora [compte rendu de *La metafora viva*]». *L'uomo, un segno.* Rivista di filosofia e cultura (Milano) 1982, nº 2, 63-73.

1983

IV.E.29. Iannotta D., «Recensione. P. Ricœur, *La metafora viva*». *Paradigmi.* Rivista di critica filosofica 1 (1983), nº 2, mai-août, 375-378.

IV.F. PORTUGAIS / PORTUGUESE

GABRIEL MARCEL ET KARL JASPERS (I.A.2.)

1950

IV.F.1. FERREIRA DE SOUSA M., «Bibliografia. *Gabriel Marcel et Karl Jaspers* [compte rendu]». *Rivista portuguesa de filosofia* (Braga) 6 (1950), nº 1, janvier-mars, 109.

INTERPRETAÇÃO E IDEOLOGIAS (I.F.4.)

1978

IV.F.2. JAPIASSU H., «Apresentação. Paul Ricœur: filósofo do sentido [introduction à *Interpretação e ideologias* mettant le livre dans le contexte de la pensée ricœurienne]». *Interpretação e ideologias*. Rio de Janeiro: Francisco Aloes, 1978, 21 × 14, 1-13.

A METÁFORA VIVA (I.F.5.)

1983

IV.F.3. PEREIRA M. B., «Introdução [à *A metáfora viva* présentant et situant extensivement le livre dans la philosophie du langage de P. RICŒUR]». *A metáfora viva* [Porto]: Rés, [1983], 21 × 14,5, I-XLV.

IV.G. NÉERLANDAIS / DUTCH

KARL JASPERS ET LA PHILOSOPHIE DE L'EXISTENCE (I.A.1.)

1949

IV.G.1. DELFGAAUW B., «Boekbespreking. *Karl Jaspers et la philosophie de l'existence*». *Algemeen Nederlands Tijdschrift voor Wijsbegeerte en Psychologie* 32 (1949-1950), 108-109.

GABRIEL MARCEL ET KARL JASPERS (I.G.2.)

1949

IV.G.2. DE WAELHENS A., «Hedendaagse philosophie [aussi sur *Gabriel Marcel et Karl Jaspers*]». *Tijdschrift voor Philosophie* 11 (1949), nº 3, août, 473-476.

LE VOLONTAIRE ET L'INVOLONTAIRE (I.A.3.)

1951

IV.G.3. STRASSER St., «Paul Ricœur: Philosophie de la Volonté [compte rendu de *Le volontaire et l'involontaire*]». *Algemeen Nederlands Tijdschrift voor Wijsbegeerte en Psychologie* 44 (1951), nº 2, décembre, 89-94.

HISTOIRE ET VÉRITÉ (I.A.5.)

1974

IV.G.4. HEERING H. G., «Boekbespreking. *Histoire et vérité*». *Nederlands Theologisch Tijdschrift* 28 (1974), nº 2, avril, 194-195.

FINITUDE ET CULPABILITÉ (I.A.6.-I.A.7.)
SYMBOLEN VAN HET KWAAD (I.G.3.)

1961

IV.G.5. VANDENBUSSCHE F., «Boekbespreking. *Finitude et culpabilité*. *Streven* 15 (1961-1962), nº 4, janvier, 393-394.

IV.G.6. GROOT H., «Paul Ricœur. *Symbolen van het kwaad. I-II* [compte rendu]». *Amersfoortse Stemmen* 52 (1971), nº 6, 230-231.

DE L'INTERPRÉTATION (I.A.8.)

1966

IV.G.7. STRUYKER BOUDIER C. E. M., «Een wijsgerige interpretatie van

Freud. Het *Essai sur Freud* van Paul Ricœur (Summary) [compte rendu]». *Gawein.* Tijdschrift voor psychologie 15 (1966-1967), nº 6, 394-410, 410.

LE CONFLIT DES INTERPRÉTATIONS (I.A.10.)
KWAAD EN BEVRIJDING (I.G.4.)
HERMENEUTIK UND STRUKTURALISMUS (I.G.5.)

1971

IV.G.8. PEPERZAK Ad., «Inleiding [à *Kwaad en bevrijding* situant les textes dans l'entreprise ricœurienne de l'interprétation]». *Kwaad en bevrijding. Filosofie en Theologie van de hoop.* Hermeneutische artikelen. Rotterdam: Lemmiscaat, 1971, 21,5 × 14,5, 7-15.

1974

IV.G.9. HEERING H.J., «Boekbespreking. *Le conflit des interprétations*». *Nederlands Theologisch Tijdschrift* 28 (1974), nº 2, avril, 195-196.

1975

IV.G.10. VANSINTJAN H., «Boekbespreking. *Hermeneutik und Strukturalismus*». *Tijdschrift voor Filosofie* 37 (1975), nº 3, septembre, 548-549.

POLITIEK EN GELOOF (I.G.1.)

1968

IV.G.11. PEPERZAK Ad., «Inleiding [à *Politiek en geloof* présentant l'auteur et les textes traduits]». *Politiek en geloof. Essays van Paul Ricœur.* Utrecht: Ambo, [1968], 20,5 × 12, 7-14.

1969

IV.G.12. VANSINA D., «Boekbespreking. *Politiek en geloof*». *Tijdschrift voor Filosofie* 31 (1969), nº 1, mars, 162-164.

WEGEN VAN DE FILOSOFIE (I.G.2.)

1970

IV.G.13. PEPERZAK Ad., «Inleiding [à *Wegen van de filosofie* situant le livre dans le contexte de la pensée ricœurienne]». *Wegen van de filosofie. Structuralisme, psychoanalyse, hermeneutiek*. Bilthoven; Amboboeken, [1970], 20,5 × 12,7, 13.

LA MÉTAPHORE VIVE (I.A.11.)

1976

IV.G.14. RIKHOF H., «Boekbespreking. *La métaphore vive*». *Bijdragen* 37 (1976), nº 4, 455-456.

TEMPS ET RÉCIT. I. (I.A.12.)

1983

IV.G.15. SERVOTTE H., «Verplichte lektuur voor velen. Ricœur over het verhaal [compte rendu de *Temps et récit*. I.]». *Standaard der letteren* 1983, nº 1618, 14 mai.

IV.H. POLONAIS / POLISH

EGZYSTENCJA I HERMENEUTYKA (I.H.1.)

1975

IV.H.1. CICHOWICZ St., «Poslowie: Filozofia; hermeneutyka [postface à *Egzystencja i hermeneutyka* mettant en relief l'impact philosophique des textes traduits]». *Egzystencja i hermeneutyka. Rozprawy o metodzie*. Édité par St. CICHOWICZ. Warszawa: Instytut Wydawniczy Pax, 1975, 19,5 × 12,5, 297-320.

IV.I. JAPONAIS / JAPANESE

1979

IV.I.1. HASE M., «[Compte rendu]. *Shokaishaku no katto* [Le conflit des interprétations]». *Shisōshi no kyojintachi* [Géants dans l'histoire des idées]. Hokutu-shuppân, 1979, 228-238.

IV.J. DANOIS / DANISH

SPRAGFILOSOFI (I.J.1.)

1970

IV.J.1. KEMP P., «Indlednung [à *Spragfilosofi* situant les articles traduits dans le contexte de la philosophie ricœurienne du langage]. *Spragfilosofi* (Stjernebøgernes Kulturbibliotek). København: Vinten, [1970], 18,5 × 10,5, 7-24.

FILOSOFIENS KILDER (I.J.2.)

1973

IV.J.2. KEMP P., «Indlednung [à *Filosofiens kilder* présentant les textes traduits]». *Filosofiens Kilder*. København: Vinten, 1973, 18 × 10, 7-15.

FORTOLKNINGSTEORI (I.J.3.)

1979

IV.J.3. GRØN A., «Ricœurs fortolkningsteori [étude introductive à *Fortolkningsteori* esquissant amplement le projet de P. RICŒUR et les lignes de force de sa philosophie du texte et de l'interprétation]». *Fortolkningsteori* (Stjernebøgernes Kulturbibliotek). [København]: Vinten, [1979], 18,5 × 10,5, 7-104.

V. BIBLIOGRAPHIES

V.A. FRANÇAIS / FRENCH

1962

V.A.1. VANSINA D. Fr., «Bibliographie de Paul Ricœur (jusqu'au 30 juin 1962)». *Revue philosophique de Louvain* 60 (1962), août, 394-413.

1968

V.A.2. VANSINA D. Fr., «Bibliographie de Paul Ricœur. Compléments (jusqu'à la fin de 1967)». *Revue philosophique de Louvain* 66 (1968), février, 85-101.

1974

V.A.3. VANSINA Fr. D., «Bibliographie de Paul Ricœur. Compléments (jusqu'à la fin de 1972)». *Revue philosophique de Louvain* 72 (1974), février, 156-181.

1982

V.A.4. VANSINA Fr. D., «Bibliographie de Paul Ricœur. Compléments (jusqu'en 1982)». *Revue philosophique de Louvain* 80 (1982), novembre, 579-619.

V.B. ENGLISH / ANGLAIS

1972

V.B.1. LAPOINTE Fr. H., «A Bibliography on Paul Ricœur.» *Philosophy Today* 16 (1972). No. 1, Spring, 28-33.

1975

V.B.2. DORNISCH L., «Paul Ricœur and Biblical Interpretation: A

Selected Bibliography.» *Semeia*. An Experimental Journal for Biblical Criticism 1975, No. 4, 23-26.

1979

V.B.3. LAPOINTE Fr. H., «Paul Ricœur and His Critics: A Bibliographic Essay.» *Studies in the Philosophy of Paul Ricœur*. Edited by Ch. E. REAGAN. Athens (Ohio): Ohio University Press, 1979, 23,5 × 16, 164-177.

Publié en allemand par V.C.1.

V.B.4. VANSINA Fr. D., «Bibliography of Paul Ricœur.» *Studies in the Philosophy of Paul Ricœur*. Edited by Ch. E. REAGAN. Athens (Ohio): Ohio University Press, [1979], 23,5 × 16, 179-194.

1981

V.B.5. DORNISCH L., «Paul Ricœur and Biblical Interpretation: A Selected Bibliography (II).» *Semeia* (The Book Job and Ricœur's Hermeneutics) 1981, No. 19, 23-29.

V.B.6. GARCIA L. M., «Annotated Bibliography. Primary sources. Secundary sources [outstanding contribution].» *Between Responsibility and Hope. II*. Doctoral Dissertation. [Louvain-la-Neuve]: Université Catholique de Louvain. Institut Supérieur de Philosophie, 1981, 27 × 22, (1)-(70), (71)-(111).

1982

V.B.7. VAN DEN HENGEL J. W., «Bibliography of P. Ricœur.» *The Home of Meaning. The Hermeneutics of the Subject of Paul Ricœur*. [Washington]: University Press of America, [1982], 21,5 × 13,6, 261-320.

V.C. ALLEMAND / GERMAN

1979

V.C.1. LAPOINTE Fr. H., «Paul Ricœur und seine Kritiker. Eine Bibliographie». *Philosophisches Jahrbuch* 86 (1979), nº 2, 340-356.

Traduction allemande de V.B.3.

1983

V.C.2. Böhnke M., «Deutsche Übersetzungen von Werken Ricœurs». *Konkrete Reflexion. Philosophische und theologische Hermeneutik. Ein Interpretationsversuch über Paul Ricœur* (Disputationes theologicae, 15). Frankfurt am Main-Bern-New York: Verlag Peter Lang, [1983], 21 × 15, 258-260.

V.D. ESPAGNOL / SPANISH

1978

V.D.1. Peñalver Simó M., «Bibliografia de Paul Ricœur (hasta noviembre de 1969)». *La busquéda del sentido en al pensamiento de Paul Ricœur. Teoría y práctica de la comprehensión filosófica de un discurso* (Publicaciones de la Universidad de Sevilla. Filosofia y Letras, 41). Sevilla: Publicaciones de la Universidad de Sevilla, [1978], 24 × 17, 281-297.

V.E. ITALIEN / ITALIAN

1972

V.E.1. Cristaldi M., «Bibliografia de Paul Ricœur (fino alla fine del 1967)». *L'ermeneutica del sublime. Saggi per una critica dell'illusione* (Filosofia e tempo presente, 1). Traduction de M. Cristaldi. Messina: A. M. Sortino, [1972], 23 × 16, 173-204.

1979

V.E.2. Grampa G., «Nota bibliografica. Opere di Paul Ricœur. Studi». *Ideologia e poetica. Marxismo e ermeneutica per il linguaggio religioso* (Scienze filosofiche, 25), Milano: Vita e Pensiero. Publicazioni della Università Cattolica del Sacro Cuore, 1979, 21,5 × 16, 325-332, 333-337.

1980

V.E.3. Cazzullo A., «Bibliografia degli scritti di e su Paul Ricœur dal

1967 al 1980 [fourmille d'erreurs et d'inexactitudes]». *Semiotica ad ermeneutica. Whitehead, Gadamer, Ricœur, Foucault* (Quaderni de «L'uomo, un segno»). Présenté par C. SINI. Milano: Edizioni Dov'è la tigre, 1980, 24 × 17, 101-124.

INDEX / INDICES

BIBLIOGRAPHIE DE PAUL RICŒUR / PRIMARY BIBLIOGRAPHY

INDEX DES NOMS / NAME INDEX

Cette liste mentionne les noms des auteurs de traductions, préfaces, postfaces et éditions ainsi que les noms des co-auteurs de publications. Les chiffres renvoient *au numéro* de la publication.

This list comprises the names of translators, prefacers, epilogues and editors as well as of the co-authors of publications. The figures are referring to the *code* of the publication.

TABLE ANALYTIQUE

Les chiffres renvoient au *numéro* de la publication.

SUBJECT INDEX

The figures are referring to the *code* of the publication.

BIBLIOGRAPHIE DES PUBLICATIONS CONSACRÉES À LA PENSÉE DE PAUL RICŒUR / SECONDARY BIBLIOGRAPHY

INDEX DES NOMS / NAME INDEX

Cette liste mentionne les noms des auteurs de publications, traductions, préfaces et éditions ainsi que les noms des co-auteurs. Les chiffres renvoient au *numéro* de la publication.

This list comprises the names of authors, co-authors, translators, prefacers and editors of publications. The figures are referring to the *code* of the publication.

ORIENTALISTE, P.B. 41, B-3000 Leuven